## Elogios recibidos para *La búsque...*

"Una conmovedora autobiografía sobre la creación de una familia, el camino para convertirse en escritora y la redefinición de los Estados Unidos de América".

—Viet Thanh Nguyen, ganador del Premio Pulitzer
y autor bestseller del *New York Times*

"Reyna Grande es una escritora valiente y una incansable guerrera para quienes han sido silenciados y opacados. Su fuerza se hace más grande con cada libro".

—Luis Alberto Urrea, finalista del Premio Pulitzer
y autor de *The Devil's Highway*

"La marcha de Reyna Grande en su brillante carrera es asombrosa. Ella toma decisiones aparentemente desastrosas, pero a pesar de todo se balancea y flota tan liviana como un corcho. Sus errores son comunes, pero su recuperación es única. Esta es una historia de vida tan increíble que solo podría ser verdad".

Sandra Cisneros, autora bestseller de *La casa en Mango Street*

"Escritores como Reyna Grande nos brindan algo más que una historia, más que un libro, más que sólo una rebanada de su experiencia o de su imaginación; nos brindan un mundo donde sumergirnos, un lugar al que siempre podemos regresar cuando necesitamos darle sentido al caos que nos rodea. *La búsqueda de un sueño* es ese lugar".

—Valeria Luiselli, autora premiada de *Los niños perdidos*

"Un retrato conmovedor, hermosamente escrito, de la travesía de una joven para encontrar una vida mejor, a pesar de todo. Reyna Grande es un tesoro nacional; su visión no sólo es singular sino esencial para nuestra cultura contemporánea. Este libro es un faro de luz que guía e inspira".

—Carolina De Robertis, autora premiada de *The Gods of Tango*

# La búsqueda de un sueño

UNA AUTOBIOGRAFÍA

## Reyna Grande

*Traducido por Víctor Uribe*

**ATRIA** ESPAÑOL

NUEVA YORK   LONDRES   TORONTO   SÍDNEY   NUEVA DELHI

**ATRIA**
ESPAÑOL

Un sello de Simon & Schuster, Inc.
1230 Avenida de las Américas
Nueva York, NY 10020

Primera edición en rustica de Atria Español octubre 2018

**ATRIA** ESPAÑOL y su colofón son sellos editoriales de Simon & Schuster, Inc.

Para obtener información respecto a descuentos especiales en ventas al por mayor, diríjase
a Simon & Schuster Special Sales al 1-866-506-1949 o al siguiente correo electrónico:
business@simonandschuster.com.

La Oficina de Oradores (Speakers Bureau) de Simon & Schuster puede presentar autores en
cualquiera de sus eventos en vivo. Para obtener más información o para hacer una reservación
para un evento, llame al Speakers Bureau de Simon & Schuster, 1-866-248-3049 o visite
nuestra página web en www.simonspeakers.com.

Diseñado por Kyoko Watanabe

Impreso en los Estados Unidos de América

10 9 8 7 6 5 4 3 2 1

Datos de catologación de la Biblioteca del Congreso

Names: Grande, Reyna, author.
Title: La búsqueda de un sueño : una autobiografía / Reyna Grande ; traducido por Victor Uribe.
Other titles: Dream called home. Spanish
Description: Nueva York, NY : Atria Español, 2018.
Identifiers: LCCN 2018042277 (print) | LCCN 2018042355 (ebook) | ISBN9781501172083
  (eBook) | ISBN 9781501172076 (pbk.)
Subjects: LCSH: Grande, Reyna. | Mexican Americans—California—Biography. | Mexican
  American women authors—Biography. | University of California, Santa Cruz—Students—
  Biography. | Teachers—California—Los Angeles—Biography. | Iguala de la Independencia
  (Mexico)—Biography. | Mexican Americans—California—Social conditions—20th century. |
  University of California, Santa Cruz—Student life—20th century. | Mexico—Emigration and
  immigration—Social aspects. | United States—Emigration and immigration—Social aspects.
Classification: LCC E184.M5 (ebook) | LCC E184.M5 G66418 2018 (print) |
  DDC 979.4/053092 [B] —dc23
LC record available at https://lccn.loc.gov/2018042277

ISBN 978-1-5011-7207-6
ISBN 978-1-5011-7208-3 (ebook)

# *Nota de la autora*

Para escribir *La búsqueda de un sueño*, debí confiar en mis recuerdos y en los de muchas de las personas que aparecen en este libro. Investigué los hechos cuando fue posible y varios de los implicados sobre quienes escribí leyeron, corroboraron los datos y aprobaron el contenido. Salvo unos cuantos sucesos, la historia se narra en el orden en el que ocurrió. Se cambiaron los nombres de algunas personas en el libro para proteger su privacidad. No hay amalgama de personajes ni de eventos, aunque a fin de favorecer el arco narrativo y el desarrollo de los personajes, se omitieron algunas personas y acontecimientos.

*A Diana,*
*por estar ahí cuando necesité que me salvaran.*

*A Cory,*
*por estar ahí cuando ya no necesité ser salvada.*

Todos los inmigrantes son artistas porque les basta
un sueño para crear una vida y un futuro.

—Patricia Engel

*Libro uno*

## LAS DOS REYNAS

# 1

CON CADA MINUTO que pasaba, otra milla me separaba de mi familia. Viajábamos hacia el norte por la interestatal 5, y me sentí partida en dos, igual que la autopista por donde avanzábamos —un sentido apuntaba al norte; el otro, hacia el sur—. Parte de mí quería regresar a Los Ángeles para luchar por mi familia —por mi padre, mi madre, mis hermanas y hermanos—, quedarme a su lado a pesar de que nuestra relación estaba en ruinas. Sentía a la ciudad cada vez más lejos de mí, la contaminación envolvía los edificios como si Los Ángeles ya se encontrara envuelta por la bruma de la memoria.

La otra parte miraba entusiasmada hacia el norte, optimista a pesar de mis miedos. Había conseguido transferir mis estudios a la Universidad de California en Santa Cruz, y me iba persiguiendo el sueño imposible de convertirme en la primera integrante de mi familia en obtener un título universitario. "La llave para lograr el sueño americano pronto será mía", me dije a mí misma. No se trataba de una hazaña menor para una inmigrante previamente indocumentada de México. Me sentía orgullosa de haber llegado hasta aquí.

Después recordé la traición de mi padre y mi optimismo desapareció. Aunque partí por mi voluntad, de pronto sentí como si me hubieran exiliado de Los Ángeles. No me querían ni me necesitaban más.

Mi novio me miró y dijo las palabras que yo quería escuchar:

3

—Tu padre está muy orgulloso de ti. Me lo dijo.

Me sentí agradecida de que él estuviera manejando. Si yo hubiera estado al volante, me habría regresado.

A Edwin lo aceptaron en la Universidad Estatal de California en la Bahía de Monterey, que estaba como a una hora al sur de Santa Cruz. Lo conocí en el PCC, el *community college* de Pasadena a principios de año, justo antes de que mi padre y mi madrastra decidieran ponerle fin a su matrimonio. En los meses recientes, acompañé a mi padre y lo apoyé de todas las formas que pude durante aquella caótica separación. Hasta consideré quedarme en Los Ángeles para ayudarlo a poner en orden su vida una vez que concluyera el divorcio.

Mi padre, un empleado de mantenimiento que cursó hasta el tercer grado de primaria, hablaba poco inglés. Once años atrás, cuando yo tenía nueve y medio, regresó a México y nos trajo a mis hermanos mayores y a mí a los Estados Unidos para darnos una vida mejor que la que teníamos allá. Mi hermana mayor, mi hermano y yo tomamos su divorcio como una oportunidad para mostrarle que su sacrificio había valido la pena: hablábamos el idioma de este país, obtuvimos una educación estadounidense y podíamos conducirnos ante la policía y en los tribunales. Sabíamos cómo cuidarlo para que no terminara en la calle, sin nada.

Entonces, mi padre le pidió a mi madrastra que reconsiderase el divorcio, y ella lo hizo, pero con una condición: no nos quería cerca. Así que luego de meses de velar por él y de darle nuestro apoyo, nos excluyó de su vida a Mago, Carlos y a mí. Hice mis maletas y me fui de su casa; al día siguiente mi madrastra se mudó y les dio mi habitación a su hijo y a su nuera. Por segunda vez desde que la conocí, me fui a quedar con Diana Savas, mi profesora del PCC.

—Trata de entenderlo —dijo Edwin—. Sabía que te marcharías al terminar el verano y no quería quedarse solo.

—Podría haberme quedado con él —respondí.

—¿Por cuánto tiempo? Algún día te vas a casar. Tendrás tu propia familia. No te quedarías con él para siempre. Él lo sabía. Además, no quería retenerte.

—Podría haber luchado por nosotros igual que lo hicimos por él —repliqué—. No tenía por qué escoger entre su esposa y sus hijos. ¿Por qué no puede haber lugar para nosotros en su vida? Ahora es igual que mi madre.

Cuando yo tenía siete años, mi padre dejó a mi madre por mi madrastra, y ella nunca volvió a ser la misma. Ya no quiso ser nuestra madre. Fue como si en el instante en el que él se divorció de ella, ella también se hubiese divorciado de sus hijos. Nos abandonaba una y otra vez que iba en busca de otro hombre que la amara. Cuando mi padre nos llevó a vivir con él, solamente la veíamos si hacíamos el esfuerzo de ir a visitarla donde vivía con su marido. No le importaba que no formáramos parte de su vida. Mi partida rumbo a Santa Cruz no le había importado en lo más mínimo. "Ahí nos vemos", me dijo cuando la llamé el día antes de irme. "Ahí nos vemos", en lugar de "Te quiero. Cuídate. Llámame si necesitas algo", que eran las palabras que esperaba escuchar de su boca.

—Los padres nos decepcionan porque esperamos de ellos algo que nunca podrán cumplir —comentó Edwin. Tenía la asombrosa habilidad de leerme el pensamiento. Me apretó la mano y agregó—: Reyna, algunos padres son incapaces de dar amor y cariño. ¿No crees que ya es hora de que bajes tus expectativas?

Miré por la ventana y no respondí. Mi mayor virtud y mi peor defecto era la tenacidad con la que me aferraba a mis sueños, sin importar lo inalcanzables que pudieran parecerles a los demás. El anhelo de tener una relación de verdad con mis padres era a lo que más me aferraba porque era el primer sueño que había tenido, pero también el más lejano.

Cuando por fin dejamos la ciudad atrás, mi cuerpo se tensó como una liga y sentí un dolor agudo y abrasador en el corazón, hasta que finalmente reventó algo dentro de mí. Fui liberada del vínculo que tenía con el lugar donde alcancé la mayoría de edad, de la ciudad que presenció mis desconsuelos y derrotas, mis alegrías y mis victorias. Igual que ocurrió con mi pueblo natal en México, Los Ángeles ahora formaba parte de mi pasado.

*¡Bienvenida al campus!*

Aquel día de septiembre de 1996, llegamos por la entrada principal del campus y fuimos recibidos por cinco palabras talladas en un bloque de madera de unos veinte pies de largo: UNIVERSIDAD DE CALIFORNIA SANTA CRUZ. Salí deprisa del auto para rodear el letrero de la entrada, rocé las enormes letras amarillas con mis dedos, olí la madera en la que fueron talladas y, luego de que cada letra se quedara grabada dentro de mí, me dije las palabras que debía pronunciar: "He llegado".

"Los estudios universitarios son la única forma de triunfar en este país". Mi padre nos inculcó esa idea en cuanto llegamos a Los Ángeles, después de nuestro tercer intento de cruzar la frontera. Había sido un tirano cuando se trataba de la escuela, y hasta nos amenazó con enviarnos de regreso a México si no volvíamos a casa con notas de asistencia perfecta y calificaciones excelentes. Creía con tal fuerza en el sueño de la educación superior, que quedó completamente destrozado cuando Mago y Carlos abandonaron la universidad. A pesar de que prometí no hacer lo mismo, él había dejado de creer en aquel sueño y perdió la esperanza en mí sin antes darme la oportunidad. Estaba decidida a demostrarle que se equivocaba conmigo.

Nos adentramos en el campus, pasando por campos y prados, con el océano a lo lejos, y al llegar ante los inmensos árboles de las secuoyas, agradecí en silencio a mi profesora Diana por haber insistido en que eligiera la UCSC y no la UCLA, donde también me aceptaron. Me dijo que en la UCLA sería una entre decenas de miles de estudiantes, mientras que Santa Cruz, al tener menos de nueve mil alumnos, era más pequeña y mucho mejor para los estudiantes dedicados al arte. Ella también creía que salir de mi zona de confort me ayudaría a crecer y madurar.

Jamás había visto árboles tan majestuosos, con cortezas color canela y un follaje exuberante de un verde intenso. El cielo no lucía ese pálido e insípido azul como en Los Ángeles, sino el tono vibrante y puro de una pintura de Van Gogh. Asomé la cabeza por la ventanilla del auto y respiré profundamente el aire fresco con olor a tierra, árboles, océano y algo más que no lograba nombrar. Terminé extasiada por las fragancias, sonidos y colores de mi nuevo hogar.

—Elegiste bien —comentó Edwin.

—Tú y Diana me convencieron —respondí, recordando las largas conversaciones que tuvimos para decidir qué universidad debía escoger—. Aunque supongo que sabía que era mi destino estar aquí.

—A ninguno le dije que el nombre de la institución guardaba un sentido especial para mí. "Santa Cruz". El nombre completo de mi padre era Natalio Grande Cruz. Sus apellidos capturaban muy bien lo que mi padre significaba para mí: una pesada carga personal que en ocasiones era demasiado soportar.

La UCSC se dividía en varias comunidades pequeñas, y como mi especialidad era escritura creativa, escogí vivir en la de Kresge College, justo donde se encontraban el programa de mi especialización y el Departamento de Literatura. Como estudiante transferida podía vivir en los apartamentos en Kresge East, reservados para los alumnos de tercer y cuarto año, así como para los de posgrado, en lugar de los dormitorios que había en Kresge Proper, donde se alojaban los estudiantes de primer y segundo año. Iba a compartir un apartamento de cuatro habitaciones con otros tres compañeros.

Luego de registrarme, dejamos el auto en el estacionamiento de Kresge East. Al bajar, me acordé de cuando estaba sentada a la mesa de la cocina con Carlos y Mago, mientras escuchábamos a nuestro padre hablar sobre el futuro. "El que seamos ilegales no significa que no podamos soñar", nos dijo. Gracias a la ayuda de nuestra madrastra y a la determinación que él tuvo para legalizar nuestro estatus migratorio, los permisos de residencia finalmente llegaron por correo cuando yo estaba por cumplir quince años. Ese día nos entregó con orgullo a cada uno las preciadas tarjetas. Las palabras "RESIDENT ALIEN" estaban impresas en letras azules acusatorias. A pesar de que la palabra "*alien*", extraterrestre, nos quitaba nuestra humanidad, las tarjetas nos permitían salir de las sombras para crecer y prosperar en la luz.

—Yo ya cumplí. El resto depende de ustedes —sentenció mi padre.

Ahí en el estacionamiento, en medio del frenesí de aquel día de mudanza, al ver a mis compañeros que llegaban con sus padres, abuelos y hermanos, deseé que él estuviera conmigo. A pesar de que al final perdió la esperanza de que yo alcanzara esta meta, fue él quien preparó el camino para que lo consiguiera. Mis compañeros habían traído a sus familias para celebrar el inicio de su trayecto como estudiantes universitarios, mientras que yo, según el dicho mexicano, estaba "sin padre ni madre, ni perro que me ladre".

Le di la espalda a las familias y tomé mi maleta y mochila del maletero. "Concéntrate en lo que vienes a hacer", me dije. Si hacía las cosas correctamente, algún día rompería el círculo vicioso en el que mi familia había estado atrapada desde hacía varias generaciones; un círculo de pobreza, hambre y falta de educación. Esta era la razón por la que estaba aquí, y eso era lo único que importaba.

Edwin me ayudó a llevar mis pertenencias al apartamento: ropa, algunos libros y mi primera computadora, comprada a crédito en la tienda Sears, la cual todavía estaba en su caja.

—¿Vas a estar bien? —me preguntó, mientras lo acompañaba de regreso a su auto.

—Sí —respondí, haciendo mi mejor esfuerzo para no dejarle ver lo asustada que estaba. Edwin manejaba esta nueva etapa de su vida mucho mejor que yo. Al terminar la preparatoria, dejó su hogar para ingresar en el ejército y combatir en la guerra del Golfo, siendo testigo de horrores inimaginables. Como veterano del ejército, era una persona independiente y sabía cómo cuidarse. Lo envidiaba por eso, pero al verlo marcharse en su Oldsmobile de regreso a Monterey, anhelé que se quedara a protegerme. En lugar de eso, ahora estaba completamente sola y a punto de pelear mis propias batallas.

Salí a explorar el campus. Rondaba el atardecer y no me quedaba mucho tiempo antes de que el sol se ocultara. Había escuchado que el lugar era muy oscuro y, como chica de ciudad, la idea de aquella negrura me atemorizaba. Sin embargo, al comenzar a caminar, me di cuenta de que la penumbra era la menor de mis preocupaciones. Lo que más temía era no saber cómo comportarme como una estudiante universitaria y que la educación que había recibido en el *community college* no me hubiera preparado para el trabajo que se avecinaba. Me asustaba no poder desprenderme de la nostalgia que sentía por mi familia y temía que la distancia que nos separaba terminara por dañar nuestra relación aún más. Tenía miedo de haber llegado tan lejos, sólo para fracasar y tener que regresar a Los Ángeles con las manos vacías: sin título universitario y sin trabajo, con nada más que deudas y sueños sin cumplir.

Temía no ser capaz de conseguir que este nuevo lugar se sintiera como un verdadero hogar, un sitio al cual pertenecer.

La universidad estaba enclavada entre las secuoyas, al pie de las montañas de Santa Cruz. De pronto me vi inmersa en medio de un bosque de los árboles más altos del mundo. Al atravesar el puente peatonal que conecta Kresge East y Kresge Proper, suspendida tan alto del suelo, con un barranco bajo mis pies y secuoyas a mi alrededor, dejé escapar un largo y profundo suspiro, y la tensión de mi cuerpo se desvaneció.

El viento hacía crujir los árboles y me acariciaba el cabello. Una familia de ciervos se adentraba en el barranco en busca de alimento. No podía creer que existieran venados en este lugar. Me sentí como si hubiera entrado en un cuento de hadas. Fui hacia una pradera junto a Porter College, desde donde alcancé a ver el azul resplandeciente del océano, pintado con tonos anaranjados por la puesta del sol. Tenía nueve años la primera vez que vi el mar, dos meses después de llegar a Los Ángeles para vivir con mi padre. Me daba miedo meterme porque no sabía nadar, así que me aferré con fuerza a su mano, esperando sentirme segura y protegida. Me prometió que no me iba a soltar. Juntos dentro del agua y agarrados de la mano, por lo menos ese día, cumplió su promesa.

Al contemplar el océano a lo lejos, me dije que no tenía nada que temer. Había llegado hasta aquí a pesar de todo. Mi familia se desintegró cuando migramos. Sacrificamos tanto para tener una oportunidad de realizar el sueño americano, y que me partiera un rayo si no lo iba a hacer mío. El precio que debí pagar por estar aquí era el de una familia rota. Cuando estaba en México, la distancia que me separaba de mis padres era de más de doscientas mil millas. En Santa Cruz, sólo era de trescientas cincuenta, aunque emocionalmente estábamos a años luz de distancia. Pero esta vez fui yo quien migró hacia el norte en busca de una vida mejor, dejándolos a todos atrás.

*Reyna en Porter Meadow, Universidad de California Santa Cruz*

# 2

CUANDO REGRESÉ A mi apartamento para terminar de instalarme, encontré a una joven en la cocina preparándose un sándwich. Era un poco más alta que yo, tal vez medía cinco pies y dos pulgadas, y vestía una camisa roja de cuadros de manga larga y unos *jeans*. Llevaba el cabello castaño muy corto, lo que me hizo recordar cuando vivía en México y mi abuela malvada me cortó varias veces el cabello como niño porque lo tenía infestado de piojos. Sabía que no había modo de que mi nueva compañera tuviera ese tipo de parásitos correteándole por el cuero cabelludo.

—Hola —me saludó—. Soy Carolyn.

—Reyna —respondí. La saludé de mano. La suya era suave y tibia, además de pequeña, como la de mi hermana Mago.

—¿De dónde eres? —inquirió.

Ese tipo de pregunta siempre me confundía cuando la hacían los gringos. Como era inmigrante, la pregunta "¿De dónde eres?" me hacía pensar si querían saber cuál era mi lugar de nacimiento, mi nacionalidad, mi identidad cultural o simplemente la ciudad donde vivía en ese momento. A pesar de que era una pregunta inocente, me obligaba a pensar en mi condición de extranjera, poniéndome en guardia.

—Vengo de Los Ángeles, pero originalmente soy de México

12

—señalé. Era mi forma de admitir que no era de este país. "Sí, soy extranjera, y todo en mí, desde mi piel morena, mi acento, mi acta de nacimiento mexicano, me impiden reclamar como mío a los Estados Unidos, a pesar de que tengo el permiso de residencia que me autoriza a estar aquí". Sencillamente no podía decir que venía de Los Ángeles, lo que hubiera insinuado que nací en los Estados Unidos. Pero no fue así. Era una forastera y tenía que afirmar esa parte de mí para que nadie me hiciera avergonzarme de ser inmigrante, para que después pudiera decir: "Nunca fingí ser algo que no era".

—Qué bien —replicó Carolyn—. Bueno, bienvenida a Santa Cruz —y me ofreció la mitad de su sándwich.

—No, gracias —respondí, a pesar de que no tenía nada que comer porque no se me ocurrió ir a comprar algo antes de llegar. Me sentí avergonzada y, de pronto, hambrienta, pero acababa de conocer a esta gringa y no me sentía lo suficientemente cómoda para aceptar su comida—. Bueno, encantada de conocerte —le dije, impaciente por ir a mi habitación para estar a solas, igual que había estado durante tres años desde que Mago se fue de la casa de mi padre y dejé de tenerla como compañera, mejor amiga y protectora.

Pero Carolyn tenía algo más que decirme.

—Esta noche hay una fiesta de bienvenida en el apartamento de al lado. La organiza el preceptor residencial para que los nuevos estudiantes empiecen a conocer a otras personas. Deberías venir.

No sabía qué era un preceptor residencial y me sentía demasiado incómoda como para preguntar. Además, no quería ir a ninguna fiesta. No estaba lista para socializar y la idea de ir a una reunión en la que no conocía a nadie era demasiado para mi primer día en un lugar extraño. Quería encerrarme en la seguridad de las cuatro paredes de mi habitación.

—Tengo que desempacar —dije.

—¿Y los demás no? —preguntó Carolyn, dando una mordida a su sándwich. Alcancé a ver un pedazo de aguacate asomándose. Mi estómago gruñó y me pregunté si acaso lo escuchó, porque enseguida agregó—: Habrá comida.

Deseaba sentirme como en casa en este sitio, y para que eso sucediera, debía aprender a convivir con estos extraños.

—Está bien —respondí—. Avísame cuando sea hora de ir.

Mi habitación era de ocho pies por diez. Las paredes eran blancas y en el piso había una alfombra de oficina color azul oscuro. Venía con una cama individual, un vestidor y un escritorio, todos elaborados con madera de roble, y hacían juego con los muebles de la sala y el comedor. El colchón no tenía sábanas, cobija ni almohada; entonces me di cuenta de que no había traído nada de eso conmigo.

La ventana daba a un camino que conducía hacia el estacionamiento, y desde aquí podía ver a los estudiantes y a sus padres llevando sus pertenencias a sus respectivos apartamentos. "¿Necesitas algo más?", escuché a los padres que les preguntaban a sus hijos e hijas, y deseé tener a alguien que me hiciera la misma pregunta. ¿Acaso esos chicos se daban cuenta de la suerte que tenían? Me imaginé en su lugar, con una reunión de despedida llena de familiares que me felicitaban, me deseaban lo mejor y me decían lo orgullosos que estaban de mí; me vi con mis padres en la tienda comprando toallas, prendas de cama y ropa nueva; me visualicé recorriendo los pasillos del supermercado junto con ellos, empujando un carrito de compras lleno de mi comida favorita. Mi estómago gruñó al pensarlo.

Cerré la cortina y comencé a desempacar. Miré la habitación, el armario pequeño y vacío. "Sí, estás sola, pero estás aquí. Eso es lo importante".

Guardé mi ropa y saqué mi computadora. Mi primera compra importante agregó 2.000 dólares a mi deuda, pero era un gasto indispensable para una nueva estudiante universitaria. En el PCC utilizaba el laboratorio de computación, pero sabía que la carga de trabajo sería mucho mayor aquí. Saqué el monitor, el CPU y el teclado, luego miré fijamente los cables, preguntándome a dónde se conectaban y cómo hacer para que la máquina funcionara.

—¿Lista? —dijo Carolyn, llamando a mi puerta.

Solté los cables en el escritorio y dejé la instalación para el siguiente día.

Mareada por el hambre, seguí a Carolyn hacia el apartamento de al lado. Me comentó que empezaba su último año y que conocía el campus como la palma de su mano. Esperaba un día también poder decir lo mismo acerca de mi nuevo hogar. Cuando nos acercamos a la puerta y escuché las risas y la plática en el interior, sentí ganas de salir corriendo de regreso a mi habitación, pero Carolyn ya me estaba llevando hacia adentro. Ella era muy diferente a mí. Saludaba a todos, sonriendo, bromeando, chocando los cinco con la gente, comportándose como si los conociera a todos, a pesar de que muchos eran recién llegados como yo. Se adentró en el apartamento hasta desaparecer, dejándome sola, así que me fui a esconder en un rincón.

Salvo por dos o tres rostros morenos y algunos asiáticos, la mayoría de las personas en el apartamento eran gringas. Me sentí hiperconsciente de mi extranjería y de mi tono de piel. En Los Ángeles no me había considerado parte de una minoría. Pasadena contaba con una gran cantidad de estudiantes latinos y ni una sola vez me sentí fuera de lugar. Sabía que Santa Cruz no tenía la diversidad cultural de mi escuela anterior, pero ahora que estaba aquí, enfrentada a su blancura, quería salir huyendo. Así que me escondí aún más en el rincón.

Ninguna de las personas que estaban en la sala tenían la menor idea de lo mucho que tuve que recorrer para llegar hasta aquí. A nadie le había contado —salvo a Diana— que hace veintiún años nací en una pequeña casucha de palos y cartón en mi ciudad natal de Iguala, Guerrero, que se encuentra apenas a tres horas del luminoso puerto de Acapulco y de la bulliciosa metrópolis de la Ciudad de México, pero a un mundo de distancia de éstas. Iguala es un lugar de chozas y caminos de tierra, donde la mayoría de los hogares carecen de agua potable y la electricidad es inestable.

Debido a la crisis de la deuda nacional y a las devastadoras devaluaciones del peso, en 1977 mi padre formó parte de la mayor ola de emigración que haya salido de México, al abandonar Iguala para ir a buscar trabajo en los Estados Unidos. Mi madre lo alcanzó dos años después. Cuando cumplí los cinco años de edad, me quedé sin padre y sin madre, pues la frontera se interponía entre nosotros, separándonos. A mis hermanos y a mí nos dejaron atrás en el lado equivocado de la frontera, bajo el cuidado de mi abuela paterna, Evila, cuyo nombre le hacía honor a lo mala que era: "*evil*" en inglés quiere decir maldad.

A mi abuela nunca le agradó mi madre y se desquitaba con nosotros. Seguido nos decía que tal vez ni siquiera éramos sus nietos. "Hijos de mis hijas, mis nietos serán. Hijos de mi hijo, sólo Dios sabrá. ¿Quién sabe lo que hacía su madre cuando nadie la estaba velando?", nos decía con frecuencia. Tener que vivir con ella hizo aún más insoportable el estar separados de nuestros padres. Mi abuela gastaba en otras cosas la mayor parte del dinero que ellos nos enviaban. Por eso, era común que mis hermanos y yo vistiéramos con harapos, usábamos sandalias baratas de plástico, teníamos piojos y lombrices, y no comíamos más que frijoles y tortillas todos los días. "¿De qué sirve tener a nuestros padres en El Otro Lado si aquí nos tratan como mendigos?", nos preguntábamos seguido.

Mi niñez estuvo marcada por el miedo de que mis padres se olvidaran de mí, o peor aún, de que me reemplazaran por hijos nacidos en los Estados Unidos. Lo peor de todo era el temor que me embargaba de que quizá nunca volvería a tener un hogar y una familia de verdad. Lo único que me sostenía en los momentos difíciles era el sueño de que mis padres regresaran algún día.

Pero después mi padre dejó a mi madre por mi madrastra. Al hallarse sola en los Estados Unidos, mi mamá tuvo que volver a México sin esposo ni dinero, ni nada que diera cuenta del tiempo que estuvo en El Otro Lado, salvo por la bebé americana que llevaba entre brazos, mi hermana Betty. Nos sacó de casa de mi abuela malvada y nos llevó a vivir con mi adorable abuelita materna. Mis hermanos y yo estábamos felices y aliviados de tener a nuestra madre de regreso, aunque pronto nos dimos cuenta de que ella había cambiado. Lo único que le importaba era encontrar un nuevo marido, y apenas lo consiguió, la familia se volvió a desintegrar.

Ocho años después de irse, mi padre regresó por nosotros y contrató a un coyote para que nos pasara de contrabando por la frontera a Carlos, a Mago y a mí. Yo estaba por cumplir diez años cuando llegué a Los Ángeles a vivir con él y su nueva esposa. Un año más tarde, mi madre regresó a los Estados Unidos y se instaló en el centro de la ciudad con su marido, Betty y más adelante su nuevo bebé, mi medio hermano Leo.

Tanto Betty como Leo nacieron en este país y durante muchos años me sentí inferior a mis hermanos menores. Era justo el mismo sentimiento de inferioridad que sentía en este momento con los estudiantes de la fiesta, en especial con las chicas rubias, de ojos azules, que se peinaban el cabello con los dedos y reían con una confianza que yo jamás había tenido. Varias de ellas estaban reunidas alrededor de la mesa de la comida y, aunque me moría de ganas de comer algunas alitas de pollo y verdura que había en las bandejas, tenía demasiado miedo como para abandonar mi rincón.

Uno de los estudiantes latinos me vio y se acercó. Cojeaba al caminar y mantenía el brazo derecho en diagonal.

—Hola, soy Alfredo —me saludó. Arrastraba las palabras y pensé que estaba tomado. ¡Pero no podía ser! En el campus no se permitía beber alcohol. ¿Acaso ya había incumplido las reglas en su primer día?—: ¿De dónde eres?

Viniendo de un latino, la pregunta no me alteró como me sucedió con Carolyn.

—De Los Ángeles —respondí, esta vez sin titubear.

—¿En serio? Yo también. Soy del este de Los Ángeles, ¿y tú?

—De Highland Park.

—Y ése de ahí es Jaime —comentó Alfredo, señalando al otro estudiante latino que había en la sala—. También es de L.A. Creo que de Huntington Park. —Su compañero me saludó de lejos, pero no se acercó, porque estaba ocupado platicando con una chica.

Qué locura que todos nosotros, los nuevos estudiantes latinos, viniéramos de Los Ángeles. Me reconfortaba saber que por lo menos Jaime y Alfredo podían entender cómo me sentía y por lo que estaba pasando.

Alfredo era mucho mayor que yo. Hacía menos de dos semanas que yo había cumplido veintiún años y él parecía de treinta y tantos. Me contó que cuando tenía dieciocho, un hombre mayor lo golpeó. Su atacante llevaba puestas botas de casquillo y lo golpeó varias veces en la cabeza.

—Por poco me muero— aseguró. Sobrevivió, pero tuvo una lesión cerebral que afectó el lado derecho de su cuerpo, y por esa razón ahora cojeaba y mantenía el brazo en diagonal, y también arrastraba las palabras. Me avergonzó haber sospechado que estaba tomado—. Tuve que aprender a hacerlo todo de nuevo —confesó—. Cómo caminar, hablar, leer y escribir —la golpiza lo hizo retroceder varios años, pero no se rindió. Finalmente, a los treinta y tres años, había logrado entrar a la UCSC para tratar de hacer realidad su sueño. Igual que yo.

Antes de que pudiera preguntarme sobre mi vida, me disculpé y fui a la mesa por algo de comida mientras había poca gente. Dejé de sentirme sola y pensé que tal vez debía compartir algo de mí misma con Alfredo, igual que él lo había hecho. Pero ahora no. Tal vez otro día estaría lista para abrirme con él. Era obvio que se había reconciliado con su pasado y que consiguió superarlo. Pero yo aún no. Constantemente, hurgaba las viejas heridas de mis recuerdos y volvía a sangrar, una y otra vez. Aún no aprendía cómo dejar que se formaran las cicatrices para que se desvanecieran con el tiempo.

Además, ¿qué podía compartir con Alfredo? No me creería, aunque se lo dijera. Hasta ahora, mi vida había sido como una telenovela mexicana. A mí no me patearon en la cabeza con botas de casquillo, pero igual que él, tuve que aprender nuevamente a leer, escribir y hablar en un idioma que además no era el mío.

Cuando la fiesta terminó y caminé de regreso a mi apartamento, me alegró haber ido con Carolyn. Si no lo hubiera hecho, mi barriga no estaría llena ni hubiera hecho un nuevo amigo que me contó su historia. Alfredo era un sobreviviente y su fortaleza me inspiró.

*Reyna en su apartamento de estudiante, Universidad de California Santa Cruz, 1996*

# 3

A LA MAÑANA SIGUIENTE, con mi estómago gruñendo de nuevo, caminé hacia la Kresge Food Co-op, una pequeña tienda donde Carolyn me dijo que podía comprar algo para comer. Le daba vueltas en mi cabeza a aquel nombre, preguntándome qué fregados era una cooperativa.

Le pedí indicaciones a algunas personas, hasta que encontré el local en la parte trasera de unos dormitorios, cerca del departamento de mantenimiento. La cooperativa no era más que un cuartito con estantes y recipientes con cosas extrañas para mí. Había contenedores de plástico marcados con etiquetas que decían granola y avena, cebada, cuscús, quínoa, germen de trigo y arroz silvestre. En el refrigerador vi algo llamado tofu, leche de soya y carne que no era carne de verdad, alimentos que jamás en la vida había comido o de los que ni siquiera conocía su existencia.

La chica de la caja registradora estaba sentada en un banco y me miraba fijamente. Tenía el cabello más extraño que hubiera visto. La primera vez que la miré, creí que llevaba serpientes en lugar de pelo, como Medusa. Pero al acercarme al mostrador, fingiendo estar interesada en una bolsa de chícharos sazonados con algo llamado wasabi, la observé de reojo y me pregunté si alguna vez en su vida se había cepillado el pelo, porque los mechones estaban enredados y forma-

20

ban una especie de sucias cuerdas color marrón. La chica también tenía aretes en la nariz, la ceja izquierda y el labio inferior; llevaba un vestido harapiento multicolor y, sin embargo, me miraba como si yo fuera la rara en este lugar.

—¿Eres afiliada? —me preguntó.

—¿Afiliada a qué?

—A la cooperativa, por supuesto.

Desconocía si debía ser afiliada para poder comprar. Lo único que sabía era que todo lo que tenían, excepto por los plátanos y las manzanas, parecía comida de otro planeta. Quería tortillas de maíz, arroz y frijoles pintos. Deseaba algo de pan dulce y bolillos, una lata de chiles jalapeños y otra de chipotles, una bolsa de fideo para sopa y tamales congelados, en caso de que no hubiera disponibles unos recién hechos. Quería una caja de chocolate Abuelita, un paquete de barritas de piña, una bolsa de chicharrones y una botella de salsa picante para acompañar. Deseaba mangos verdes, jícama y un salero con chile en polvo y limón. Quería comida casera. Quería algo que supiera cómo cocinar o cuando menos que pudiera comer.

—Lo siento. No debí venir —dije.

Después de comer algunas galletas con pedacitos de chocolate que conseguí de la máquina expendedora, caminé por el campus hacia la librería. Quedé sorprendida por los cientos de libros que había en los estantes. Tenía la lista de lecturas requeridas y esperaba que el dinero que recibí de la ayuda financiera fuera suficiente. Por más que traté de no ponerles atención a los padres, terminé viendo cómo ayudaban a sus hijos a que encontraran sus libros. "Ése también lo leí cuando estuve en la universidad", oí que le dijo una madre a su hija, mientras hojeaban juntas un ejemplar.

Jamás escucharía algo semejante en boca de mis padres. La educación de mi papá llegó hasta el tercer grado de primaria y mi mamá con trabajos logró completar el sexto grado a los diecisiete años de edad, por lo que el día que entré a la secundaria superé a mis padres en términos educativos. Ninguno de ellos me ayudó con la tarea, me contó de los libros que leyó en la escuela o me acompañó a comprarlos. Las contadas ocasiones en que mi padre fue a la escuela a las reuniones con los profesores, mis hermanos y yo teníamos que traducirle lo que decían los maestros. Mis experiencias escolares no fueron algo que pudiera compartir con ninguno de ellos.

Ya no aguantaba seguir en la sección de libros, así que continué hacia el área de ropa escolar. Había camisetas, suéteres, chamarras, calcetines y gorras colgadas en percheros y exhibidas en estantes; todas estampadas con la mascota de la escuela: la *banana slug*, una babosa grande y amarilla que habita los bosques de secuoyas y que uno encuentra por todo el campus. En la imagen de la camiseta la babosa usaba anteojos redondos y leía un libro del filósofo griego Platón. En el fondo se apreciaba la leyenda FIAT SLUG: "Hágase la babosa". De todos los animales, pensé mientras pasaba los dedos por una camiseta, ¿por qué usar una babosa como mascota? Es una criatura viscosa, invertebrada y amarilla, que se arrastra por el suelo y a la cual fácilmente pueden pisar. Al leer la historia de la UCSC, me enteré de que la mascota original fue un león marino, pero los alumnos protestaron y exigieron que fuera la babosa banana, en honor al espíritu de Santa Cruz, que es un lugar asociado a la paz, protector del medio ambiente y célebre por su ideología contracultural.

Sostuve la camiseta de la escuela en mi mano. A pesar de que la quería, volví a ponerla en el perchero. No podía pagarla. Apenas tenía suficiente dinero para los libros más esenciales y el resto tendría que pedirlos prestados en la biblioteca.

Estaba a punto de regresar al área de libros de texto, cuando vi a unos padres admirando las prendas colgadas en la esquina. Las camisetas tenían impresas las leyendas: PAPÁ UCSC, MAMÁ UCSC, ABUELA UCSC, etc. Intenté imaginarme a los míos vistiendo una de aquellas camisetas, anunciándole al mundo que su hija era una estudiante universitaria —la primera de la familia—, con sus rostros radiantes de orgullo.

Me paré ante las prendas, preguntándome si podría comprarle una a cada uno. Las quité del perchero y las sostuve contra mi pecho. Podría mandarlas por correo mañana a primera hora. Quizá podría sacrificar la compra de uno de los libros a cambio de ambas camisetas. Pero, ¿se las pondrían? De todos modos, ¿cómo lograría una tonta camiseta hacer que se sintieran orgullosos de mí?

Volví a colgar las prendas en el perchero. La verdad es que no haría más que gastar mi dinero en algo que quizá nunca se pondrían y que tal vez jamás los haría sentirse orgullosos.

Me subí al autobús y me fui de compras a un gran almacén ubicado en Pacific Avenue, en el centro. La tienda New Leaf no era más que una versión ampliada de la cooperativa, llena de comida que jamás había probado. Había una amplia selección de panes, y desconocía de la diferencia que había entre el de grano entero, el germinado, el multigrano y el de masa fermentada. Crecí comiendo pan Bimbo, una marca mexicana de pan blanco. La sección de tortillas tenía una oferta igual de abrumadora. La tienda incluía variedades elaboradas con harina roja y verde que nunca antes había visto. ¿A quién se le ocurrió ponerle tomate o espinaca a la masa? Terminé comprando tortillas de maíz dos veces más caras de lo que estaba acostumbrada. Existían muchas opciones de alimentos a un precio muy alto. Tendría que encontrar una tienda más barata para abastecerme. Deseé que hubiera un mercado mexicano cerca.

Me detuve en la tienda de segunda mano y compré unas sábanas seminuevas, una toalla y un cobertor. Mi última parada del día iba a ser en la lavandería de Kresge, y esperaba poder dormir bien en la noche con mis nuevas prendas de cama usadas. La noche anterior me tuve que tapar con mi chamarra.

Me sorprendió descubrir que en el centro de Santa Cruz había vagabundos por todas partes. Jamás habría esperado encontrar a personas sin hogar en un lugar tan idílico. En Los Ángeles sólo había visto a mendigos cuando mis hermanos y yo visitábamos a nuestra madre, que vivía en la peor zona del centro. La calle que iba de la parada del autobús al apartamento de mi mamá estaba llena de pordioseros, la mayoría de ellos afroamericanos. Me sorprendió que en Santa Cruz los hombres que pedían limosna sentados en la acera fueran gringos. Muchos de ellos tenían el cabello enredado, como el de la chica de la cooperativa.

"¿Me das un dólar?", me preguntaban mientras regresaba a la estación de autobuses. Me molestaba mucho ver a esos hombres mendigando. Quería decirles que no tenían ningún derecho de pedirme dinero, porque eran hombres, blancos, y por si fuera poco, habían nacido en los Estados Unidos. Esos tres factores, por sí solos, les daban ventaja sobre muchos de nosotros, en especial los inmigrantes y las mujeres de color. En Los Ángeles había visto a hombres latinos vendiendo bolsas de naranjas o ramos de flores en las salidas de las autopistas, y también tamales, elotes o chicharrones en los carritos de supermercado que empujaban de arriba a abajo por las calles. Los había visto reunirse en el estacionamiento de la tienda Home Depot esperando que los contrataran para obras de construcción, y trabajando con las podadoras o cargando sopladores de hojas, cubiertos de sudor y pasto por darle mantenimiento a los jardines de otras personas. De camino a Santa Cruz, los vi inclinados sobre los campos, pizcando fresas y cebollas. Sin embargo, nunca había visto a hombres latinos mendigando.

Desde el momento en que mis hermanos y yo llegamos a los Estados Unidos, mi padre nos inculcó la necesidad de convertirnos en adultos trabajadores capaces de ocuparnos de nuestras propias necesidades. "Nunca quiero que le pidan nada a nadie", solía decirnos. Si bien tenía muchos defectos, era el hombre más trabajador que había conocido en mi vida. Despreciaba a los mendigos. Hasta criticaba a mi mamá por conseguir los cupones de comida que daba el gobierno para alimentar a mis hermanos estadounidenses. Me pregunté: ¿qué diría mi padre acerca de estos hombres que ocupaban las aceras de Pacific Avenue, sonriéndome y pidiéndome que les diera los escasos y preciados dólares que llevaba en mi bolsa?

Luego vi a una joven sentada junto a la estación de autobuses, con la mano estirada, pidiéndole dinero a la gente. Era de mi edad. Podría haber sido estudiante universitaria, pero en lugar de eso se encontraba ahí, sentada en la acera, vestida con harapos y hambrienta. Miré sus ojos verdes y noté en ellos el vacío que habitaba en el fondo, algo que sólo se encuentra en una persona verdaderamente devastada —o muy drogada, como más tarde descubriría que era común por aquí—, pero en ese momento, lo único que quería saber era ¿quién le había destrozado el espíritu a esa chica?

Me acordé de mi padre, y las palabras que me dijo tres años atrás regresaron a atormentarme, como si estuviera parado junto a mí: "Vas a ser una fracasada". Sus palabras me habían herido más que las golpizas.

¿Acaso el padre de esta joven le había dicho lo mismo y ella se lo creyó?

—¿Me regalas unas monedas? —me preguntó.

Le di un par de dólares. También quería decirle, "No eres una fracasada", pero me quedé callada. La chica ya había dejado de verme y estiraba la mano hacia alguien más.

En el camino de regreso al campus, en un autobús lleno de extraños, tuve que encontrar la fuerza para impedir que se me salieran las lágrimas. Me había esforzado tanto para evitar que cualquier cosa me doblegara, pero el ver a la chica mendiga me recordó lo cerca que estuve de llegar a ese mismo punto de quebranto.

Cuando llegué a este país, no me tomó mucho tiempo darme cuenta de que mi padre tenía dos caras. Sobre todo, estaba el hombre que era mi héroe. Siempre le estaré agradecida por aquel acto que cambió por completo el rumbo de mi vida: me trajo a vivir a los Estados Unidos. Al principio se había negado; sólo pensó en Carlos y Mago porque eran mayores. Le preocupaba que, con nueve años y medio, yo fuera demasiado joven para intentar cruzar la peligrosa frontera. Le supliqué que me llevara con él. Podría haberse ido sin mí, pero no lo hizo. En cambio, me sacó de la miseria de Iguala y me trajo al lugar donde sabía que podría florecer.

"No me dejó", me repetía una y otra vez cada que mi héroe se convertía en mi verdugo. Como era alcohólico, vivir con él se parecía a compartir techo con el Dr. Jekyll y Mr. Hyde, un hombre con doble personalidad. Un día nos decía que lucháramos por alcanzar las estrellas y que soñáramos en grande, pero al siguiente, cuando bebía demasiado y surgía su otra cara, nos golpeaba e insultaba hasta cansarse, diciéndonos que éramos un trío de pendejos, unos idiotas, ignorantes e inútiles.

Carlos fue el primero en irse. A los veinte años abandonó la universidad para casarse. Quería demostrarle a mi padre que podía hacer un mejor trabajo como esposo y como papá. Su matrimonio no duró mucho, pero el daño sí. La siguiente en irse fue Mago, quien se volvió consumista y fiestera para lidiar con nuestra crianza traumática. Pero muy pronto lo material y el baile no fueron suficientes. Dejó la universidad y consiguió un trabajo de tiempo completo para pagar la deuda de su tarjeta de crédito y su auto nuevo. A pesar de que prometió llevarme con ella, me dejó y se fue de casa de mi padre para iniciar su propia familia.

Entendí que mis hermanos actuaron de ese modo movidos por la desesperación. El alcoholismo y los abusos de mi padre los obligaron a marcharse en busca de su propio hogar.

En mi último año de preparatoria me aceptaron en la Universidad de California en Irvine. Cuando mi hermana se fue de la casa y al poco tiempo se embarazó, mi papá quedó tan decepcionado de mis hermanos que supuso que yo también haría lo mismo, a pesar de que continuaba con él, que seguía en la escuela y no dejaba de ser la hija obediente. Tenía diecisiete años y necesitaba que él firmara los documentos para asegurar mi lugar en la UCI; sin embargo, se negó. Mago era su hija favorita y él quería que fuera la primera en alcanzar el sueño de la educación universitaria. Pero las prioridades de mi hermana habían cambiado y ahora yo debía pagar el precio del desencanto de mi padre.

"Olvídate de ir a esa universidad. También vas a ser una fracasada, igual que ellos, así que ni siquiera te molestes en presentarte", sentenció, y con esas palabras aplastó mi sueño, al igual que una lata de cerveza cuando se la terminaba.

Ahora, en el autobús, caí en cuenta de que, si hubiera permitido que mi padre me quebrantara con sus palabras, podría haber terminado como aquella joven mendiga. Con solo pensar que eso aún podía suceder, provocó que las lágrimas brotaran.

Justo cuando estaba por soltarme a llorar, ocurrió un milagro: entreví un mercado mexicano por la ventana. Su nombre, pintado con vivas letras rojas, consiguió que las lágrimas desaparecieran: MERCADO LA ESPERANZA. El autobús aceleró por Mission Street y ya no pude ver el edificio, pero estaba segura de que no lo había imaginado. ¡Había encontrado el lugar al que podría regresar una y otra vez para recobrar los sabores y los aromas de los hogares que alguna vez tuve! Qué hermoso nombre para un almacén, pensé. Esperanza, expectativa, posibilidad. Así también se llamaba la heroína de mi libro favorito, *La casa en Mango Street*, de Sandra Cisneros. Como me sucedió a mí, Esperanza dejó a su familia y su comunidad para perseguir sus sueños, aunque prometió que un día regresaría a ayudar a aquellos que no lograron escapar. Igual que yo esperaba volver un día por quienes había dejado atrás.

Cuando me bajé del autobús en Kresge, respiré muy, muy hondo, llenando mis pulmones con el aire de Santa Cruz, hasta sentir que podría cruzar el cielo volando. Si la palabra esperanza tuviera aroma, sería como el de un bosque de secuoyas.

*Reyna mirando*
*al futuro*

# 4

*Reyna y Diana en el PCC, 1996*

POCOS DÍAS DESPUÉS comenzó oficialmente el ciclo escolar. Iba caminando a mi clase de Literatura —Teoría e Interpretación—, nerviosa porque era mi primer curso universitario. Cuando crucé el puente peatonal, el aire fresco me quitó la soñolencia. Los rayos dorados del sol se filtraban a través de la niebla matinal, dándole a las secuoyas una apariencia de ensueño y magia. Era una señal, me dije. El bosque me estaba diciendo que las cosas iban a salir bien.

Pese a los augurios de mi padre, ¿acaso no había conseguido evitar el fracaso hasta ahora? Luego de que se negó a dejarme asistir a la UCI, caí en un estado sombrío. Pero igual que los rayos del sol en las mañanas brumosas, mi determinación se había abierto paso a través del pesimismo. Desobedecí a mi padre y me inscribí en el *community college* público, donde no sólo me gradué con excelentes calificaciones, sino con la conciencia de que yo era responsable de mi propia formación. Había aprendido a adaptarme y a usar mi creatividad. No había nada que temer.

Me apresuré a ir a la clase, y para cuando llegué a la sala de conferencias, la niebla ya se había disipado por completo. Los estudiantes se precipitaban a mi alrededor —algunos aún llevaban puesta la pijama—, pero yo me quedé petrificada en la puerta. Cerca de unas cien personas se encontraban en el aula. "¿En qué me metí?", pensé. En Pasadena, la única clase en la que estuve con cien alumnos era la de la banda de música. Para Literatura, máximo había treinta asistentes. Aquí era otra cosa.

—Tomen asiento —dijo el profesor, y me obligué a entrar a la sala. Todos los lugares en la parte trasera estaban ocupados, así que no tuve de otra más que sentarme adelante. El profesor, un hombre barbudo de cincuenta y tantos años, describió el contenido y las expectativas del curso, a la vez que nos mencionaba los libros y autores que íbamos a leer: Voltaire, Marx, Engels, Stendhal. Jamás había escuchado hablar de ninguno de ellos.

Mientras estaba ahí, enterándome del abrumador plan de estudios, recordé que era buena en inglés y literatura. Esas eran mis fortalezas, por lo menos eso era lo que Diana me había dicho.

Ella fue la primera persona en obsequiarme un libro, uno que era todo mío, *The Moths and Other Stories* de Helena María Viramontes. A ese lo siguió *La casa en Mango Street*. También fue la primera en decirme que yo tenía talento para escribir y que mis historias importaban. Fue gracias a ella que ahora me estaba especializando en escritura creativa.

Pero lo mejor que Diana hizo por mí fue acogerme en su hogar dos años antes, cuando arrestaron a mi padre por violencia doméstica. Viví con ella cuatro meses y luego regresé, cuando mi papá volvió con Mila, mi madrastra. El tiempo que pasé en su casa fue una época que recordaré con aprecio por el resto de mi vida. No sólo me ayudó a concluir mis estudios en Pasadena, sino que también evitó que los abandonara debido a mis problemas familiares. Ahora estaba en la UCSC gracias a ella, pero rodeada de tantos estudiantes y mientras leía la lista de trabajos y exámenes que íbamos a tener, fue inevitable preguntarme si se había equivocado. ¿Y si yo no era capaz de triunfar en este lugar?

Al terminar la clase, el profesor tomó asistencia. Escuché los nombres, mirando el mar de alumnos que me rodeaba, la mayoría de ellos blancos. Sentía pavor cuando los maestros pasaban lista. Llamarte Reyna Grande, con apenas cinco pies de estatura, te vuelve objeto de burlas para toda la vida. Estaba esperando las risas que seguirían en cuanto el profesor dijera mi nombre. Pero no se escucharon. Ni siquiera dijo mi nombre. En lugar de eso, el hombre exclamó: "¿Renée Grand?". Nadie levantó la mano para reclamarlo, así que sospeché que trató de nombrarme pero lo pronunció mal. Me había pasado antes. Cuando llegamos a los Estados Unidos, los profesores de Mago le cambiaron su verdadero nombre por Maggie, porque afirmaban que Magloria era impronunciable. En casa siempre fue Mago, pero en el mundo exterior era Maggie. A mí, a veces me llamaban Renée y otras pronunciaban mi apellido —Grande— como el río de Texas, uno que jamás había cruzado, a pesar de que en numerosas ocasiones me habían llamado "mojada".

"Renée Grand", repitió el profesor, y esta vez supe que se refería a mí. Volteé a ver a los estudiantes a mi alrededor, a los que iban en pijama, a quienes no se habían cepillado el cabello y tenían lo que después me enteré que se llaman rastas (*dreadlocks*), los que se desvelaron bebiendo y de fiesta, los que andaban por el campus muy seguros de sí mismos. Quería ser como ellos. Deseaba ser Renée Grand porque sabía que ella se integraría a ese mundo de un modo en que Reyna Grande no lo haría.

"¡Renée Grand!", repitió el profesor por tercera vez. No levanté la mano para reclamar ese nombre como mío, aunque había una parte de mí que quería hacerlo. Estaba en una ciudad nueva, empezando una nueva vida, así que podía convertirme en Renée, la chica que sí pertenecía.

Pero si lo hacía, ¿qué pasaría con Reyna Grande, con el grandioso nombre que me dio mi madre y del cual, estaba segura, algún día estaría orgullosa?

Cuando terminó la clase, me armé de valor para acercarme al profesor.

—Disculpe, no dijo mi nombre.

—Estos son los alumnos inscritos en mi clase —me dejó ver la lista y, efectivamente, ahí estaba yo.

Revisó la lista donde le estaba señalando y comentó:

—Sí te nombré. Te mencioné tres veces.

—Me llamo R-r-reyna Gran-de.

Se encogió de hombros y me anotó presente. Si volvía a pronunciar mal mi nombre, sabía que no tendría miedo de corregirlo, igual que no me asustaría enfrentar las obras de aquellos hombres blancos europeos que íbamos a leer.

Por suerte, Literatura era mi única materia pesada. El resto de mis clases eran más fáciles. Para mi gran alivio, me di cuenta de que los hábitos de estudio y la confianza académica que adquirí en el PCC me habían preparado para este tipo de trabajo universitario más complicado. Resultó que sí sabía cómo hacerme responsable de mi propio progreso. Algunos de los estudiantes de Kresge no sabían cómo lidiar con su independencia. Lo único que querían era andar de fiesta, beber y drogarse, en lugar de concentrarse en sus estudios. Cuando llovía, se iban hacia las secuoyas y bailaban desnudos en círculos, fingiendo ser hadas o ninfas del bosque. No les importaba meterse en problemas con la administración escolar. Como sus padres ya no los estaban controlando, hacían todo lo que no tenían permitido en casa. Otros extrañaban demasiado su hogar y deambulaban atrapados en su nostalgia. Las dos veces que me encontré a Jaime, el otro alumno latino en Kresge East, me recordó al protagonista de la novela de Voltaire. El ver su rostro trágicamente triste —con el gesto de alguien que fue expulsado de un "paraíso terrenal"—, me hizo pensar en Cándido.

Jaime comentó que tal vez regresaría a casa al finalizar el cuatrimestre.

—Aquí me siento solo. Extraño a mi familia. A mi novia.

"¿No entiendes que es la oportunidad de tu vida?", quise decirle. "Entraste a la universidad y trabajaste duro para construir tu futuro, ¿y quieres tirarlo todo a la basura simplemente porque echas de menos a tu familia y a una chica? ¿Y ahora te quieres ir a casa?". Pero la verdad era que envidiaba a Jaime. Deseaba tener un hogar al cual regresar. Cándido había sido echado por el barón y nunca se le permitió volver al "más bello de todos los castillos", y aunque la casa donde reinaba mi padre jamás fue hermosa, tampoco a mí se me permitía regresar.

—La escuela acaba de empezar —le dije, tratando de ser más amable, más comprensiva de su añoranza, esa profunda nostalgia que yo conocía bien—. Dale tiempo. Todo va a ser más fácil. Este lugar también puede ser tu hogar.

Al igual que Cándido, yo también había llegado a comprender que no todo era para bien.

Pero si algo me había enseñado la vida hasta ahora, era a esforzarme al máximo para sacarle el mayor provecho a las situaciones, sin importar lo difíciles que pudieran ser. Me enfoqué en esa actitud hasta que se volvió algo rutinario, hasta que dejé de sentirme perdida y desorientada.

Kim, mi compañero de apartamento, un estudiante de China, me ayudó a configurar mi computadora e incluso me obsequió una mascota digital. Instaló en mi máquina un protector de pantalla diferente a cualquier otro que hubiera visto antes. Cuando el equipo no estaba en uso, un perrito corría alrededor de la pantalla y podía alimentarlo, darle agua y lanzarle pelotas para que las atrapara. ¡Hasta ladraba! Aquel viejo dicho mexicano había dejado de aplicar para mí. Seguía sin tener un padre o una madre, pero finalmente tenía un perro que me ladrara.

# 5

EDWIN VENÍA A visitarme los fines de semana, pero pronto nos rebasaron las exigencias de nuestros deberes escolares, la distancia y nuestros empleos, así que cada cual tomó su camino, aunque continuamos siendo amigos. Yo había tomado un trabajo como tutora particular en el centro de escritura, el cual me mantenía más ocupada de lo que hubiera querido. La ayuda financiera que recibí —préstamos, becas y empleos estudiantiles— no era suficiente para cubrir mis gastos. En mi último semestre en Pasadena, Diana me ayudó a solicitar becas, y aunque obtuve algunas pequeñas, sin el apoyo de mis padres no tenía a nadie a quién acudir cuando el dinero escaseaba, lo cual ocurría seguido. Esta ciudad costera de California era un lugar caro para vivir. Estaba llena de jubilados adinerados, de herederos acaudalados y de empleados bien pagados del sector de la alta tecnología de Silicon Valley. Pero los empleos dentro y fuera del campus pagaban una miseria en comparación con el costo de vida tan terriblemente alto.

Mi trabajo como tutora consistía en ayudar a los estudiantes con sus ensayos, y uno de mis alumnos era Alfredo. Debido a su lesión cerebral, la escritura no se le daba con facilidad. Lo ayudaba con los ensayos que tenía que escribir. Los otros estudiantes a quienes daba tutoría también tenían problemas con la redacción. Les enseñaba cómo armar una buena oración y un buen párrafo, cómo hacer para que las ideas, pensamientos y opiniones cobraran vida en la página. Me sorprendía estarle enseñando a alumnos cuya lengua materna, en su mayoría, era el inglés, pero no podían articular un párrafo decente en su propia lengua porque tenían peor gramática que la gente para quien era su segundo idioma.

—¿Dónde aprendiste a escribir así? —me preguntó Alfredo un día.

Estábamos sentados a la mesa de mi apartamento. El comedor tenía un ventanal con vista a las secuoyas.

—No sé —me encogí de hombros—. He escrito en inglés desde que tenía trece años.

Le hablé del primer cuento que escribí. Fue para un concurso escolar de escritura, cuando estaba en quinto grado. Lo redacté en español porque apenas llevaba pocos meses en los Estados Unidos y mi inglés era pobre. Mi profesora no sabía leer en español, así que cuando llegó el momento de escoger los cuentos que entrarían al concurso, colocó el mío en la pila de los rechazados, sin parpadear.

—En ese momento, juré que nunca iba a escribir de nuevo —le compartí a Alfredo—. Para mí, la maestra no sólo había rechazado mi cuento, también me había despreciado y me sentí avergonzada de ser una inmigrante, alguien que hablaba español, una persona de color.

—Lamento que lo haya hecho —respondió.

Le conté que cuando estaba en octavo grado, mi secundaria también organizó un concurso de escritura. Para entonces, ya me había graduado del programa de inglés como segundo idioma en la escuela y estaba inscrita en las clases normales. Mi acento era horrible, pero mis habilidades de lectura y escritura eran muy buenas. Me obligué a entrar en la competencia para darme la oportunidad de que me evaluaran bajo los mismos términos que a los demás. Mi cuento estaba inspirado en la relación que tenía con mi hermana menor. Cada vez que Betty y yo nos veíamos, nos sentíamos incómodas. El haber crecido en dos hogares distintos, ella con mi madre y yo con mi padre, hizo que nos sintiéramos desconectadas, distantes. Había estado leyendo libros juveniles como *Sweet Valley High*, por eso mi relato trataba de dos gemelas a las que separaron luego de que sus padres se divorciaron y cada uno se llevó a una hija, de manera que cuando las hermanas por fin se reencuentran años después, se sienten como unas completas desconocidas.

—¡Y gané el primer lugar! —le dije a Alfredo.

—¡Qué increíble! —respondió. Había dejado a un lado su ensayo y estaba escuchando mi historia con interés—. Me alegra que hayas superado ese primer rechazo.

A mí también me daba gusto. Si no lo hubiera hecho, mi carrera como escritora habría terminado incluso antes de comenzar.

A los trece años, yo no sabía que me había volcado en la escritura para tratar de lidiar con mis experiencias traumáticas antes, durante y después de inmigrar. Como era una niña inmigrante, mi identidad estaba dividida; seguido me sentía marginada por no ser completamente mexicana, pero tampoco completamente estadounidense. La frontera continuaba dentro de mí. La había cruzado físicamente, pero en el plano psicológico seguía tropezando con aquella tierra de nadie. Continuaba atrapada ahí, lo mismo que mis padres, porque la verdad era que nunca fuimos los mismos luego de atravesarla. Todos cambiamos. Tal vez fue porque habíamos dejado algo de nosotros atrás, como los inmigrantes que pierden un zapato, abandonan una lata vacía de atún, una botella de agua, una camiseta. Lo que cada uno de nosotros dejó en la frontera fue una parte de su alma, de su corazón, de su espíritu; se quedaron colgados en las ramas de un arbusto, ondeando con el viento.

Depresión, ansiedad, síndrome de estrés postraumático: ninguna de estas palabras formaba parte de mi vocabulario, así que nunca las utilicé para describir cómo me sentía. Expresaba mis sentimientos por medio de cuentos, mientras que mi padre ahogaba los suyos en una lata de cerveza.

Recurrí a la escritura para salvarme, para registrar y recordar, para darle sentido a mis experiencias. Escribir era un acto de supervivencia. No fue sino hasta que llegué a Pasadena que descubrí que esa podía ser una opción de carrera. Al haber crecido sin leer a ninguna autora latina, creí que ellas no escribían ni publicaban libros, por lo cual supuse que yo tampoco podría hacerlo. No había considerado una carrera en las letras, sino hasta que conocí a Diana. "Si Sandra Cisneros puede hacerlo, tú también. Si Isabel Allende puede, tú igual, Reynita", me decía al darme un ejemplar de sus libros más recientes.

Después de que Alfredo se marchó, fui a mi habitación para trabajar en un relato que no era parte de mis tareas. Platicarle acerca de mi escritura me dio la inspiración para sentarme a escribir, lo que no había hecho en todo el mes que llevaba en la UCSC. Mis clases de escritura creativa no iban a iniciar hasta el periodo de invierno. Por el momento, estaba atorada, redactando ensayos académicos sobre *Cándido* y *Rojo y negro*.

Por lo general, mis historias tenían que ver con México, aunque ahora llevaba más tiempo viviendo en los Estados Unidos. Sólo a través de la escritura podía aferrarme al país que me vio nacer e impedir que se desvaneciera en la bruma de mi memoria. Al escribir acerca de México, podía reclamarlo de una manera que no conseguía en la vida real. A pesar de que había obtenido bastante al emigrar, también había sufrido pérdidas: la relación con mi dulce abuela materna, con mis tías y tíos, mis primos, con mis amigos y, en sí, con mi patria. Ahora percibía el estilo de vida mexicano de forma diferente; mi español se había estropeado y mi catolicismo era casi inexistente. Sabía tan poco acerca del país, sólo fragmentos de su historia, sus costumbres, su geografía. En muchos sentidos, me resultaba un misterio. Igual que mis padres, mi tierra natal estaba llena de defectos y me había maltratado y abusado de mí, y, sin embargo, continuaba queriéndola; me aferraba a México con la esperanza y el optimismo de una niña, soñando con el día en que cambiaría para bien, del mismo modo que anhelaba que mis padres lo hicieran.

En la primera visita de regreso a mi tierra tres años atrás, me trataron como extranjera porque fui "corrompida" al americanizarme. Para la gente que me vio crecer ya no era lo suficientemente mexicana.

Aunque en los Estados Unidos tampoco era lo bastante americana. Llevaba años esforzándome por encajar, por aprender el idioma y la cultura estadounidense, por abrirme camino. Pero sin importar lo mucho que me esforzara, aún me sentía una fuereña, especialmente aquí en Santa Cruz, donde me sentía tan aislada, sola y excluida. La UCSC aún no era la institución al servicio de la comunidad hispana en la que algún día se iba a convertir, por lo que a duras penas veía a alguien parecido a mí. Así que me refugié en la escritura. Las palabras que ponía en la página creaban un puente que conectaba a ambas naciones, los dos idiomas, a ambas culturas. Esperaba algún día, a través de la escritura, poder encontrar un lugar al cual finalmente pertenecer, donde al fin sintiera que yo era "suficiente".

*Puente peatonal de Kresge College*

Un día de noviembre, mientras cruzaba el puente peatonal rumbo a la clase de latín, me encontré con Carolyn, mi compañera de apartamento.

—¿Vas a la marcha de protesta? —me preguntó mientras caminaba junto a mí, con su acostumbrado brío.

—¿Qué marcha? Voy a mi clase —respondí.

—Reyna, tienes que ir. Debes apoyar a tu gente.

No tenía idea de qué estaba hablando y no iba a faltar a clase sólo por una protesta. Jamás había ido a una manifestación y no quería meterme en problemas y poner en peligro mis estudios. Hasta ahora me había comportado bien, concentrándome sólo en las clases, y con poco tiempo libre, no hacía nada más que estudiar y trabajar.

—Quizá en otra ocasión —dije.

—Puede que no haya otra oportunidad. Tienes que venir conmigo. Debes apoyar a los tuyos —me agarró del brazo y, por la forma en que me miró, supe que me llevaría a rastras, sin importar si quería ir o no.

—Está bien, de acuerdo, voy a ir —contesté. Me soltó y la seguí, cada vez más enojada al pensar en lo que me iba a perder de clase y el esfuerzo que tendría que hacer para obtener una A, es decir un 10.

Seguí a Carolyn hasta el edificio Hahn Hall, donde se encontraban la dirección y servicios escolares, y conforme nos íbamos acercando, los gritos de los estudiantes se elevaban al cielo y no podía creer lo que oía: eran en español. "¡El pueblo unido, jamás será vencido! ¡El pueblo unido, jamás será vencido!".

En cuanto salimos de la arboleda alcancé a ver el edificio y a los cientos de estudiantes que marchaban alrededor, sosteniendo pancartas. Las palabras de Carolyn de pronto cobraron sentido. Ahí estaban, todos esos rostros morenos que había estado buscando desde que llegué a la UCSC. Esos alumnos que se parecían a mí. Había cientos de ellos mezclándose con los estudiantes negros, blancos y asiáticos. ¿Dónde diablos se habían escondido todo este tiempo?

—¿Por qué están protestando? —le pregunté a Carolyn.

—Por la Propuesta 209 —respondió. Al notar el gesto de confusión en mi rostro, agregó—: Es una propuesta que votaron ayer y fue aprobada. Elimina las medidas a favor de las minorías en California. —Mi silencio le molestó—. ¿No lo entiendes? Te afecta como latina. A mí me afecta como mujer. ¡Tenemos que hacernos escuchar!

Quería creer que fueron mis buenas calificaciones y mi dedicación las que me consiguieron un lugar en la universidad, pero la realidad era que como latina no sólo me enfrentaba a la desigualdad contra la mujer, sino también contra mi raza, y de algún modo la llamada "acción afirmativa" me había dado una oportunidad. De pronto caí en cuenta de que, si ganaba la Propuesta 209, las escuelas dejarían de considerar la raza, el origen étnico y el género de los estudiantes, por lo cual los alumnos de las minorías —y las mujeres en general— tendrían mayores dificultades para que los admitieran a las universidades.

—Entiendo —contesté—. Vamos.

Me apuré en llegar a Hahn, con la mochila colgando en mi hombro, y me abrí paso entre los estudiantes que estaban formando una cadena humana para evitar que alguien entrara o saliera del edificio. La rompieron para que me uniera a ellos, y tomé las manos de los jóvenes que tenía a ambos lados y comencé a gritar.

"¿Qué queremos?"

"¡Diversidad!"

"¿Cuándo la queremos?"

"¡Ahora!"

Alcé la voz para unirla con la de ellos, y todos nos volvimos uno. Por primera vez, desde que llegué a la escuela, me sentí conectada. Sin soltarnos de las manos, comenzamos a caminar alrededor del edificio, cantando: *"This little light of mine, I'm gonna let it shine. Let it shine, let it shine, let it shine".*

Nunca antes había escuchado esa canción, pero mientras la entonaba sentía que mi pecho crecía, y que esa presión era dolorosa. Dentro de mí había una lucecita que los desafíos de la vida habían tratado de apagar en más de una ocasión. Pero ahí estaba, brillando, y yo tenía que protegerla contra viento y marea. Por mí, por mi familia, por mi comunidad. Por mis dos países.

*"Let it shine, let it shine, let it shine".*

Por desgracia, nuestra protesta no tuvo éxito. La Propuesta 209 fue aprobada, eliminando la Acción afirmativa para que la gente como yo no tuviera "trato preferencial", y no había nada que yo ni nadie pudiera hacer para echarla atrás. La derrota se sintió en el campus, y aunque también se organizaron manifestaciones en otras universidades, nada cambió. Pero aun así, por primera vez me di cuenta de que tenía una voz y que era mi responsabilidad usarla.

Fue así cuando finalmente me enteré de que la mayoría de los alumnos latinos se encontraban en otras comunidades de la UCSC: Oakes y Merrill College, que albergaban los departamentos de Estudios Latinoamericanos e Idiomas. Más tarde descubrí que quince por ciento de la comunidad estudiantil en la UCSC estaba compuesta por latinos, algo de lo que jamás me habría enterado de no haber salido de Kresge College, donde la mayoría eran blancos y asiáticos. Para mi gran alegría, Oakes y Merrill College también tenían dos taquerías en el campus, donde pronto comencé a ir después de clases para comer tacos de carne asada o burritos de camarón, y para convivir con los otros latinos que, como yo, estaban luchando por adaptarse y navegar en este lugar, pues eran los primeros de sus familias que asistían a la

---

* *Esta lucecita, la dejaré brillar. Brillará, brillará, brillará.*

universidad. La mayoría de ellos se especializaba en educación, en estudios latinoamericanos y latinos, en matemáticas, español o historia. Ellos me alentaban para que tomara una clase de literatura chicana en el siguiente periodo.

Esto me hizo darme cuenta de que la protesta había tenido un efecto profundo… por lo menos en mí. Hizo que me sintiera parte de una comunidad y me acercó un poco más a Santa Cruz y a la universidad para que se convirtieran en mi hogar.

# 6

*Mago, Reyna y Betty*

HABÍA ESTADO TAN concentrada en sobrevivir a mi primer cuatrimestre en la UCSC, que no extrañé a mi familia como cuando llegué dos meses atrás. Hablé dos veces con Mago y con Carlos, pero ninguna con mi padre ni con mi madre. En un momento de debilidad, una vez fui al teléfono público y levanté la bocina para llamar a mi papá. Estaba desesperada por oír su voz y por escucharlo decir: "Chata", como le gustaba decirme. Pero no marqué el número.

Apreté las monedas que llevaba en la mano y oí el tono para llamar, hasta que el teléfono comenzó a chirriar como un gallo agonizante. Colgué.

Sabía que debía llamar a mi madre. Justo antes de que me fuera a Santa Cruz, envió a México a mi hermana de quince años para castigarla por su comportamiento. Desde tiempo atrás, Betty se había ido por mal camino: se involucró con pandillas, tuvo sexo sin protección, robó el dinero de la renta, faltaba a clases y, la gota que derramó el vaso, abandonó la preparatoria.

Mi madre dijo que mandó a Betty a México porque si ella ya no quería una educación escolar, entonces iba a recibir otro tipo de enseñanza: aprendería a ser mujer. Mi tía le enseñaría a mi hermana menor a cocinar, limpiar y a obedecer a su futuro marido, quienquiera que éste fuera; justo el tipo de crianza que mi abuela, mi madre y mis tías tuvieron en nuestra ciudad natal.

Me enteré de los planes de mi madre cuando ya era demasiado tarde. Cuando lo supe, mi hermana ya viajaba en el avión rumbo a México. "Ya no puedo con ella", me respondió mi madre, cuando le dije que era lo más irresponsable que había hecho. Su decisión reforzó lo que pensaba de ella, que nació sin el gen materno. O por lo menos en lo que se refería a sus cuatro hijos mayores, porque a mi medio hermano menor lo consentía y le cumplía todos sus gustos.

Me avergonzó darme cuenta de que no le había prestado mucha atención a Betty desde que me fui a Santa Cruz. Debí haberlo hecho. Así como mi padre me excluyó de su vida, mi hermana fue desterrada de la de mi madre, aunque por motivos opuestos. En mi caso, no había hecho más que tratar de enorgullecer a mi padre y de ayudarlo cuando lo necesitaba. En cambio, Betty no hacía más que portarse mal, haciéndole la vida miserable a mi mamá, pero tenía sus motivos. Sólo reaccionaba al abuso físico y emocional que recibía de mi madre en la única forma que conocía: rebelándose. En ese proceso no solamente perjudicaba a mi mamá, sino que también se lastimaba a ella misma.

Levanté el teléfono y llamé a mi madre para ver cómo le estaba yendo a mi hermana en el exilio. Mi familia en México no tenía teléfono, lo que implicaba que tendría que contactar a la vecina de mi abuelita para poder hablar con Betty. Además, yo no tenía suficiente dinero para hacer llamadas internacionales.

—Está volviendo loca a tu tía —fue lo primero que dijo mi madre—. Anda haciendo de las suyas y tu tía ya no la puede controlar.

—Pues para empezar, no debiste mandarla para allá —respondí—. Ella es tu responsabilidad, no la de mi tía. ¿Por qué siempre quieres que otras personas se encarguen de tus hijos? —Fue un golpe bajo y lo sabía, pero cada vez que hablaba con mi madre salía a relucir el dolor de las tantas veces que me abandonó, así que me vengué.

Ella, como de costumbre, me ignoró.

—Tu hermana se anda metiendo con un hombre casado. ¿Me escuchas? Tiene quince años y su reputación ya está por los suelos.

En ese momento no tuve nada que decir. Un año antes, Betty me pidió que la llevara a la clínica para que le hicieran una prueba de embarazo. Apenas tenía catorce años. Mientras esperábamos a que nos dieran los resultados, recé con todas mis fuerzas para que salieran negativos y, para nuestro alivio, así fue. El embarazo le habría arruinado la vida. Pero ahora ahí estaba de nuevo, poniendo en riesgo su futuro. No me podía quedar cruzada de brazos y dejar que eso ocurriera.

—Iré a verla —contesté—. Voy a Iguala.

De regreso a mi apartamento caí en la cuenta de que había un gran problema con lo que acaba de prometer: no tenía dinero para viajar a México. Sin embargo, algo me decía que debía hacerlo. Me preocupaba mi hermanita, y estuve pensando y pensando para ver cómo podría reunir el dinero. Me detuve a medio camino del puente peatonal y levanté la mirada hacia las secuoyas. Recé en silencio, a pesar de que había dejado de ser una persona religiosa. Cuando mis hermanos y yo llegamos a los Estados Unidos, no nos tomó mucho tiempo perder nuestra religión y olvidar las enseñanzas de nuestra dulce abuelita materna, Chinta. Cuando le pedíamos a nuestro padre que nos llevara a la iglesia, se negaba, alzando su cerveza para proclamar: "Éste es mi Dios". Esa actitud hizo que rápidamente desapareciera nuestra fe católica.

Ahora me consideraba atea, pero al verme rodeada por semejante esplendor natural como el que había en Santa Cruz, por aquellos árboles que parecían estar a punto de tocar el cielo, no podía sino querer creer en un ser superior. ¿Un dios? ¿Una diosa? ¿En la Madre Tierra? ¿En Tonantzin, la divina madre de los aztecas?

Uno de ellos escuchó mis plegarias. Al día siguiente, luego de recoger mi correspondencia, pasé por la oficina de Kresge College y vi un folleto que anunciaba una beca de 500 dólares que Kresge ofrecía a los estudiantes para hacer un trabajo de investigación. ¡Era la solución perfecta! A toda prisa regresé a mi apartamento, llené la solicitud y escribí una carta en la que explicaba que necesitaba viajar a México porque la colección de cuentos que estaba escribiendo lo requería. Claro que eso no era verdad. No existía dicha colección y me avergonzó estar mintiendo, pero era la única solución que se me ocurría. En la solicitud señalé que necesitaba los fondos para investigar acerca de la ciudad y la gente sobre la que estaba escribiendo.

Semanas después me enteré de que estaba en mi destino ir a ver a mi hermana, pues me llegó la carta en la que Kresge informaba que me habían becado.

Esa sería la segunda vez que visitaba mi país natal desde que me fui a los nueve años. El primer viaje tuvo lugar tres años antes, cuando aún estaba en la preparatoria y acompañé a Mago y a mi madre. Fue precisamente en esa visita que me di cuenta de que había dejado de ser lo suficientemente mexicana. Todos me trataron como forastera, como si hubiese dejado de ser una de ellos, como si México ya no fuera mi hogar.

☙❧

En cuanto llegaron las vacaciones de invierno, me dirigí al sur. Mi avión aterrizó en la Ciudad de México a las siete de la mañana y enseguida emprendí el recorrido de tres horas rumbo a mi ciudad natal. Al tomar el taxi que me llevó del aeropuerto a la estación de autobuses, bajé la ventanilla y respiré el olor de la urbe, que era una mezcla de humo de motores diésel, orines y tortillas de maíz.

—No eres de aquí, ¿verdad? —me preguntó el taxista. Se me fue el aire y sentí que el suelo se hundía bajo mis pies, pues imaginé lo peor. Quizá el hombre supuso que yo era estadounidense y me iba a secuestrar.

—Chale, claro que sí —respondí, tratando de hablar en español como una verdadera mexicana. Pero el hombre negó con la cabeza y sonrió.

—No es cierto. Se oye lo americano en tu voz —comentó.

Por suerte llegué a la estación a salvo, donde esperé a que fuera hora de abordar el autobús. Mientras viajaba rumbo al sur, pensé en mi madre. Cada vez que hablaba con ella, no lograba controlar la ira que hervía dentro de mí.

Aún después de todos estos años, seguía sintiendo el golpe demoledor de su abandono.

Tenía cuatro años la primera vez que se fue. Nos dejó a mí, a Mago y a Carlos para reunirse con mi padre en El Otro Lado. Durante muchos años me fue imposible entender por qué eligió dejar a sus hijos para ir a encontrarse con él, simplemente porque él quería que lo acompañara. ¿Por qué tenía que obedecerle? ¿Por qué no se negó y se quedó con sus hijos? Sólo después comprendí que mi madre no quería ser una mujer abandonada. En Iguala, había mujeres cuyos maridos se marcharon al norte desde mucho tiempo atrás y las olvidaron por completo. Qué felicidad y orgullo sintió mi mamá cuando él llamó para decirle "Te necesito aquí. Quiero que vengas".

Sin más, ella empacó las maletas y dejó a sus hijos en casa de la suegra, acatando los deseos de mi padre. La vimos partir mientras nos preguntábamos si algún día volveríamos a verla. Después entramos a casa de la abuela Evila, donde tuvimos que soportar dos años y medio en el infierno.

Lo irónico fue que mi madre partió rumbo a los Estados Unidos para salvar su matrimonio y, sin embargo, mi padre terminó dejándola por otra mujer. Mila era asistente de enfermera, una mexicana que se hizo ciudadana estadounidense y hablaba fluidamente el inglés; la mujer era todo lo que mi mamá no era. Cuando mi madre regresó a México con mi hermanita Betty, fue uno de los días más felices de mi vida. Pero poco después huyó a Acapulco con un luchador y nos volvió a abandonar. Mi abuelita materna hizo su mayor esfuerzo por aliviar el dolor que nos causaba la ausencia de mi madre. Pero no importaba lo mucho que abuelita Chinta nos amara, no era suficiente.

Cuando mi padre regresó a México a buscarnos, mi mamá no quizo que Betty viniera con nosotros y nos fuimos sin ella, siguiéndolo a él para buscar una vida mejor en El Otro Lado. Jamás he podido superar la culpa de haber dejado a Betty, aunque no fue mi decisión.

A pesar de que mi madre, y luego Betty, se mudaron a Los Ángeles pocos años después, y de que ahora todos estábamos del mismo lado de la frontera, ya para entonces mi familia se había desintegrado por completo.

Me dormí durante las tres horas que duró el viaje y desperté justo cuando el autobús se desplazaba por el borde de las montañas, donde parecía que a mi tierra la mecían unas manos ahuecadas. Me asomé por la ventanilla y contuve la respiración, esperando ver el primer indicio de mi ciudad en la lejanía del valle.

Iguala de la Independencia es una ciudad de aproximadamente 110.000 habitantes. La primera bandera mexicana se elaboró aquí en 1824. El tratado que dio fin a la guerra de Independencia se redactó en este lugar y el himno nacional también se cantó por primera vez acá. A pesar de la riqueza de su historia, Iguala es una ciudad donde el setenta por ciento de la población vive en la pobreza. En los años siguientes la situación sólo empeoraría; un día, la montaña por la que viajaba mi autobús se llenaría de campos de amapola para abastecer al mercado de heroína de los Estados Unidos. Iguala se convertiría en un centro de distribución, donde los autobuses saldrían de la estación cargados de drogas rumbo a ciudades como Chicago y Los Ángeles. En 2014, la ciudad quedó marcada por la infamia cuando la policía —que trabajaba en complicidad con un cartel del narcotráfico— atacó a cuarenta y tres estudiantes y los volvió víctimas de desaparición forzada. Durante la búsqueda de estos estudiantes desaparecidos, numerosas fosas clandestinas fueron descubiertas cerca de donde crecí.

Pero esas cosas aún no sucedían. Cuando llegué a Iguala, en diciembre de 1996, lo único que vi fueron chozas, caminos de tierra, casas deterioradas y basura; en suma, la agobiante pobreza de la que mi padre me rescató. De niña era capaz de ver más allá de la miseria y encontrar la belleza de mi ciudad natal, pero ahora, luego de tantos años de vivir en los Estados Unidos, ya no podía hacerlo.

Pedí un taxi en la estación de autobuses. De inmediato, el conductor señaló:

—No eres de aquí, ¿verdad? —Pensé decirle que ni siquiera había abierto la boca, entonces, ¿por qué diablos me decía eso?—. Es que te pusiste el cinturón de seguridad —dijo con una sonrisa, anticipándose a mi pregunta.

Y me reí.

El camino donde vivía mi abuelita no estaba pavimentado, por eso los taxis y autobuses no se aventuraban a llegar hasta allí. Me bajé en la carretera principal y caminé rumbo a su casa, arrastrando la maleta tras de mí. Aspiré el humo que emanaba de la quemazón que hacían en los basureros dispersos a lo largo de las vías del tren. Los servicios de saneamiento urbano no existían en Iguala, así que la gente quemaba sus desperdicios a diario. Pasé por el canal en el que mis hermanos y yo nadábamos de niños y me sorprendió verlo lleno de basura, de llantas viejas cubiertas de lodo, de muebles deshechos, de los despojos de un antiguo colchón. El agua estancada olía peor que un animal muerto, así que contuve el aliento mientras me apresuraba a cruzar al otro lado. Mi abuelita Chinta vivía en una choza construida con varas de carrizo y cartón. Cuando viví aquí, era la única choza de la calle, pero ahora había dos. Mi tía Güera había construido la suya al lado.

Me paré frente a la casita de mi abuela y eché un vistazo al camino de tierra, al vagón de carga abandonado en las vías del tren, oxidándose bajo el sol, a los montones de basura quemada, a los niños que andaban descalzos, con los pies y piernas cubiertos de polvo.

Estaba muy lejos de Santa Cruz, California.

# 7

*Abuelita Chinta*

EN LA CASA de mi abuelita, la puerta estaba abierta, así que me asomé y la vi sentada ante la mesa del comedor con una tabla de cortar en su regazo, donde rebanaba jitomate, cebolla y un chile jalapeño. No la había visto en tres años, pero para mí se veía idéntica. Como de costumbre, llevaba su cabello gris rizado amarrado en forma de colita, traía un vestido floreado que le llegaba por debajo de la rodilla y calzaba unas sandalias negras.

—Abuelita, ya llegué —le dije al entrar.

Cuando me sonrió noté que, desde la última vez que la vi, se le había caído otro diente. Abracé a mi pequeña abuelita y aspiré su aroma a aceite de almendras y hierbas.

—Gracias a Dios que llegaste bien —respondió, estrechándome con fuerza. Miró hacia su altar, donde una vela ardía junto a la imagen de la Virgen de Guadalupe, y se persignó para agradecerle a Dios que había llegado bien—. El viaje puede ser peligroso para una muchacha que anda sola.

—Sí, abuelita. Pero tuve cuidado —me senté con ella a la mesita y la vi terminar de cortar las verduras—. ¿Qué está preparando, abuelita?

—Un taco. ¿Quieres uno? —se levantó para calentar las tortillas en la estufa, mientras yo miraba alrededor para ver dónde estaba la carne. No había ninguna cazuela en el fuego, y la única comida eran las verduras cortadas. Tampoco tenía frijoles o arroz.

La choza lucía exactamente igual que cuando viví aquí con ella y mis hermanos. Era una habitación grande sin paredes internas. La cama de mi abuela, la estufa y su altar estaban cerca de la puerta; en medio se encontraba la mesa del comedor; al fondo estaba la hamaca donde dormía mi tío Crece. La cama que perteneció a mis padres continuaba aquí, arrumbada en una esquina. En una jaula que colgaba de una viga del techo dormían dos palomas blancas. Los rayos de luz se filtraban entre las varas de carrizo. El calor del sol que irradiaba del techo de láminas metálicas me adormilaba, y me hizo bostezar.

Mi abuelita repartió las tortillas calientes en dos platos y las llenó con los trozos de jitomate, cebolla y jalapeño. Me dio un plato y se disculpó por lo modesta de la comida.

—Ya van varias semanas que tu tío Crece no ha tenido mucho trabajo —comentó—. Y ya se terminó el poco dinero que me manda tu mamá.

Tomé el plato que ella me dio y miré el taco. En Santa Cruz conocí por primera vez a los vegetarianos y veganos, y quedé sorprendida de que pudiera existir semejante cosa. ¿Qué diría mi abuelita si le dijera que en los Estados Unidos la gente elige comer como ella lo hacía ahora, en especial los niños ricos que creían que ser vegano era genial y que comprar en las tiendas de segunda mano, como yo lo hacía, era un capricho y no una necesidad? Allá, me daban ganas de decirle, comer un taco de jitomate era una elección, una preferencia personal, no un acto de supervivencia que te imponían la pobreza y un sistema corrupto y opresivo.

Como si me leyera el pensamiento, me dijo:

—M'ija, siempre debemos agradecer lo que Dios nos da.

Quise decirle que Dios estaba dando casi nada. O que tal vez Él era vegano e intentaba que mi abuelita también lo fuera. Sí, mis pensamientos eran muy cínicos, aunque entendía bastante bien lo que mi abuelita me estaba diciendo; en ocasiones, hasta las verduras son difíciles de conseguir y uno debe estar agradecido cuando las obtiene. Cuando vivía aquí con ella, hubo veces en que lo único que teníamos para comer eran tortillas con sal. Como estudiante universitaria, me costaba arreglármelas y aún no estaba en condiciones de ayudar a mantener a mi abuelita. Pero me hice la promesa de que un día, cuando mi título universitario me permitiera ganar dinero, la ayudaría y la cuidaría como alguna vez ella lo hizo conmigo.

Le dio una mordida a su taco y yo al mío; el jugo del jitomate se escurrió en mi mano y lo lamí porque tampoco había servilletas.

—¿Cómo te va en El Otro Lado? —me preguntó mi abuelita, lamiéndose también los dedos—. Tu mamá me contó que ya estás en la universidad.

Asentí con la cabeza y le conté, entusiasmada, acerca de Santa Cruz, sobre las secuoyas, los venados, la bahía, el malecón, el perfume del aire —que era una mezcla de hojas, tierra, brisa salada del océano y esperanza—. ¡Qué no daría por poder llevarla allá! Me imaginé caminando por aquel precioso lugar de la mano de mi abuelita, señalándole una babosa grande y amarilla que se arrastraba por la corteza color canela de las secuoyas y arrancando las hojas puntiagudas de una secuoya para que ella pudiera percibir su aroma. Me estiré y la tomé de las manos, como si por arte de magia pudiera llevarla allá conmigo. No se me ocurrió comprarle una camiseta de mi universidad que dijera ABUELA UCSC.

—Hay unos árboles cerca de la biblioteca que dan flores tan blancas que parecieran estar cubiertos de nieve —le dije, pero luego, al recordar que nunca había visto la nieve, agregué—: O como si mil palomas blancas se hubieran posado en ellos. —A éstas sí las conocía bien.

Abuelita Chinta sonrió con una expresión distante en los ojos, como si se esforzara por imaginar esa ciudad mágica. Cuando vives en un lugar como Iguala, es difícil creer que el mundo puede lucir distinto. La sensación de culpa me trajo de vuelta a la realidad y pude sentir los callos de sus manos arrugadas, ver la capa de polvo en sus pies, percibir el calor infernal que irradiaba de su techo de lámina. ¿Por qué puedo disfrutar de un lugar tan hermoso, pero no mi abuelita, quien tuvo que trabajar desde muy joven para alimentar a su familia? Ella, que nunca fue a la escuela, que vivía a tres horas de Acapulco y, sin embargo, nunca había contemplado el océano con sus propios ojos.

—Me alegra que vivas en un lugar hermoso, m'ija —comentó, con su sonrisa chimuela—. Después de todo lo que pasaron, mis niños, se lo merecen.

"Usted también, abuelita", quise decirle.

Justo en ese momento llegó la tía Güera, seguida por mis pequeños primos, Diana y Ángel.

—Ya llegaste —señaló—. Qué bueno.

—¿Dónde está Betty? —pregunté, levantándome para abrazarla—. ¿Está con Lupe?

Llegué por la tarde y me sorprendió que no hubiera nadie en casa, sólo mi abuelita. Mi prima Lupe tenía catorce años, uno menos que mi hermana. En las escuelas de México había dos turnos, el matutino y el vespertino. Por lo general, especialmente en la secundaria y en la preparatoria, los muchachos pobres terminaban atrapados en el horario de la tarde y tenían que atravesar de noche aquella turbia ciudad para regresar a casa. Era un camino peligroso, en especial para las muchachas.

—Lupe está en la escuela —señaló mi tía—, pero tu hermana no. No se quiso inscribir y ni modo de obligarla.

—Entonces, ¿dónde está ahorita?

—No sé —respondió mi tía Güera—. Se va con sus amigos, a veces sin avisarme —dijo, tomando asiento al otro lado de la mesa—. Mira, Reyna, yo quiero mucho a tu hermana y no me gustaría que le pasara algo malo, pero toda la colonia anda hablando sobre las relaciones vergonzosas que tiene con los muchachos. Yo ya no quiero tener esa responsabilidad. Si termina embarazada, o algo peor, no quiero que sea bajo mi cuidado. Tal vez a ti te haga caso.

Suspiré. No le confesé a mi tía que quizá yo no sería de mucha ayuda. Si los adultos que la rodeaban no lograban que mi hermana entrara en razón, ¿qué los hacía suponer que yo sí lo conseguiría? Betty y yo teníamos una buena relación, pero no como la que alguna vez tuve con Mago.

Por fin llegó mi prima Lupe, pero aún no había señas de Betty.

—De seguro anda por la estación de trenes. Allá es donde vive Chon.

—¿Quién?

—Es el tipo con el que ha estado saliendo Betty —contestó Lupe—. Pero está casado.

Le di dinero a Lupe para que fuera al puesto de comida más cercano a comprar quesadillas. Mientras esperábamos sentadas, me pregunté por qué tanto Betty como yo teníamos esa necesidad enfermiza de ser amadas y queridas por los hombres. Como nuestros padres rara vez nos mostraban algún gesto de ternura, parecía que teníamos que encontrarlo fuera de casa. Por eso no me importaba lo que dijera la gente de Betty, yo no iba a juzgarla.

Cuando Lupe regresó, no llegó sola.

—Miren a quién me encontré —dijo mi prima.

Betty corrió a abrazarme, y todo lo que comentaron sobre mi hermanita de pronto se esfumó cuando la tuve entre mis brazos. Era mi Betty. Cuando escuché que mi madre iba a tener una hija en los Estados Unidos, odié a esa bebé. Estaba celosa de la niñita que había llegado a quitarme mi lugar como la bebé de la familia. Pero cuando la conocí, pensé que era la pequeña más hermosa que hubiese visto, con cabello abundante, rizado y oscuro, además de unas pestañas larguísimas. Cuando mi mamá huyó con el luchador y nos dejó solos —incluida la bebé estadounidense—, me di cuenta de que Betty era como yo, que no era nada especial para mi mamá y que le era igual de fácil abandonarla como lo hizo conmigo. Había intentado protegerla, igual que Mago lo hizo conmigo.

Pero en cuanto Mago, Carlos y yo nos fuimos con nuestro padre a los Estados Unidos, obligados a dejar a mi hermana, nos volvimos a distanciar de ella. Con el paso de los años, a pesar de que terminó viviendo en Los Ángeles con nuestra madre, difícilmente la veíamos. Intentamos que se quedara algunos fines de semana en casa de nuestro padre, pero las visitas eran breves y pocos frecuentes. Mago y yo teníamos un vínculo maravilloso que no incluía a Betty. La distancia y el rencor de nuestros padres fue lo que la mantuvo al margen de nuestra hermandad.

No fue sino hasta que Mago me dejó para iniciar una vida independiente y formar su propio hogar, que entendí lo que se sentía no contar con nadie, justo lo que mi hermana menor había sentido durante muchos años.

Esa fue la razón por la que vine a México. No era porque pensaba que podía ayudarla, sino porque sabía lo que era estar sola.

—Aquí estoy —le dije, estrechándola aun con más fuerza—. Aquí estoy.

Más tarde, esa misma noche, Betty y yo compartimos la cama que alguna vez perteneció a nuestros padres y que yo antes compartía con Mago. Mi tío Crece dormía en la hamaca que colgaba de las vigas y mi abuelita en su cama, cerca de la puerta. Entre los ronquidos de ambos, los ladridos de los perros afuera y el canto de los grillos, resultaba difícil quedarse dormida.

—De todos modos, no quería estar en Los Ángeles —me confesó Betty luego de que le dije cuánto lamentaba que mi madre la hubiera enviado lejos—. Por lo menos aquí puedo escaparme de ella. De *ellos*.

Por supuesto que se refería a nuestro padrastro. A pesar de que vivimos separadas, en cierta manera nuestras vidas no habían sido muy distintas. Al compartir el techo con nuestro padre, Mago, Carlos y yo padecimos la indiferencia de nuestra madrastra, Mila, quien prefería mantener su distancia y no relacionarse mucho con nosotros. Nunca nos gritó ni nos pegó, pero eso no significaba que no hubiésemos sufrido gracias a ella. Cualquier queja que tenía se la daba a mi padre, quien salía como un demonio de la habitación con el cinturón en la mano para darnos una paliza. La mayoría de las veces ni siquiera sabíamos por qué nos estaba golpeando, pues Mila no nos decía de frente en qué la habíamos disgustado.

Rey, nuestro padrastro, era lo contrario de ella. Sin pensarlo dos veces, golpeaba y le gritaba a Betty, y no necesitaba permiso de mi madre para actuar y hacerle ver su disgusto. Aunque ambas crecimos en hogares donde las palizas y los insultos eran la norma, en mi caso sólo los recibí de manos de mi padre, mientras que mi hermana los padeció con ambos, mi madre y mi padrastro.

—Lo siento, Betty —le dije, refiriéndome a todo; a cómo la inmigración y la separación tuvieron un efecto negativo en todos nosotros;

a cómo, a pesar de que nuestros padres emigraron precisamente de esta ciudad para ir a los Estados Unidos con el fin de construirnos una casa, terminaron destruyendo nuestro hogar.

Como si me hubiera leído el pensamiento, Betty volteó a verme.

—¿Crees que las cosas habrían sido distintas si nunca se hubieran ido? ¿Crees que estaríamos juntos como familia?

La luz plateada de la luna se filtraba por los huecos que había en la pared, hecha con varas de carrizo atadas con cuerda y alambre. Sus ojos iluminados por la luna me vieron llenos de esperanza e inocencia, y supe que deseaba que le presentara una imagen distinta —una realidad diferente— de la que estábamos viviendo. Sin embargo, no tenía caso arrepentirse ni desear que el pasado fuera diferente y que nuestra historia familiar no fuera tal como fue.

—No hay nada que podamos hacer para cambiar el pasado, Betty. Pero, ¿sabes lo que quiero? Quiero algún día mirar el pasado y decir que todo el dolor y toda la angustia valieron la pena.

—¿Por eso vas a la universidad?

—Sí —le respondí—. Si ya pagamos un precio muy alto por tener esta oportunidad, lo mejor que podemos hacer es aprovecharla. Lo que está en nuestro poder es lograr que nuestro futuro sea mejor que nuestro pasado, Betty, aunque a veces parece que nunca podremos escapar de él.

Mi hermana se quedó callada. Se volteó hacia la pared, dándome la espalda.

—No quiero regresar a ese lugar —me dijo antes de quedarse dormida—. Espero que no hayas venido para llevarme con ella.

# 8

*Betty y Reyna lavando ropa*

E N MÉXICO, LA temporada navideña era mi época favorita del
año debido a las Posadas; los festejos que preceden al día de
Navidad. Todos los niños recibían cada noche en la posada un agui-
naldo, que es una bolsa llena de dulces, mandarina, jícama, caña de
azúcar y cacahuates recién tostados. Era de las raras ocasiones de mi
niñez en que me iba a la cama con la barriga llena durante nueve días
seguidos. Ese año llegué a México a mitad de las Posadas, así que
cada noche acudí al festejo organizado por la iglesia de la colonia.
Llevando una vela en la mano, mis primos, Betty y yo acompañamos

a la procesión que iba de casa en casa, representando el recorrido que María y José siguieron en busca de refugio. Caminé por las calles de mi antigua colonia y me recordé de niña, quemándome las manos con la cera de la vela o chamuscándole el cabello a la persona que avanzaba frente a mí.

Esa noche, me sentí de nuevo una niña cuando corrimos de regreso a la casa y vaciamos los aguinaldos en la mesa e intercambiamos los dulces y la fruta. Después de que terminaron las Posadas, la Navidad pasó, y ya casi era momento de regresar a Santa Cruz. Sin embargo, aún no sabía qué hacer con respecto a Betty. Lo único cierto era que mi hermana no quería volver con mi madre, y no iba a obligarla. Sólo regresaría a recibir más abuso físico y emocional. Por otro lado, tampoco se podía quedar en Iguala. Este lugar no tenía nada que ofrecerle.

Deseaba poder hacer más por ella, además de nuestras pláticas diarias, las caminatas alrededor de la colonia y nuestras visitas a la piscina de la Quinta Castrejón, el lujoso balneario con salón de fiestas y canchas de basquetbol. Para Betty y para mí, acudir a la alberca de la quinta era una especie de triunfo; de pequeñas, sólo podíamos soñar con nadar ahí, pues nuestra familia nunca hubiera podido costearlo. Ahora me alcanzaba para que asistiéramos a diario, o dos veces al día si nos daban ganas. El precio de admisión por persona era de dos dólares. Pero en una ciudad donde la gente ganaba menos de cinco dólares al día, eso era una fortuna. La amarga ironía era que absolutamente nadie de la colonia podía pagar un día de diversión en la piscina local.

Quería ayudar a mi hermana tanto como deseaba apoyar a las personas que vivían aquí, pero no sabía cómo hacerlo. Ya me quería regresar a Santa Cruz, el lugar que anhelaba más y más. La pobreza de Iguala era una carga que estaba cansada de sostener. La culpa, la impotencia, el enojo que hervían dentro de mí al ver a mi familia viviendo en esas circunstancias me habían rebasado y estaba ansiosa por irme; por regresar a mi pequeño paraíso y no tener que pensar más en la miseria. Quería retornar a la UCSC a hundir la cabeza en mis libros de literatura y leer acerca de tierras exóticas que no tuvieran nada que ver con la realidad de mi familia. Quería leer sobre los problemas y la miseria de alguien más. No los míos. No los de mi gente. Pero, ¿cómo podría olvidar esto? Olvidar a Iguala, sería como abandonar a aquellos que dejé atrás.

Durante mi visita, había evitado ir a ver a la madre de mi padre, a la abuela Evila; pero dos días antes de partir, supe que había llegado el momento de ir. Abuelita Chinta me preguntó por ella, y era obvio que no estaba de acuerdo con que no visitara a mi otra abuela.

—Puede que no la vuelvas a ver —señaló—. Escuché que no está muy bien de salud.

Abuelita Chinta era muy tierna y amorosa, así que no podía confesarle cómo, durante todos estos años, me había aferrado con uñas y dientes al resentimiento que experimentaba contra mi abuela paterna, pues seguido repasaba los recuerdos de cuando viví en su casa, sintiendo nuevamente el dolor y la pena de aquella niñez miserable. Para abuelita Chinta —y para la cultura mexicana en general—, era inaceptable cuestionar a los mayores y criticarlos por sus fallas. Teníamos que honrarlos y respetarlos, sin importar sus defectos, abusos o faltas.

Pero ahora que estaba aquí, me dije que bien podría intentar sacarle a la abuela algunas respuestas o, por lo menos, una disculpa.

Tomé una combi —un minibús del transporte público— hacia La Guadalupe, la colonia de la abuela Evila ubicada cerca de las montañas. Cuando llegué a su casa, me asomé por el corral que rodeaba la propiedad y eché un vistazo al patio trasero; mi vista se detuvo en los árboles de ciruelo, guayaba y guamúchil en los que a mis hermanos y a mí nos encantaba trepar. Aquí, en el jardín de mi abuela, Mago,

Carlos y yo aprendimos a sobrevivir. La mujer nos alimentaba lo menos que podía, lo suficiente para mantenernos vivos, pero nunca bastante como para quedar satisfechos. Tras un almuerzo escaso, nuestros estómagos continuaban rugiendo por el hambre, así que veníamos al patio a hurgar en busca de comida. Los frijoles y las tortillas no sacian si eso es lo único que comes día tras día tras día. Pronto descubrimos que las hojas del ciruelo eran sabrosas si las rociábamos con sal, pero eran muy amargas y nos hacían torcer la vista mientras las masticábamos. Otro día descubrimos que los retoños del ciruelo tenían unas gruesas raíces bulbosas de textura crujiente y almidonada, como la jícama. Así que desenterramos los retoños que se aferraban al suelo y nos los comimos.

Cuando era temporada de frutas, era más sencillo encontrar tesoros. Nos trepábamos al árbol de guayaba y luego dábamos una mordida a la pulpa color rosa de su fruto, o arrancábamos las ciruelas maduras de tono rojizo y las comíamos mientras lamíamos el jugo que escurría por nuestras manos. Si no había nada más que encontrar, siempre quedaban los limones, que rociábamos con sal y chile en polvo, o comíamos las hojas de yerbabuena que crecían alrededor de la cisterna. Quedábamos entonces con el aliento fresco y la barriga llena.

La abuela Evila no se enteró de que habíamos aprendido a alimentarnos de lo que había en su jardín. Cada vez que nos metíamos en problemas, nos castigaba enviándonos al patio y nos advertía que nos quedáramos ahí o por Dios que nos daría una buena paliza. Así que corríamos al patio, riéndonos todo el camino.

Un día, cuando estábamos por terminar nuestros quehaceres, escuchamos que alguien nos llamaba por nuestro nombre desde la entrada principal. Era nuestro tío Mario, el hermano menor de mi mamá.

—¿Qué hace aquí, tío? —le preguntamos, yendo deprisa hacia la entrada. Nos respondió que había venido a pasar unos días con abuelita Chinta y quiso venir a vernos.

La abuela Evila salió de la cocina y le ordenó que se marchara.

—No quiero en mi casa a nadie de la familia de inútiles de Juana —le dijo. Me dolió escucharla insultar a la familia de mi madre.

—¿Por lo menos puedo darles la nieve que les traje? —preguntó, pero mi abuela no permitió que se nos acercara y lo amenazó con mandar a traer a mi abuelo y su machete si no se iba. Nos entristeció ver al tío Mario alejarse, y más nos afligió verlo llevarse el helado que nos había traído. No recordaba la última vez que había probado uno.

—Quítense de mi vista antes de que vaya por el cinturón y les dé una friega a los tres por haberlo invitado —sentenció la abuela Evila.

No gastamos saliva para decirle que no habíamos hecho tal cosa. Nos apresuramos a ir al patio trasero para fingir que éramos exploradores, y desenterramos raíces y trepamos árboles, tratando de olvidar a mi tío y su regalo. Pero, sin importar cuánto nos esforzáramos, no podíamos ser exploradores. No éramos más que tres niños hambrientos y lo único en lo que pensábamos era en el bote de helado que había estado a nuestro alcance.

—Pssst. Mago. Carlos. Pssst. Aquí —el tío Mario estaba parado del otro lado del corral. Nos bajamos de un salto de las ramas y corrimos hacia donde se ocultaba.

—Apúrense a comérselo antes de que se derrita —dijo, entregándonos el helado—. Vamos. Otro día regreso a verlos. Estén atentos por si llego cuando anden arriba en los árboles.

Nos frotó el pelo y dejó que nos comiéramos el helado; pero justo cuando estábamos por probarlo, la abuela Evila apareció a hurtadillas detrás de nosotros. Levantó una rama del suelo y nos golpeó con ella.

—Esto es por desobedecerme —dijo—. Denme eso. —Mago le dio el bote de mala gana—. Ahora siéntense en el suelo para que aprendan a nunca desobedecerme otra vez.

Como no queríamos otra golpiza, hicimos lo que nos ordenó. La abuela Evila dejó el helado a unos cuantos pies de nosotros y nos prohibió tocarlo. Nos quedamos sentados un largo rato, viendo el helado derretirse bajo el calor del sol. Cuando se fundió por completo, mi abuela por fin regresó a sus quehaceres. Nos miramos unos a otros sin saber qué hacer.

—Que se joda la abuela, yo de todas formas me lo voy a comer —dijo Mago.

Hundimos las manos en esa baba dorada y comenzamos a cucharearla con nuestras manos ahuecadas; pronto, no quedó nada de nuestro mágico banquete más que nuestras manos pegajosas y las barrigas llenas de una calidez sabor vainilla.

Con el sabor de la vainilla en la boca, me paré frente a la casa que construyó mi padre. La casa de sus sueños estaba a sólo veinticinco pies de la vivienda de mi abuela.

Esta pequeña casa de tres cuartos fue la que comenzó todo.

Mi padre se fue a los Estados Unidos para perseguir su sueño de construirnos una vivienda de verdad, hecha de ladrillos y concreto; algo muy diferente de la casucha en la que nací. En cierto modo, ese sueño se volvió realidad; le tomó ocho años, pero consiguió terminarla. Más tarde, mis hermanos y yo nos fuimos al norte a vivir con él y nunca la habitamos. Poco después, la hermana de mi papá, la tía Emperatriz, consiguió que pusieran a su nombre las escrituras de la propiedad de mi abuela, que incluía nuestra casa, y con eso le robó a mi padre la casa de sus sueños.

Me paré a la sombra de aquella construcción y pensé en cuánto nos había costado esa casa; pasamos la niñez sin nuestros padres para que ellos pudieran ahorrar el dinero suficiente para construirla. ¿Y todo para qué? ¿Para que mi tía, su esposo y su hija pudieran disfrutarla? Los cimientos de esa casa se erigían sobre el dolor y la pérdida de mi familia. La odiaba. En lo que a mí respectaba, mi tía podía quedársela.

Llamé a la puerta de mi abuela y abrió la tía Emperatriz. De niña, tenía la impresión de que era muy alta, pero ahora le llegaba a la altura de los ojos y me di cuenta de que habían quedado atrás los días de verla hacia arriba y admirarla. En el pasado, su figura delgada lucía elegante cuando vestía faldas entalladas hasta la rodilla. Pero ahora estaba gorda y las faldas entalladas habían sido sustituidas por un vestido floreado flojo y sin forma. Cuando vivimos aquí, mi tía había sido la única persona buena de este hogar, pero cuando le robó la casa a mi padre, nuestra relación con ella se arruinó. Al verla, sentí alegría y enojo a la vez. La quería y la odiaba al mismo tiempo.

—¿Cómo va la vida en El Otro Lado? —me preguntó, al dejarme pasar.

—Bien —respondí.

Esperaba que le dijera algo más. En sus ojos podía notar el deseo que a menudo se ve en la gente de por aquí: querían saberlo todo sobre aquella tierra misteriosa al otro lado de la frontera. Querían enterarse si de verdad era lo más cercano que había al paraíso. Pero como no iba a satisfacer su curiosidad, me quedé callada. En lugar de eso, me di vuelta y me dirigí a la sala.

La abuela Evila tenía ochenta y seis años, pero su tamaño parecía el de una niña de ocho. La osteoporosis la había encogido. Era un pedacito de mujer, completamente irreconocible en comparación con la abuela de mis pesadillas. La mujer a quien temía de niña, la que nos intimidaba y golpeaba, quien nos hacía sentir indeseados y sin amor, se había convertido en una anciana indefensa que se marchitaba ante mis propios ojos.

—Abuela, soy Reyna —le dije al acercarme a ella. Pero permaneció sentada en la sala, hundida en el sofá, viéndome como si no pudiera reconocerme, como si no estuviera ahí. Su mirada siguió de largo hacia algo que había detrás de mí, que sólo ella alcanzaba a distinguir.

—Abuela, ¿no me reconoce? —le pregunté. Sus ojos se posaron en mí y sonrió de una manera como nunca antes lo había hecho. ¿De verdad le alegraba tanto verme?

—Vámonos —dijo con un tono débil y áspero, muy diferente de

la voz penetrante y sonora que recordaba—. Es tarde. Apá está esperando su almuerzo. Vámonos, ¿dónde está el burro?

—¿Qué burro? —inquirí.

—Cree que eres su hermana —respondió mi tía a mis espaldas.

—¿A qué se refiere?

—Tu abuela volvió a ser una niña. Piensa que todos los que la rodean son su hermana, su madre o su padre. Ya no existimos para ella —suspiró y salió de la sala.

—Vámonos —repitió mi abuela—. Apá está esperando.

Me quedé sentada, ahogándome en mi enojo y decepción. Todos los años que anhelé recibir una disculpa de esta mujer, ¿y esto era lo único que me iba a tocar? No merecía terminar su vida de esa forma, libre de todo el daño y el dolor que había causado. Para ella era una bendición perder la memoria; era algo que no merecía.

—Anda, ya vámonos —dijo—. Apúrate.

Sin embargo, dejé que la imaginación me transportara a la niñez de mi abuela, y pude verlas, a ella y a su hermana, subiéndose en el burro para emprender el camino rumbo a los campos de caña de azúcar, llevándole el almuerzo a su padre. ¿Qué sería lo que le llevaban? Frijoles con tortillas hechas a mano, tal vez chicharrón o un trozo de queso. O, quizá, si hubo algo de dinero, un muslo de pollo o una chuleta de puerco. Porque aquí, la carne era un lujo.

Negué con la cabeza e intenté borrar la imagen de mi abuela de niña. Quería aferrarme a mi ira. Deseaba que ella regresara al presente para poder preguntarle por qué había sido tan cruel con mis hermanos y conmigo. Quería que estuviera conciente de dónde estaba y de quién era yo para poder contarle acerca de Santa Cruz, pero no de la manera en que se lo describí a abuelita Chinta, sino de una forma distinta; para castigarla. "Encontré mi paraíso y por fin soy feliz, a pesar de todo lo que hizo. Hallé un lugar hermoso que nunca verá, ni aun estando muerta. Porque ese tipo de sitios no son para la gente cruel, y menos en la otra vida".

De pronto, mi abuela comenzó a pellizcarse el brazo izquierdo. Lentamente, los dedos de su mano derecha descendían y daban tirones a la piel arrugada de su brazo, como si se quitara una pelusa.

—Abuela, ¿qué está haciendo? —le pregunté y me di la vuelta para ver si la tía Emperatriz había regresado, pero no estaba. No había nadie más en la habitación, sólo yo y esta mujer esquelética.

—Los gusanos —dijo, pellizcándose el brazo—. Los gusanos me están comiendo.

—¿Qué gusanos? —pregunté. Miré su brazo, a la altura donde continuaba pinchándose, pero no había nada más que su piel arrugada y flácida. ¿Creía que ya estaba muerta y la habían sepultado, que se estaba descomponiendo y se reintegraba a la tierra?

—Los gusanos me están comiendo —repitió.

Me levanté de un salto y salí corriendo de la sala, con el corazón retumbándome en el pecho. Busqué a mi tía y la encontré en el patio.

—Ya me voy —dije. Y de golpe, como no podía reprimir lo que vi, exclamé—: Cree que los gusanos se la están comiendo. ¡Piensa que ya está muerta!

—No cree que está muerta, hija —se rio mi tía—. Te lo dije, piensa que otra vez es niña.

Al ver mi gesto de confusión, me contó la historia de una niñita que nació durante la Revolución mexicana, que a duras penas sobrevivió, a pesar de que todos a su alrededor estaban muriendo. Cerca de un millón de personas perecieron, pero ella sobrevivió.

—A tu abuela le dio sarampión de muy niña —comentó mi tía—. Las heridas se infectaron y sus padres no tenían dinero para llevarla al doctor. Tu abuela tuvo que quitarse los gusanos que asomaban de sus llagas abiertas.

Me despedí de mi tía y me marché. No me despedí de mi abuela porque no tenía caso. Ella ya se había ido. Preferí pensar en aquella niñita que tenía que quitarse los gusanos de su propia carne y, a pesar de todo, encontró la voluntad para sobrevivir.

No sabía que esa iba a ser la última vez que vería a mi abuela con vida. Tres meses después abandonó este mundo y fue a reunirse con el padre a quien tanto anhelaba. El legado que me dejó fue darme cuenta de que había heredado algo de ella. Desde hacía años, yo también había estado picando las llagas invisibles de mi corazón. Las heridas de mi niñez se habían infectado y no cicatrizaban.

Pero, al igual que mi abuela, había encontrado la fuerza para sobrevivir.

*La abuela Evila y Reyna*

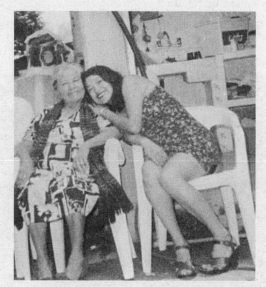

## 9

*La abuelita Chinta y Reyna*

AL DÍA SIGUIENTE, mi último en Iguala, fui de compras con abuelita Chinta al zócalo y pasamos por la hermosa parroquia de San Francisco de Asís, que se construyó en 1850. Cada año la iglesia organizaba una peregrinación de nueve días alrededor de Iguala, haciendo paradas en pequeñas comunidades, como Pueblo Viejo, Huixtac, Paintla, Taxco el Viejo y El Naranjo. Ahora que tenía setenta y cinco años, mi abuelita ya no participaba en la peregrinación, pero seguía yendo a la iglesia casi todos los días.

—Deberíamos entrar a rezar para que tengas un buen viaje de

regreso —dijo abuelita Chinta. Así que la seguí al interior del templo, aunque no tenía el valor para confesarle que ya no era muy católica. Mi abuelita no sabía que había perdido mi religión y que la Virgen de Guadalupe y el resto de los santos no cruzaron la frontera conmigo hacia El Otro Lado.

¿Qué me diría si le contara que rechazaba cualquier religión que me hiciera sentir devaluada como mujer, o que insistiera en la creencia de que ser pobre era algo bueno, o que afirmaba que la miseria que había llegado a mi vida respondía a la voluntad divina y que debía cerrar la boca y no quejarme?

Pero la presencia de mi abuelita me recordó que alguna vez sí quise creer en la existencia de un Dios que velaba por mí y me protegía, a pesar de que la mayor parte de mi vida no me había sentido protegida en absoluto.

Cuando nos arrodillamos en uno de los bancos, recordé la primera vez que asistí a una peregrinación con mi abuelita. Con ocho años de edad, yo era la más joven en el grupo de cien personas. La mayoría de los peregrinos eran mujeres de mayor edad como mi abuelita, aunque también había hombres, un puñado de adolescentes y nosotros tres: yo, de ocho; Carlos, de diez, y Mago, de doce. En las primeras horas de la mañana nos reunimos en el patio de la iglesia, justo cuando el cielo del alba adquiría sus tonos rosados y amarillos, como las flores de las plumarias. Todos los presentes asistían por una de dos razones: para que sus plegarias recibieran respuesta o para expiar algún pecado. Abuelita Chinta se unía anualmente a la peregrinación para pedirle a Dios que se llevara la enfermedad del tío Crece, quien padecía lo que ahora sospecho que era esquizofrenia. En mi clase de Psicología, en Pasadena, comprendí de otro modo el comportamiento errático y violento de mi tío, aunque según mi familia de México, le habían hecho brujería. Cuando cumplió dieciocho, una mujer le dio una poción de amor elaborada con sangre menstrual y hojas de toloache, pero en lugar de enamorarse de ella, enloqueció.

Fuera lo que fuera, mi abuela le rezaba a Dios para que sanara a mi tío. Pero luego de varias peregrinaciones, sus ruegos continuaban sin respuesta. ¿Respondería Dios a mi ruego de que regresara mi madre?

Formamos una fila en el patio de la iglesia y, al amanecer, la procesión salió por el portón negro. Nos entregaron una naranja y abuelita Chinta nos dijo que la guardáramos para más tarde. Llevábamos colgado del hombro un bule con agua sujeto con una correa y un sombrero de paja. Esta tierra era conocida por su calor e íbamos a caminar durante nueve días seguidos bajo el sol abrasador de Guerrero. Las mujeres —incluyéndonos a Mago y a mí— vestían faldas largas hasta los tobillos. Ella y yo llevábamos sandalias, pero Carlos tenía un par de tenis viejos que consiguió entre los donativos a nuestra colonia después de las inundaciones. Él se salvó de las ampollas que nos causaron los huaraches a mi hermana y a mí.

Caminamos en doble fila hacia la carretera, luego pasamos los campos de caña de azúcar, las huertas de mango y el cementerio. Cuando llegamos a las afueras y recorríamos el camino rumbo a Pueblo Viejo, me quedé sin aliento y me dolían los pies. Una vez que atravesamos la última colonia, tomamos a la izquierda por una granja lechera y avanzamos a lo largo del canal hacia los campos y cerros, dejando atrás la ciudad. No sabía cómo iba a soportar nueve días de caminar de un pueblo a otro. Pero si quería que mi madre regresara, sabía que debía aguantar.

Los líderes de la iglesia nos guiaban en las oraciones y los cantos.

Desde el cielo una hermosa mañana,
la Guadalupana, la Guadalupana, la Guadalupana
bajó al Tepeyac.

Las parvadas de aves volaban sobre nuestras cabezas. Las flores silvestres crecían por el sendero donde caminábamos. Quería recoger las flores, sentarme bajo la sombra de un guamúchil y tomar una siesta, pero faltaban horas para que llegáramos a nuestro destino y abuelita Chinta dijo que aún no íbamos a tomar un descanso.

—Concéntrate en tus oraciones, mi niña —comentó mi abuelita tomándome de la mano. Así que pensé en Mami y en el luchador con el que había huido a Acapulco, y recé para que ella se diera cuenta de que debía amar a sus hijos más que a cualquier hombre que llegara a su vida, que no era nuestra culpa que Papi la hubiera dejado por otra mujer y que no debía castigarnos por su traición. Sabía que también debía pedir que Papi regresara, pero pensé que, si pedía muchas cosas, quizá Dios no me escucharía. Mago dijo que vino a la peregrinación a pedir por Papi y que no le importaba si Mami regresaba o no, pues aún no se había dado por vencida con nuestro padre. Carlos mencionó que a él no le importaba cuál de nuestros padres volviese, siempre y cuando uno de ellos lo hiciera, para que por fin tuviéramos un hogar. Yo quería que él rezara por Mami. Deseaba que ambos pidieran por ella, porque temí que mi pequeña súplica no sería suficiente.

Cuando mi estómago comenzó a rugir y todavía nos quedaba otra hora de caminata antes de poder descansar, abuelita Chinta nos dijo que nos comiéramos nuestras naranjas. Mago, Carlos y yo las devoramos en un minuto, pero seguíamos con hambre. La anciana que iba delante de nosotros se dio vuelta y me entregó su naranja.

—Toma, tortolita —me dijo.

Tomé la fruta y le agradecí a la señora.

—Me llamó tortolita —le comenté a abuelita Chinta.

—Es porque eres la más joven del grupo, una pequeña tortolita entre nosotros, que somos viejos cuervos —respondió sonriendo.

La anciana se rio junto con mi abuelita. Me miró y preguntó:

—¿Y por qué viene la tortolita en este viaje?

—Porque quiero que mi mami regrese —respondí.

La anciana suspiró.

—Entonces te dedicaré mis oraciones. Las tortolitas necesitan a sus mamás, por lo menos hasta que aprendan a volar.

Cuando llegamos al primer pueblo, la procesión se dirigió directamente a la capilla. A estas alturas, estaba demasiado cansada como para continuar caminando, por lo que abuelita Chinta prácticamente me tuvo que llevar a rastras. Mi súplica, desde hacía una hora, era que la jornada terminara.

En la entrada, todos los peregrinos se arrodillaron en el suelo y se prepararon para recorrer de rodillas los treinta pies de distancia entre el portón y la capilla. Abuelita Chinta dijo que los niños no teníamos que arrodillarnos, que podíamos avanzar a pie.

—Será mejor no arriesgarnos. ¿Qué tal si Diosito piensa que estamos haciendo trampa? —nos comentó Mago.

—Pero duele —respondí, haciendo muecas al sentir que se me clavaban en las rodillas las piedritas regadas en el camino de tierra.

—¿Quieres o no quieres que regresen nuestros padres? —replicó Mago. De los tres, ella era quien mejor se sobreponía al dolor. Así que Carlos y yo seguimos su ejemplo y permanecimos arrodillados. Con una rodilla frente a la otra, con cada piedrecilla que se clavaba en mi carne, pensaba en mi madre, en el hogar que quería tener, y logré no pensar en el dolor. "Por favor, Diosito, tráela de regreso conmigo".

Ahora, trece años después, mientras estaba sentada en la parroquia de San Francisco de Asís con mi abuelita, la cabeza inclinada ante Jesús, caí en cuenta de que mis oraciones no sirvieron. Mi madre no regresó conmigo, por lo menos no de la forma en que lo pedí en aquellos años. Emocionalmente continuaba muy alejada de mí, de todos nosotros. Se había convertido en la clase de madre por la que ya no rezaría. Era una madre cuya propia hija estaba aterrada de vivir con ella.

No culpaba a Betty por no querer regresar. Después de todo el abuso que había soportado en casa de mi mamá, ¿cómo podía obligarla? Aunque al mismo tiempo, ¿cómo iba a permitir que se quedara aquí? Iguala era un lugar donde morían los sueños.

Mi hermana necesitaba un hogar tanto como yo. ¿Y si yo pudiera brindarle ese hogar? ¿A ambas? "Las tortolitas necesitan a sus mamás, por lo menos hasta que aprendan a volar", me dijo aquella anciana. Yo podía ser la madre que Betty necesitaba y si ella vivía conmigo, yo ya no estaría tan sola.

Al salir con mi abuelita de la iglesia, de vuelta a la luz enceguecedora de aquel día de diciembre, por fin supe lo que tenía que hacer.

# 10

*Reyna y Betty, diciembre de 1996*

U TILICÉ PARTE DEL dinero de mis estudios y le compré a Betty el boleto de avión a California. Mi hermana necesitaba ir a Santa Cruz tanto como yo, así que me siguió de buena gana al norte para vivir en un lugar que le conté que podría ayudarla a sanar, le permitiría soñar y que era el tipo de hogar que siempre habíamos deseado tener.

—Un día —le dije—, ambas nos graduaremos de la universidad y seremos profesionales exitosas, capaces de mantenernos y cumplir todos nuestros deseos.

—Podría empezar de nuevo —comentó—. Podría dejar de ser Betty, la traviesa, y convertirme en Elizabeth, una persona distinta a la chica que soy ahora.

—Siempre serás mi Betty. Pero usar tu nombre completo sí te hace sonar sofisticada. Elizabeth se escucha elegante y maduro.

Se rio de lo que dije. Mi madre la llamó Elizabeth para asegurarse de que todos supieran que su hija menor había nacido en los Estados Unidos, con todos los derechos y privilegios de una ciudadana del país. Quizá al convertirse en Elizabeth, mi hermana por fin podría honrar la buena fortuna que tuvo al nacer del lado "correcto" de la frontera.

La metí a escondidas en mi apartamento sin el permiso de la Oficina de Alojamiento del Campus. Tampoco les avisé a mis compañeros, pero nadie me dijo que no podía quedarse. Tenía miedo de que me echaran del apartamento por tener a mi hermanita conmigo, pero era un riesgo que estaba dispuesta a tomar.

La inscribí en la preparatoria Santa Cruz High School en el décimo grado y asumí toda la responsabilidad de su cuidado. Cuando su escuela anterior envió por fax su expediente y vi la lista de materias reprobadas plasmadas en la página, me pregunté en qué me había metido. Era una estudiante universitaria de veintiún años que luchaba por resolver los problemas de su propia vida, y ahora estaba adoptando a esta adolescente a quien no le importaban sus calificaciones y que era rebelde hasta la médula. Sin embargo, Diana me había acogido cuando más la necesitaba, así que, ¿qué clase de persona sería si no me hacía cargo de mi propia hermana y la ayudaba a reinventarse?

Con la llegada del nuevo año, Betty comenzó la preparatoria y yo empecé mi segundo cuatrimestre en la UCSC. La dejé en la parada del autobús que había en el campus y luego me dirigí a mi clase de escritura creativa avanzada.

Me decepcioné al ver que era la única latina de la clase.

Aunque dolorosa, mi visita a México había reforzado la necesidad que tenía de escribir sobre el lugar donde nací. Al escribir de la gente que conocía y contar sus vidas, podía honrar sus experiencias difíciles y conservarlas en mi corazón y en mi mente. Tenía que recordarlos a todos, narrar sus historias, compartir su dolor, para que supieran que no estaban solos. Los diez días que pasé en Iguala me habían inspirado a crear la colección de cuentos que dije estar elaborando para obtener la beca de Kresge. Había conseguido los fondos, me fui de viaje y, aunque me dieron el dinero sin condiciones, me sentía obligada a cumplir con lo que había propuesto que haría.

Todos los cuentos se ubicaban en mi ciudad natal, así que cada trabajo que le entregaba a mi profesora de narrativa era acerca de un mundo —una experiencia— del que ni ella ni mis compañeros sabían nada.

"Tienes una gran imaginación", comentó la profesora de mi cuento acerca de una inundación que devastó toda la colonia, lo que obligó a la gente a vivir una semana en sus techos y a navegar en canoas improvisadas para recuperar los cadáveres flotantes de sus perros, gatos y gallinas.

"Tu texto es exagerado y tiene un estilo melodramático", señaló de mi relato sobre una niña que se vio obligada a ir a la escuela descalza porque su familia era demasiado pobre para comprarle zapatos. E igual que me ocurrió a mí, su profesor le golpeó la mano por ser zurda.

"Tu relato es demasiado florido y está lleno de clichés", dijo la profesora de mi cuento acerca de una joven madre que se cae en el pozo de la comunidad cuando va a buscar agua para lavar, dejando el cuidado de sus dos hijas a manos del padre abusivo y alcohólico.

Pero cuando se trataba de los cuentos de los estudiantes blancos —que escribían relatos sobre la borrachera, drogas, ir a fiestas y tener sexo—, la profesora los elogiaba como si acabaran de crear una obra maestra digna del Premio Pulitzer.

Había ocasiones en las que quería salir huyendo del aula y nunca regresar. "¿Qué estoy haciendo aquí?", pensaba. "¿Quién me creo que soy para siquiera considerar que vale la pena contar mis historias?".

Recordé a mi maestra de quinto grado que rechazó mi cuento porque estaba en español y, al hacerlo, también me despreció a mí. Ahora estaba pasando por la misma desaprobación. Las experiencias que describía en las páginas eran tan ajenas a todas las personas de mi clase, que bien podría haberlas escrito en otro idioma.

Podía irme. Podía abandonar el programa de escritura creativa y callar. Podía creer que mis historias no importaban.

O podía luchar.

¿Acaso mi abuela no había sobrevivido a la Revolución mexicana? Si permitía que el rechazo me venciera, mis sueños se pudrirían y me comerían los gusanos. ¿Cómo iba a permitir que eso sucediera?

Cuando conocí a Edwin, me regaló un ejemplar de *El manantial* de Ayn Rand. A pesar de las controversiales opiniones políticas de la autora, adoré su libro y aprecié la lección que me dejó. La historia trataba de un joven arquitecto, Howard Roark, que constantemente tenía que luchar para concretar su visión de los edificios que quería diseñar; nada de copias de lo que ya se había hecho antes, sino su obra original. Tenía que defender sus diseños porque casi nadie a su alrededor los entendía. La gente siempre le decía lo que debía construir y cómo debía crear: copiar a los viejos maestros y hacer lo mismo que todos los demás. Roark se enfrentó a la sociedad y se aferró a su visión única, a su arte, a su voz.

En *El manantial* me topé con una palabra que nunca había escuchado: "impermeable". Cuando la busqué en el diccionario, supe que era el término con el que quería que me definieran. Quería que no me afectara la falta de amor a mi alrededor; ser inmune a la falta de apoyo que encontraba en mi familia, y ahora en la UCSC; ser invulnerable a los comentarios ignorantes de las personas que no tenían la más remota idea de mi realidad, mi verdad o mi mundo. Tenía que luchar por el derecho a crear el tipo de cuentos que quería escribir.

Así que cuando la profesora me entregó mi último relato, que parecía sangrar debido a la cantidad de tinta roja de sus críticas, metí el papel en mi mochila y le dije: "La veo la próxima semana". Me apresuré a llegar al bosquecillo de secuoyas para sanar y que me renovara ese aroma a esperanza.

*Reyna y Marta*

Por fortuna, ese cuatrimestre también me inscribí a la materia de Literatura Chicana, y mi profesora, una chicana llamada Marta Navarro, me recordó a Diana; era amable, generosa y parecía interesarse de forma sincera en lo que les ocurría a sus alumnos dentro y fuera de la clase. Alguna vez le mencioné a Marta las situaciones que estaba viviendo en la clase de Escritura Creativa.

—Siento que nadie entiende mis cuentos.

—¿Por qué no me dejas echarles un vistazo? —dijo.

La siguiente vez que la visité en su oficina, le llevé uno de mis relatos. Cuando terminó de leerlo, comentó:

—Reyna, tu escritura me recuerda a Juan Rulfo.

—¿Quién? —le pregunté.

Resultó que Juan Rulfo era uno de los mejores autores mexicanos de su generación. Marta me dio un ejemplar de *El llano en llamas* y de *Pedro Páramo*.

—Rulfo escribe acerca de la naturaleza como algo hermoso y poderoso, pero también como una amenaza, como algo que destruye —señaló Marta—. Los pueblos que describe son pobres y están abandonados, los habita gente solitaria e indigente. Escribe sobre hombres que se van y no regresan, acerca de inundaciones que devastan barrios. Son temas que tú también abordas, Reyna. No es melodrama. Es tu verdad.

Ese día me fui a casa y leí los libros de Juan Rulfo; cuando terminé, me sentí profundamente honrada de que Marta hubiese comparado mi trabajo con el de este gran autor que capturó, con tanta elocuencia, la dura realidad de ser pobre en México.

—Escribes como Tomás Rivera —me comentó Marta en otra ocasión. Me entregó una copia de *Y no se lo tragó la tierra* y regresé a casa a leer aquel libro sobre trabajadores migrantes en los Estados Unidos y su vida de opresión bajo la pobreza y la escasez de oportunidades. Continué escribiendo con mayor convicción, porque un día esperaba hacerlo como esos increíbles autores a los que Marta admiraba tanto y que ahora estaban influyendo en mis propias creaciones con su prosa sencilla y elegante.

Gracias a ella, mantuve la confianza en mi trabajo y conseguí volverme impermeable a las críticas de la profesora de Escritura Creativa y de mis compañeros.

Con el paso de las semanas, Betty y yo entramos en una rutina cotidiana. Asistíamos a nuestras clases, luego regresábamos por la tarde a nuestro apartamento, cocinábamos la cena, dábamos paseos al anochecer por el campus y planeábamos nuestro futuro, y tomábamos el autobús para explorar el centro de Santa Cruz. Las noches las dedicábamos a hacer tarea.

Cuando llamé a mi madre, le dije con orgullo: "Está muy bien. Las dos estamos felices".

"No hay nada de qué preocuparse", le informé con orgullo a Mago. "La estoy cuidando".

Cuando recibí su primera boleta de calificaciones, la preocupación que se había instalado en mi estómago como una roca por fin desapareció.

—Estoy muy orgullosa de ti —le dije. Comparada con todas las materias que había reprobado antes, estas calificaciones eran un enorme logro. Le dije lo mismo que había anhelado escuchar de boca de mi padre—: ¡Síguele echando ganas! ¡Vas muy bien!

Por primera vez, yo tampoco estaba teniendo tropiezos. Había encontrado el modo de ser una estudiante universitaria, tenía las tutorías particulares en el campus que me daban algo de dinero adicional para cubrir nuestras necesidades básicas y estaba progresando con mi colección de cuentos. Ambas teníamos un hogar seguro y estable, donde no había padres abusivos ni nadie que nos gritara, menospreciara o que nos hiciera sentir como unas fracasadas. Me sentía orgullosa de poder brindarle ese tipo de hogar a mi hermana menor y a mí misma. Pensé que lo mejor que había hecho era venir a Santa Cruz y también traer a Betty conmigo.

Un día, mientras caminábamos a nuestras clases, Carolyn me preguntó qué planes tenía para el verano. Acababa de enterarme de que al final del cuatrimestre de primavera todos los estudiantes debían desocupar sus habitaciones. La mayoría se iría a pasar el verano en casa. Pero esa no era una opción para mi hermana y para mí. No sabía lo que iba a hacer, dónde íbamos a terminar. Tendría que encontrar un lugar para subalquilar. Le dije a Carolyn que no entendía por qué teníamos que marcharnos del campus durante el verano.

—¿Y para los que no tenemos a dónde ir? —le pregunté.

—Lo hacen todos los años —respondió—. Es la época en que reparan los dormitorios. ¡No tienes idea de lo destructivos que pueden ser los estudiantes universitarios!

Pensé en mi habitación en Kresge East. Yo adoraba esa habitación; Betty y yo la manteníamos limpia y ordenada. No entendía por qué Carolyn afirmaba que los alumnos de la universidad eran destructivos.

—Y hablando del tema —comentó—, el departamento de mantenimiento de Kresge está contratando estudiantes para el verano, por si te interesa.

—¿Para hacer qué?

—Es para el equipo de pintura. He trabajado con ellos todos los veranos. Limpiamos y pintamos los dormitorios. Los preparamos para que queden listos para el nuevo año escolar. ¿Quieres que te ayude a conseguir el trabajo?

Si conseguía un empleo, eso significaba que podría mantenernos a mi hermana y a mí durante el verano.

—¡Sí! Eso sería maravilloso. Gracias —le dije.

Más tarde ese mismo día, cuando recogí mi correspondencia, encontré una carta de la preparatoria de Santa Cruz aguardando en el buzón. No supe por qué, quizá fue una intuición, pero el estómago comenzó a dolerme cuando la abrí. De pie en la sala del correo, sentí como si me acabaran de arrojar a las aguas heladas de la Bahía de Monterey.

Betty había regresado a sus viejos hábitos. De nuevo estaba faltando a sus clases.

—Lo único que quiero es que salgas bien en la escuela, ¿no lo entiendes? —le dije a mi hermana cuando llegó a casa—. Sólo te pido que hagas tu mejor esfuerzo. Tu futuro depende de esto, ¿no te das cuenta?

—Me escuché igual que mi padre cuando estaba sobrio; por un instante, deseé que estuviera aquí, conmigo. Siempre que me decía esas palabras, lo escuchaba con atención, alerta a cada una de ellas. Betty, por otra parte, me estaba ignorando por completo. Quién sabe qué le había hecho a Elizabeth, porque la joven que ahora tenía ante mí era la misma adolescente rebelde e insolente que mi madre envió a México.

—¿Qué más quieres? —le pregunté cuando se quedó callada y sólo me miró con enojo—. Te estoy dando el hogar que nuestra madre nunca te dio. Y lo único que te pido es que seas responsable y te concentres en tus estudios.

—Está bien, está bien. Voy a esforzarme más —respondió—. Deja de chingar, ¿quieres? ¿Crees que es fácil para mí estar aquí, en este nuevo lugar, intentando hacer amigos y tratando de encajar con todos esos gringos que hay en la escuela y que siempre se saben la respuesta correcta?

—No, no creo que sea fácil, pero tampoco lo hagas más difícil de lo necesario, Betty. Por nuestro bien.

Pero siguieron llegando más cartas en las que me avisaban que Betty había faltado a una clase o dos.

—¿Qué haces? ¿A dónde vas?

—A ningún lado —replicaba, encogiéndose de hombros.

Después recibí otra carta, pero ésta era de la Oficina de Alojamiento del Campus. Me pedían que me mudara del apartamento o que dejara de alojar a mi hermana. Alguien me había delatado. Miré a mis compañeros de apartamento con sospecha —incluida Carolyn, aunque hasta ahora había sido más que amable— y me pregunté quién me había traicionado.

—Mándamela —me dijo mi madre cuando le conté la noticia de mi inminente desalojo. Sabía que debía mudarme durante el verano y ya tenía planes para mi salida y, gracias a Carolyn, había conseguido un empleo temporal. Ahora tendría que mudarme a finales de mes si quería mantener a Betty conmigo, pero eso implicaba que no podría regresar a vivir al campus; mi pequeño paraíso.

—Mándamela —repitió mi madre.

Cuando le di a Betty la noticia, sus ojos se llenaron de miedo.

—No me mandes de regreso con ella —me pidió—. No quiero regresar allá. —Se aferró a mí, llorando, y compartí su llanto—. ¡No me mandes de regreso! Ya no voy a faltar a clases. Haré lo que me digas, Reyna.

Durante varios días forcejeé con la decisión que debía tomar. No lograba concentrarme en clase y, por primera vez, dejó de importarme que la profesora y mis compañeros destrozaran mis cuentos. De por sí me estaban destrozando el corazón. Por un lado, una parte de mí entendía que me había echado encima más de lo que podía manejar. Sin embargo, ¿cómo podría abandonar ahora a Betty? Pero, si me quedaba con ella, tendría que renunciar a mi apartamento en el campus. Tendría que usar el transporte público para llegar. No habría más caminatas en el bosque por las tardes. No podría participar en muchas actividades escolares o considerar el campus como mi verdadero hogar. Ahora sería una visitante.

—¿Qué piensas hacer? —me preguntó Betty cuando regresó de la escuela una tarde. Tenía los ojos rojos e hinchados. Lucía aterrada de tener que regresar con nuestra madre. Me dolía ver su miedo. ¿Cuánto abuso había tenido que soportar esta jovencita de manos de nuestra madre y nuestro padrastro?

Ahora mordía la mano que la alimentaba, incapaz de distinguir entre quien la amaba y quien la había maltratado. Sentí un deseo arrollador de que ella confiara en mí. Quería que supiera que ella me importaba y que no estaba sola. Y la verdad era que yo tampoco quería estarlo.

Se sentó en la cama a mi lado.

—Es difícil, Reyna.

—¿Qué es difícil? Ayúdame a entender.

Betty bajó la mirada al suelo.

—Es difícil empezar en un lugar nuevo con la antigua Betty aún dentro de mí.

Suspiré y miré por la ventana. Era mi vista favorita: durante los cinco meses desde que había llegado aquí, el bosquecillo de secuoyas era lo primero que veía cada mañana.

—Nos vamos a mudar —le dije, abrazándola fuerte—. Encontraré una habitación para rentar en la ciudad.

# 11

*Reyna en la Bahía de Monterey*

NOS MUDAMOS A los apartamentos Westcliff, a una cuadra de la Bahía de Monterey; sin embargo, la bahía no se podía ver desde nuestro piso, a menos que nos estiráramos lo suficiente en el balcón para alcanzar a distinguir una franja azul. Nuestro nuevo compañero de apartamento se llamaba Robert y era un tipo muy agradable, aunque nos resultaba muy incómodo compartir vivienda con un hombre extraño. Pero no tenía mucho de dónde escoger. Marzo no era un buen mes para encontrar vivienda fuera del campus, pues casi todo había sido ocupado en el otoño. A pesar de que Robert nos dio un buen precio por la habitación, la ubicación y las comodidades, como la alberca, hacían de la renta todo un reto.

Como no tenía auto, Betty y yo teníamos que caminar unos quince minutos a la parada de autobús más cercana, en Bay Street, y de ahí ella continuaba a pie porque ahora la escuela le quedaba más cerca. Para mí, resultaba una nueva experiencia tener que tomar el autobús hacia el campus. Cuando pasábamos por Kresge East, sentía una dolorosa punzada por haber perdido mi antiguo apartamento. Esperaba que mi sacrificio valiera para algo.

Pero muy pronto recibí otra carta de la escuela y, finalmente, mi hermana confesó la verdad.

—Tengo novio.

Mi instinto me decía que no, que definitivamente no estaban permitidos los novios. Pero recordé a mi padre y la actitud tiránica que había tenido en relación con este asunto. Mago y yo tuvimos que tenerlos a escondidas, por lo que sabía que, si le prohibía a Betty tener una vida amorosa, de cualquier forma encontraría la manera de vivirla. Aunque también recordé que la última vez que había tenido un novio en Los Ángeles, terminamos en la clínica prenatal.

—Te dejaré tener novio si prometes mejorar tus calificaciones. Y nada de volver a faltar a clases para estar a solas con él. Tráelo aquí cuando yo esté en casa. Te puede visitar aquí, donde pueda verlo. Prométeme que serás responsable.

—Lo seré —respondió.

Al poco tiempo, Omar comenzó a venir a nuestro apartamento después de la escuela y los fines de semana. Parecía un chico bastante agradable. Lo que más me gustaba de él era que siempre llegaba acompañado por su hermanita y su hermanito. Él se encargaba de cuidarlos después de la escuela, mientras su mamá cosechaba hongos en una granja en Pescadero. Me gustaba que fuera responsable y que ayudara a su madre. Igual que yo, cuidaba a sus hermanitos. Me tranquilizó saber que Betty había encontrado un novio que era buen hijo y buen hermano.

Por fin sentí que podía relajarme y concentrarme en mis estudios y en mi escritura. Gracias a Marta descubrí a un grupo de escritoras conformado por estudiantes latinas de la UCSC, que publicaban una revista literaria semestral llamada *Las Girlfriends*. "Deberías presentarles tu trabajo y unirte a este grupo", me comentó. Me sorprendió escuchar que había otras aspirantes a escritoras de la comunidad latina en el campus, a pesar de que no las había visto en mis clases de escritura. Tal vez decidieron mantenerse al margen del programa. Les envié algunos cuentos y, por medio de *Las Girlfriends*, tuve la oportunidad de publicar mi trabajo y de presentarlo en algunas lecturas públicas. Lo mejor de todo fue el maravilloso empoderamiento que tuve al compartir el escenario con otras escritoras latinas.

Las cosas estaban mejorando para mí en la escuela y Betty parecía más enfocada en la suya. Aunque ya no podíamos pasear por el campus como acostumbrábamos, ahora caminábamos por Westcliff Drive, a lo largo de la bahía. Mirábamos los cipreses y pinos que se inclinaban contra el viento, hermosos en su lucha por sobrevivir, aferrándose a la tierra con fiera determinación. Algunos de ellos habían sido arrancados y yacían en el suelo, con su intrincado sistema de raíces a la vista de todos. A pesar de que estaban muertos, me seguían pareciendo hermosos. De pie bajo el faro, mi hermana y yo veíamos a los surfistas y deseábamos tener la valentía para intentarlo. Betty no sabía nadar. Yo aprendí a hacerlo dos años atrás, cuando tomé una clase de natación en Pasadena; no lo hacía mal, pero no era lo suficientemente buena como para enfrentarme a las corrientes impredecibles del océano. En México estuve a punto de ahogarme en un canal a los tres años. Mi madre me encontró justo a tiempo para sacarme del agua. Mi prima Catalina no tuvo la misma suerte. Se ahogó a los cinco años, durante la temporada de lluvias, al resbalarse y caer en el río embravecido. Cuando encontraron su cuerpo, mi tío la colgó de cabeza para escurrirle el agua. Nunca pude quitarme esa imagen de la cabeza: el cuerpo inflado de mi prima y el agua que le escapaba por la boca, la nariz y los ojos, como si llorara. Desde entonces tenía miedo a ahogarme.

Por mucho que me gustara la Bahía de Monterey, casi nunca me metí.

Durante nuestras caminatas, Betty y yo paseábamos por el malecón de Santa Cruz, a pesar de que era temporada baja y los juegos del parque de diversiones permanecían inmóviles y callados, o deambulábamos por las calles durante la hora de la cena. Nos fascinaban las espléndidas casas que había en Westcliff Drive, con sus ventanas gigantes de vidrio con vista a la resplandeciente Bahía de Monterey.

—¿Qué tipo de trabajo crees que tenga esta gente para poder pagar esas casas tan impresionantes? —me preguntó mi hermana—. ¿Crees que algún día tendremos una casa como ésas?

—Si trabajamos duro, quizá algún día podamos —le respondí, preguntándome, "¿Cuántas palabras tendré que escribir para construir la casa de mis sueños?".

A través de los ventanales podíamos ver a las familias sentadas a la mesa mientras cenaban; tal vez conversaban acerca de su día o planeaban las vacaciones familiares. O se sentaban juntos en la sala a ver la televisión. Los padres arropaban a sus hijos a la hora de dormir y les leían un libro.

Nos preguntábamos qué se sentiría formar parte de esas familias y fantaseábamos con entrar a una de aquellas mansiones y que nos adoptara la gente que vivía ahí, recibiéndonos con los brazos abiertos. Ambas queríamos contar con un lugar hermoso que fuera nuestra casa.

Por ahora, sólo teníamos nuestro pequeño apartamento y nos teníamos la una a la otra, y, por lo menos para mí, eso era suficiente.

Pero poco después llegó una carta y luego otra, y Betty confesó que estaba faltando a clases para ir a casa de Omar mientras no había nadie y que estaban teniendo sexo sin protección. Quedé devastada. Recordé las palabras de mi tía en México, cuando me confesó que no quería que mi hermana terminara embarazada estando bajo su supervisión. Yo tampoco lo quería. ¿Qué demonios haría con un bebé?

—Mándamela —me repitió mi madre cuando la llamé—. Por lo menos lo intentaste.

"Y fallé", quise agregar. Me avergoncé al caer en cuenta de que cuando traje a Betty a Santa Cruz, había actuado de un modo profundamente arrogante e ignorante. Quería demostrarle a mi madre que podía hacer un mejor trabajo que ella. Ahora comenzaba a entender por qué había mandado lejos a Betty. Si no puedes impedir que alguien sea autodestructiva, quizá sea más fácil mandarla adonde pueda destruirse sin tener que presenciarlo.

Creí que podría salvarnos a mí y a mi hermana, dándonos a ambas un hogar. Ahora sentía como si las dos nos estuviéramos ahogando en un océano vasto y profundo, pero la realidad era que yo ya no tenía la fuerza para salvarnos a las dos. Así que tenía que dejarla ir.

Cuando Betty regresó de la escuela, le di la noticia.

—Te voy a mandar de regreso con ella —le dije, incapaz de verla a los ojos—. Ya no puedo con esto.

Me hundí en el sofá y no escuché nada de lo que me respondió. Lloró. Suplicó. Sin embargo, ya lo había decidido. Yo sabía lo difícil que era dejar los malos hábitos, pero esta vez había llegado al límite. Por primera vez entendí que lo que yo quería para ella —que saliera bien en la escuela, que un día fuera a la universidad— no coincidía con lo que ella deseaba para sí misma. No podía imponerle mis sueños. Ella tendría que encontrar los suyos y hallar las ganas, ese deseo intenso que mi padre seguido mencionaba, el cual nos llevaría a convertirnos en las personas que sabíamos que podíamos llegar a ser.

A la siguiente mañana Betty no tenía que ir a la escuela, pues la iba a mandar en el autobús a Los Ángeles al otro día; sin embargo, me suplicó que la dejara ir a despedirse de Omar.

—Y vienes directo a casa —le advertí—. Tienes que empacar.

Asistí a mis propias clases, pero escuchaba a medias lo que me decían los profesores, pues le daba vueltas a la amargura que me provocaba darme cuenta de que había fracasado en salvar a mi hermana de sí misma.

Regresé a casa para ayudarla a preparar sus cosas, pero Betty aún no llegaba. Pasaron las horas, mas no había rastro de ella. Llamé a Mago para que me aconsejara.

—Nena, tienes que concentrarte en lo que necesitas hacer por ti. No la dejes que te fastidie la vida. Cuando aparezca, sólo pídele que se vaya. Ni siquiera la dejes entrar. Que ella misma descubra lo que hizo mal. Es obvio que quiere hacer lo que se le venga en gana. Pues, entonces, que se las arregle ella sola.

Mago siempre había sido muy drástica en sus decisiones. Colgué, sintiéndome más confundida que nunca. Me senté en la sala y escuché el vuelo de un helicóptero, luego una ambulancia pasó a toda velocidad. Salí y vi a la gente reunida en Westcliff Drive, cerca de las rocas que descienden hacia el agua. Corrí a ver lo que sucedía.

—Alguien saltó —le oí decir a alguien—. Creen que se suicidó.

¿Y si se trataba de Betty? ¿Y si la empujé al suicidio? Me quedé ahí, con la multitud, observando al equipo de rescate sumergirse en la bahía, en un esfuerzo por encontrar a la persona. El helicóptero voló en círculos sobre nosotros; las luces de la sirena que coronaba la ambulancia lo iluminaban todo de rojo. Mientras el sol se ponía, me quedé observando la escena y sentí que había entrado en una película de terror. Me sujeté a la baranda, con las rodillas temblándome.

Me asomé por la baranda para examinar cuidadosamente el agua. Las olas se estrellaban contra las rocas, mientras el llanto me nublaba la vista. Quería saltar para buscarla, para decirle que me quedaría con ella y que, pasara lo que pasara, nunca la dejaría ir ni me rendiría. "Me equivoqué. ¡Regresa conmigo! Por favor, no te mueras".

Cuando la oscuridad fue tan cerrada que impidió la visibilidad, la multitud se dispersó y separé las manos del barandal. Suspendieron la búsqueda y la reanudarían al siguiente día. Caminé de regreso a mi apartamento, obligando a mis pies a dar un paso y después otro. Llegué a mi apartamento vacío y me senté en la sala, imaginándome a mi hermana en las profundidades del océano, muerta por mi culpa. Lloré hasta quedarme dormida. Cuando la puerta por fin se abrió y Betty apareció, sentí un gran alivio. "¡Está viva!". Enseguida, me puse furiosa.

—¿Dónde diablos estabas? —grité, en lugar de decirle que me alegraba que estuviera a salvo. Pero el hecho de que se encontrara bien y que a propósito me hiciera sufrir de esa manera, me encabronó. Eran pasadas las diez de la noche.

—Por ahí, con Omar y mis amigos —respondió.

—Mientras yo aquí sentada, esperándote todo el día, preocupada por ti. ¡Eres una malagradecida! —le dije. Estalló una pelea entre ambas, en la que ella me gritó y yo a ella.

—No me voy a subir a ese maldito autobús y no me puedes obligar —sentenció Betty—. ¡No pienso regresar a Los Ángeles!

Cuando me di cuenta, hice justamente lo que Mago me sugirió:

—Bueno, pues aquí no te puedes quedar. No más. Ya me harté de esto. Vete con Omar y tus amigos si eso es lo que más te importa.

—Bien. Me largo —sentenció.

Y sin más, Betty se marchó por la puerta del apartamento y desapareció por el pasillo. Parada en aquel corredor vacío, me sentí más sola que nunca. Igual que mi hermana, toda la vida me había tocado recibir los castigos, por lo que ocupar el papel de verdugo resultó ser lo más difícil que jamás hubiese hecho. No era mejor que mis padres.

Betty juró que nunca regresaría a vivir con mi madre, y cumplió su palabra. Se mudó con Omar y a los pocos meses quedó embarazada, a los dieciséis años. A pesar de que vivíamos en la misma ciudad, a duras penas la veía. El vientre le creció y el remordimiento me carcomía al pensar que todo había sido por mi culpa. Me preocupaba que volviera a abandonar la escuela. Me sentía sola en Santa Cruz, igual que cuando me mudé aquí, sólo que ahora no me podía refugiar en el campus como hice en otro momento. Las secuoyas habían perdido el poder de sanarme. Ya no olían a esperanza sino a fracaso. Comencé a dudar de mí, me preguntaba si tenía sentido lo que hacía. Despues recibí la noticia de que no sólo Betty estaba embarazada, sino también Mago y la segunda esposa de Carlos. ¡Había una epidemia de embarazos en mi familia! Aquellos bebés me parecían obstáculos para conseguir una educación superior, pues si mis hermanos mayores abandonaron la universidad —incluso estando solteros y sin hijos— mientras cursaban sus estudios, encima tener que mantener a una familia resultaba un reto demasiado difícil de superar.

Santa Cruz era un lugar pequeño, y justo por esa razón sentía con mayor crudeza la distancia que me separaba de Betty. A diferencia de Los Ángeles, donde es de lo más sencillo desaparecer, aquí sólo nos apartaba una milla. Conforme los meses transcurrían sin vernos, sentí que nuestra separación se volvía insuperable, y percatarme de ello me destrozaba por dentro.

"¿Qué estoy haciendo aquí?", me preguntaba. Asistía a clases, medio escuchaba lo que me decían y me repetía esa pregunta una y otra vez.

# 12

UN DÍA, MIENTRAS caminaba rumbo al mercado, pasé junto a un modesto negocio que ofrecía leer la palma de la mano por diez dólares. Era un poco caro y necesitaba comprar comida, pero mi espíritu estaba más hambriento que mi estómago, así que entré y entregué esos valiosos dólares a la mujer sentada detrás de una mesita redonda, de ojos semejantes a Cleopatra, de mirada felina y misteriosa.

—¿Qué quieres saber? —me preguntó, luego de sentarme en la silla que había frente a ella y darle mi mano. El cuartito estaba decorado con artículos baratos de tierras lejanas para darle un aspecto exótico, el olor a incienso era abrumador y la tela morada que le envolvía la cabeza la hacía ver ridícula; sin embargo, necesitaba desesperadamente creer.

—¿Vale la pena? —pregunté.

Pasó sus dedos por mi mano, sus ojos de Cleopatra examinaron su superficie. Las líneas de mi palma me recordaban los cipreses arrancados de raíz que yacían en el suelo a lo largo de Westcliff Drive. Alguna vez leí que ochenta por ciento de lo que ocurre con un árbol tiene lugar bajo tierra. ¿Y si eso fuera verdad para los humanos? ¿Y si al observar las líneas de nuestras manos pudiéramos ver lo que ocultamos, hasta de nosotros mismos? Negué con la cabeza. Esta mujer no podía predecir el futuro mejor de lo que yo lo haría; pero sus palabras eran lo único a lo que me podía aferrar ese día.

—¿Qué ve? ¿Tiene sentido todo esto?

Me cerró la mano y ya no pude ver mi palma. La mujer me miró.

—Romperás el ciclo. Entonces sí, vale la pena.

"Es una charlatana. Todo lo que salió de su boca es pura especulación", me dije, pero cuando salí por la cortina de cuentas y regresé a la luz, sentí que la penumbra comenzaba a desvanecerse.

Regresé muy resuelta a mis estudios y, bajo la supervisión de Marta, terminé la antología de cuentos en la que había estado trabajando.

—Reyna, ¿por qué no publicas tus cuentos? —me preguntó al entregarme las revisiones de mi último relato.

—¿Cómo? —nunca había escuchado que uno pudiera publicar su propio trabajo.

—Puedes pedir una de las becas estudiantiles específicas para proyectos especiales —respondió—. Averigua si en el Departamento de Literatura o el Kresge College te pueden ayudar.

Hice lo que me sugirió y solicité una beca para publicar la antología de cuentos; me otorgaron 1.000 dólares para pagar los costos de impresión. Para la portada del libro, utilicé una pintura en papel pergamino que le compré en México a un artista indígena que vendía su obra en la calle. Titulé la colección *Under the Guamuchil Tree* (*Bajo el guamúchil*).

Estos árboles eran muy comunes en mi ciudad natal. Bordeaban el camino de tierra que conducía a casa de mi abuelita. Cuando era niña, mis hermanos y yo tomábamos una caña de carrizo de unos quince pies, le amarrábamos un gancho metálico y paseábamos por la colonia cortando las roscas de tono verde rojizo del guamúchil. Si llegábamos temprano y le ganábamos a la competencia, llenábamos una o dos cubetas con la fruta; nos quedábamos una parte para nosotros, y Mago se llevaba el resto para venderlo en la estación del tren.

Recogí la caja de ejemplares con el impresor y al siguiente día

Marta me organizó la presentación del libro. Promocionó el evento en los departamentos de Estudios Latinos e Idiomas, y animó a todos sus alumnos a que vinieran. Gracias a ella, mi primera firma de libros fue un éxito.

—Deberías considerar adaptar tu trabajo para el teatro —me comentó Marta en otro momento, luego de que terminé de leer una obra que me había dado: *Los vendidos* de Luis Valdez, del Teatro Campesino—. Creo que tus cuentos serían estupendos en el escenario.

—¿Se puede hacer?

—Los libros se adaptan todo el tiempo para el teatro o el cine —me respondió Marta—. Aunque casi nunca las obras de autores latinos, lo cual es una pena. Pero tú puedes, Reyna.

Así que solicité otra beca de Kresge para convertir mis cuentos en *sketches* y recluté a los pocos amigos que tenía, a algunos de mis compañeros y hasta a los alumnos a quienes daba tutoría, como Alfredo, para que representaran mi trabajo en el escenario. El decano de Kresge me permitió usar el auditorio para la representación, y tuve un buen público que me apoyaba y que compró ejemplares de mi libro autopublicado. Marta de nuevo estuvo presente, animándome lo mejor que podía.

*Reyna en su primera firma de libros, 1997*

Las tres becas que recibí me hicieron sentir segura de mí misma y emocionada por el trabajo creativo que estaba realizando, así como por mi progreso como artista. Una vez más había recurrido a mi creatividad para ayudarme a lidiar con el dolor y la tristeza, lo cual me ayudó a superar los meses difíciles de los pleitos con Betty, pero en especial luego de nuestra ruptura.

Marta también era profesora de español, así que me inscribí a su clase de Español para Hispanohablantes, en la que aprendí a hablar mi lengua materna como nunca lo había hecho antes; es decir, "correctamente". Sabía que el idioma que heredé de mis padres no era perfecto, pues su gramática y vocabulario eran un reflejo de su pobreza y falta de educación, pero hasta entonces no me había percatado de lo infestada de "errores" que estaba nuestra forma de hablar. Pronunciábamos mal ciertas palabras, decíamos términos que ni siquiera existían o conjugábamos completamente mal los verbos. En la clase de Marta por fin aprendí sobre acentos ortográficos y su correcta ubicación, además de la conjugación apropiada de los verbos regulares e irregulares. También descubrí que hablaba una tercera lengua —una mezcla de dos culturas y dos idiomas que nació del choque de dos identidades—: el espanglish. No sólo me expresaba de manera incorrecta en español debido a las carencias de mi familia, sino que haber crecido en los Estados Unidos agregó otra distorsión a mi lengua materna.

Aunque Marta constantemente afirmaba que no había razón para avergonzarse, pues no había un modo correcto o erróneo de hablar español, el hecho es que sentía vergüenza de no comunicarme con fluidez y precisión. ¿Cómo podía asegurar que era mi lengua materna, si las palabras salían torcidas y distorsionadas, como si mi boca fuera un escurridor de ropa manual rechinando?

—En cuanto al español, todos tenemos distintas formas de expresarnos —decía Marta—. Hay coloquialismos únicos de nuestra crianza y de los lugares donde vivimos. Si te avergüenza cómo hablas, te avergüenza de dónde vienes, Reyna, y no es eso lo que quiero que sientan mis alumnos.

Le conté acerca de don Óscar y su familia. Cuando vivimos en México, mi madre tuvo un empleo en una tienda de discos. Sus jefes, don Óscar y su esposa, eran mexicanos adinerados que nos miraban con lástima cada vez que nos veían. Tenían tres hijos que siempre estaban limpios y bien vestidos, que asistían a escuelas privadas y que mi madre y otros adultos trataban con sumo respeto. Sin importar que sólo fueran unos niños y que tuvieran la misma edad que mis hermanos y yo, por el hecho de ser ricos recibían consideraciones como si fueran de la realeza. Recuerdo la impresión que me causó la primera vez que escuché a mi madre dirigirse a Óscar Jr. —de doce años— de "usted", en lugar del "tú" informal. Hasta ese día, nunca había oído que trataran de usted a un niño.

Cuando pasé la Navidad en México, don Óscar me invitó a almorzar con su familia. Sentada en la sala de su casa de ladrillo de dos pisos, ubicada en la única comunidad privada de Iguala que contaba con su propio guardia de seguridad, me fue difícil sentirme cómoda con don Óscar y su esposa, pero aún más con sus hijos. Me repetía que ahora las cosas eran diferentes para mí. Había dejado de ser la niñita que andaba por ahí con piojos y lombrices, descalza y vestida con harapos. Ahora era una estudiante universitaria, igual que el hijo mayor del matrimonio, Óscar Jr., que asistía a la UNAM, la universidad pública más grande de México.

Pero fue mi español lo que continuó siendo una barrera. Cuando hablaban, notaba su educación privilegiada en los términos elegantes que usaban. Las palabras salían de sus bocas perfectamente formadas y pulidas, como canicas brillantes. En cambio, cuando yo hablaba, los veía intercambiar miradas. Desde pequeña sentía que mi español era distinto al suyo, pero ahora más que nunca estaba consciente de ello. Qué importaba que fuera una estudiante universitaria igual que su hijo, si seguía hablando como la India María, una indígena que hablaba un español espantoso, protagonizada por la actriz y comediante mexicana María Elena Velasco.

La situación cambió para mí ese mismo día, unas horas más tarde, cuando Óscar Jr. y sus hermanas pusieron su música favorita en inglés y me pidieron que les tradujera las letras. Mientras bebía Baileys en las rocas por primera vez, escuché la letra familiar de la canción de George Michael, "Careless Whisper"; la música y el alcohol me hicieron recuperar la seguridad. El español de Óscar Jr. y de sus hermanas era perfecto, a diferencia del mío, pero ahora yo podía hablar un idioma que a ellos se les dificultaba y que estaban ansiosos por hablar, lo cual de pronto me puso a su nivel.

Cuando les traduje las letras, de repente mi dolorosa lucha por aprender inglés pareció valer la pena, tan sólo para poder tener este momento de ver la profunda admiración en los ojos de aquellos jóvenes ricos que, hasta entonces, me habían visto como la niñita pobre que merecía su lástima y necesitaba su caridad.

En la clase de Español de Marta, el recuerdo de los hijos de don Óscar me llevó a trabajar mucho más duro para aprender mi lengua materna.

—Para que la próxima vez que los vea, pueda hablar con confianza —le dije a mi mentora al acompañarla a su oficina cuando terminó la clase.

Me escuchó con atención cuando le conté sobre los sentimientos de insuficiencia que me invadían cuando visitaba mi país natal.

—Allá, todos me tratan distinto, como si no fuera lo suficientemente mexicana.

Marta dejó de caminar y volteó a verme.

—Reyna, déjame decirte algo. No es que no seas suficiente. De hecho, eres todo lo contrario.

Esperé que se explicara. ¿A qué se refería con eso de que yo era lo contrario de no ser suficiente?

—Si te tratan distinto en México, es porque eres diferente —señaló, con esa voz suave que me llegaba al corazón con su ternura—. Ahora eres bilingüe, bicultural y binacional. No eres menos. Eres más.

Tras nuestra plática, sentada en el autobús que me llevaba de regreso a mi apartamento, pensé en lo que me había dicho. Desde el momento en que puse un pie en este país, me sentí partida a la mitad. Pero ahora me preguntaba si Marta tenía razón.

¿Sería cierto que sin haberme dado cuenta me había transformado en dos versiones de la chica que antes fui?

En las clases de Literatura Chicana y de Español que tomaba con Marta hice muchos amigos latinos; no sólo eran los otros alumnos, sino también las autoras que ella nos dejaba leer, y así conocí el trabajo de más escritoras latinas. Diana me presentó las obras de Helena María Viramontes, Sandra Cisneros e Isabel Allende. En la clase de Marta, me enamoré de autoras feministas chingonas que me inspiraron a seguir luchando por mis historias: Ana Castillo, Alicia Gaspar de Alba, Cherríe Moraga y muchas más. A través de sus palabras, las escuchaba decirme, "¡Sí, tus historias importan!".

Marta me presentó la obra de Sor Juana Inés de la Cruz, una monja feminista que vivió en el siglo diecisiete en México —o la Nueva España, como antes se llamaba—, que escribió algunas de las poesías y prosas más poderosas que había leído. Me sentí conectada a las dificultades de Sor Juana para lograr escribir y desarrollarse como artista en una sociedad patriarcal que la subyugaba y censuraba, y que en muchas ocasiones intentó silenciarla.

Hombres necios que acusáis
a la mujer sin razón,
sin ver que sois la ocasión
de lo mismo que culpáis.

Memoricé su poema y me lo repetía como un mantra.

En otra ocasión, Marta nos compartió capítulos de *Borderlands* (*La Frontera*), de Gloria Anzaldúa. En esa época, la autora vivía en Santa Cruz, y aunque no tuve la oportunidad de conocerla, conecté con sus palabras.

"La frontera entre los Estados Unidos y México *es una herida abierta* en la que el tercer mundo irrita al primero y lo hace sangrar, y antes de que se forme costra vuelve a desangrarse; la vida de ambos mundos se fusiona para formar un tercer país: una cultura de la frontera", escribió Anzaldúa.

Debido a que era inmigrante, la frontera era algo que siempre había formado parte de mi vida. Aquel desdichado día de 1977, cuando mi padre decidió emigrar, la frontera me cambió la vida. Tenía dos años de edad.

Un tercer país. Ni México ni los Estados Unidos, sino el guión que hay entre méxico-americana. Ni mi padre ni mi madre, sino la suma de sus genes. Ni español ni inglés, sino el idioma formado por la mezcla de sus sangres: el espanglish. El tercer país habitaba en mi interior. Yo era el producto de la fusión de ambos mundos, de los dos pueblos, de las dos lenguas. Mi corazón era la herida abierta.

Anzaldúa escribió: "Soy una tortuga. A donde vaya, llevo mi 'hogar' a cuestas".

Fue entonces que entendí lo que tenía que hacer. Si podía convertirme en una tortuga y construirme un hogar que pudiera llevar sobre mi espalda, jamás volvería a sentirme desamparada.

# 13

*Reyna trabajando con el equipo de pintura, 1997*

CUANDO LLEGÓ EL verano, comenzó mi trabajo de mantenimiento en Kresge College. Como mi apartamento se encontraba lejos de la parada de autobús más cercana, compré una bicicleta usada para transportarme. La UCSC se ubica en una colina. Una colina muy empinada. Al iniciar el recorrido a las siete de la mañana hacia mi primer día de trabajo, ni siquiera aguanté un cuarto del camino. Pronto terminé jadeando y respirando con dificultad, tratando de recuperar el aliento. Tuve que bajarme de la bicicleta y subir Bay Street caminando, rezando que pasara el autobús para poner mi bici en la rejilla y que me llevara el resto del camino.

Mi jefa, Robin McDuff, sabía trabajar con las manos. Nunca había visto a una mujer usar taladros, martillos y sierras, pero ella sabía manejar estas herramientas con la misma habilidad que un hombre, y estaba totalmente impresionada con ella. Quería aprender todo lo que ella pudiera enseñarme, así que me metí de lleno en mi empleo. El primer trabajo que Robin le dio al equipo de pintura fue que entráramos a cada uno de los dormitorios para sacar todo lo que habían olvidado los estudiantes. Carolyn no mentía cuando dijo que los estudiantes universitarios eran destructores; los agujeros en las paredes eran la prueba indudable. Olvidó mencionar que también son sucios. Había basura por todas partes. Tiramos los muebles abandonados (la mayoría rotos e inservibles), la ropa no deseada o dañada, los libros destrozados y otras pertenencias desechadas. Llevamos las latas de comida a nuestra sala de descanso para comer. Cuando terminamos con la limpieza, nos dispusimos a reparar la gran cantidad de agujeros y preparamos las habitaciones para pintarlas, que eran cosas que mi padre hacía en su empleo.

Resultaba una ironía que en Santa Cruz tenía la esperanza de olvidarme de mi padre y, sin embargo, mi trabajo con el equipo de pintura terminó acercándome a él. Mi padre llevaba varios años como empleado de mantenimiento. Cuando llegamos a vivir con él, trabajaba en Kingsley Manor, una casa de retiro en Los Ángeles, en la que ganaba 300 dólares a la semana. Vestía un uniforme azul con su apellido, GRANDE, bordado encima del bolsillo izquierdo de la camisa. Cada día regresaba del trabajo con rayas de pintura blanca en el cabello y manchas de ese mismo color en las manos y los brazos. La pintura que usaban en Kingsley Manor era del mismo tono que empleamos en la residencia estudiantil en la UCSC.

Mientras pintaba paredes por primera vez en mi vida, recordaba a mi padre. Parada ahí en los dormitorios, inhalando aquellos vapores que mareaban, hundiendo la brocha en la pintura blanca para cubrir con cuidado las paredes o delinear sus bordes, subiendo y bajando el rodillo, de un lado a otro, comencé a tener una imagen de su vida cotidiana. Esto era lo que había implicado para él. El interminable deslizar del rodillo y el delineado sobre las paredes, el sumergir y dar el brochazo. Tenía pintura blanca en las manos, los brazos, el cabello. Si hubiera tenido una camisa azul con el nombre GRANDE bordado sobre el bolsillo, me hubiera visto igual que él.

En el PCC, cuando tenía diecinueve, me enamoré de uno de los empleados de mantenimiento porque vestía un uniforme azul que se veía exactamente como el de mi padre. Igual que en su camisa, el apellido de Alberto también estaba bordado encima del bolsillo izquierdo. Su piel lucía más morena por trabajar demasiado bajo el sol y sus manos tenían las venas saltadas, como las de mi padre. Cada vez que caminaba a clases y atisbaba un destello azul, mi corazón se aceleraba al imaginar estar viendo a mi padre que había venido a verme a la escuela, pero era Alberto. Me acercaba a platicar con él. En ocasiones, lo veía deambular alrededor de las luminosas albercas recogiendo la basura. Otras veces estaba usando el soplador de hojas, o quizá estaba pintando. Siempre era el uniforme azul lo que me atraía a él. Tenía casi treinta años, la edad que tenía mi padre cuando se marchó al norte. Creía estar enamorada de Alberto; sin embargo, cada que lo veía después del trabajo sin su uniforme azul, su presencia perdía fuerza ante mis ojos.

—Eres tan chiquita, que podría meterte en mi bolsillo —me decía Alberto, mientras yo miraba su uniforme azul con el nombre bordado sobre el bolsillo izquierdo, queriendo meterme adentro y sentirme segura y protegida.

Cuando terminaba de pintar una habitación, me sentaba en silencio durante el descanso y olía la pintura fresca, embriagándome con ese olor ligado a mi padre, y por un instante el vacío que había en mi corazón se llenaba con su presencia. Aspiraba profundas bocanadas de aire, mareada por los vapores, e imaginaba las conversaciones que tendría con él la próxima vez que lo viera. Podría platicar sobre técnicas de brocha y rodillo, cómo reparar hoyos, dar textura a las paredes. Ahora teníamos algo en común.

Cuando acabamos de pintar, continué con otras tareas: limpiar alfombras; lijar, entintar y barnizar las mesas de los comedores y las mesitas; destapar las tuberías y sacar las bolas de pelo del tamaño de un ratón; y limpiar los refrigeradores enmohecidos.

Cuando los días eran largos y agotadores, y el verano parecía eterno, anhelaba que la escuela por fin iniciara para poder regresar a clases y a mis libros; de pronto caí en cuenta de que sólo se trataba de un trabajo temporal, uno que me ayudaría a pagar mi título universitario. Para mi padre, ser empleado de mantenimiento era lo único que había. Fue el trabajo que le permitió sostener a sus hijos. Ganaba 15.000 dólares al año; yo pagaba casi la misma cantidad anual por estar en la UCSC. Algunos estudiantes cursaban la universidad gracias a las profesiones de sus padres. Yo, en cambio, estaba ahí a pesar del mío.

Nunca había tenido un trabajo de tiempo completo y me tomó casi la mitad del verano acostumbrarme a él. A pesar de que era agotador tener que subir la colina hacia el campus cada mañana, y de maldecir a los fundadores de la universidad por haber construido el lugar en una maldita colina, por la tarde agradecía que el trayecto fuera cuesta abajo hasta mi apartamento. Me subía a la bicicleta y volaba a través del campus, bajaba por Bay Street, con el cabello saltando como loco y la sangre bombeando desde mi corazón lleno de alegría. Doblaba a la derecha para llegar a mi apartamento, donde alcanzaba a ver la franja de la Bahía de Monterey desde mi balcón.

Al darme un baño y quitarme las manchas blancas y la mugre con un jabón de lavanda que disipó el recuerdo del olor a pintura, comencé a comprender un poco mejor a mi padre, de un modo en que nunca lo había hecho.

Ahora sabía por qué se había comportado como un tirano en lo tocante a la escuela: no quería que ninguno de nosotros fuera un trabajador manual como él. Quería que triunfáramos de una forma en la que él nunca pudo. Nunca había entendido por qué, cuando llegaba a casa, él sólo deseaba sentarse frente al televisor a ver un partido de basquetbol o las noticias. No quería salir a ningún lado una vez que estaba en su hogar, por lo que rara vez nos sacaba a pasear. Los fines de semana, en lugar de descansar y hacer algo divertido, se levantaba temprano y hacía tareas domésticas, como cortar el césped, reparar algún grifo que goteaba o cubrir un grafiti que hubiese en la cerca. Trabajaba sin parar. Cuando nos quejábamos de que la escuela era muy difícil y exigente, se burlaba diciendo: "No saben lo que es trabajar duro".

Después de bañarme, me sentaba frente al televisor y descansaba mi cuerpo agotado y adolorido, me masajeaba los pies, diciéndome: "Tenías razón, papá. No sabía".

Cuando me subí en la bicicleta rumbo al trabajo y por fin logré subir la colina hasta Kresge sin detenerme, me percaté de que el dolor que sentí cuando mi padre me excluyó de su vida había dado lugar a algo más: comprensión.

Conocí a Gabe en las últimas tres semanas de mi empleo de verano. Ahora que casi habíamos terminado con las tareas de pintura, me enviaron a limpiar los refrigeradores enmohecidos de los apartamentos para dejarlos listos para el día de la mudanza. Gabe era un constructor profesional, tenía treinta y tantos años, y formaba parte del equipo de contratistas que la universidad empleó para remodelar algunos edificios. La primera vez que lo vi estaba operando un taladro. El sonido estridente me recordaba a mi padre, así que me detuve afuera de la puerta sólo para escucharlo. Cuando se percató de que lo observaba, apagó el taladro.

—Vengo a limpiar el refrigerador —dije.

Vestía una sudadera manchada de sudor y *jeans* sucios y rotos. Usaba unas rodilleras amarillas y botas de casquillo, como las que mi padre calzaba para trabajar. Su rostro lucía quemado por el sol y arrugado por pasar demasiado tiempo laborando en el exterior. Estaba cubierto por una capa de polvo blanco, y aunque me llevaba bastantes años, de inmediato me atrajo.

Parecía incomodarle que yo estuviera ahí.

—No he terminado de colocar este panel de tablaroca —comentó, quitándose las gafas protectoras—. Habrá mucho ruido.

—No me molesta —repliqué.

Su cabello era castaño y tenía los ojos de un tono café claro. Me comentó que su apellido significaba "cereza" en italiano. Después de presentarnos y saludarnos de mano, volvió a encender el taladro y reanudó su trabajo. El sonido me distrajo de la tarea que me ocupaba. El refrigerador estaba cubierto por tanto moho que parecía que un monstruo verde sin forma se lo estuviera tragando.

—No envidio lo que tienes que hacer —señaló Gabe unos minutos más tarde, parado detrás de mí.

—Supongo que no quieres hacer un trueque —le dije, acercándole la cubeta con agua jabonosa y los guantes de látex de un amarillo brillante como el color de la babosa banana.

—Te lastimarías con esto —aseguró, sosteniendo el taladro cerca de él, como si lo protegiera de mí y no al revés.

—Quizá —comenté—. Todo depende de cómo lo sostengas, ¿cierto? Y el truco es no tenerle miedo —recordé lo que alguna vez le dijo mi padre a mi hermano. Sabía que no tenía nada que hacer coqueteando con un hombre de treinta y tantos años, pero no podía evitarlo—. Ya veo que eres un experto con el taladro.

—Te aseguro que sé cómo usarlo —respondió con una sonrisa.

Regresó a su tarea y yo hice lo mismo. Cuando estuvo listo para tomar un descanso, vino a verme trabajar en el refrigerador. Me avergonzaba que me mirara haciendo aquella labor desagradable. Hubiera preferido que me viera pintando.

—Vaya, ese refrigerador luce como nuevo —comentó. Intenté que no se diera cuenta de lo mucho que me agradaban sus palabras, pero no pude ocultar mi sonrisa.

Me preguntó qué estaba estudiando, de dónde venía y qué edad tenía.

—¿Y qué te parece Santa Cruz?

—Me encanta. Estos árboles son increíbles —respondí.

Comentó que vivía en Boulder Creek, que era el pueblo a media hora de ahí, y que si me gustaban tanto los árboles, entonces seguro me encantaría su casa.

—Está en medio del bosque. Yo mismo la construí.

—¿En serio? —estaba sinceramente sorprendida. Nunca antes había conocido a alguien que hubiera construido su propia casa. En México, mi padre trabajó como albañil y soñaba con poder construir la casa de sus sueños él mismo; sin embargo, no pudo costear los materiales, así que la única forma de llevar a cabo la obra era venir a los Estados Unidos a trabajar, para contratar a alguien más que lo hiciera. Debido a la débil economía mexicana, nunca habría conseguido ahorrar la cantidad de dinero que necesitaba, aunque si hubiese logrado quedarse para construir su casa ladrillo a ladrillo, habría sido como Gabe. Habría sido un hombre que vivía en el hogar que edificó con sus propias manos, sudor y empeño.

Dos semanas después, tras pasar más tiempo con Gabe en el campus y de salir a comer con él unas cuantas veces, luego de contarle sobre la complicada relación que llevaba con mi padre, accedí a acompañarlo a Boulder Creek. Así que un sábado pasó a recogerme a mi apartamento y fui a ver la casa que construyó. Esperaba encontrar una tosca cabaña, cuando mucho una linda casita de campo rústica; en cambio, se trataba de una casa de verdad y tan hermosa como aseguraba que era. No sólo estaba rodeada por el bosque de secuoyas, sino que además parecía construida con la misma madera de esos árboles. El sitio lo diseñó siguiendo un plano de planta abierta, por lo que no había muros que dividieran la cocina, el comedor y la sala. Era la casa más espaciosa e iluminada en la que hubiese estado. En la sala instaló ventanales que iban del piso al techo, así que, aunque estábamos adentro, se sentía como si no fuera así. Ni por un momento olvidabas que estabas en el bosque. Hasta el techo tenía ventanas por las que se alcanzaba a ver el profundo cielo azul.

—Nunca había estado en una casa que tuviera ventanas en el techo —le confié, impresionada por la vista. A esas alturas creía que el hombre era todo un genio.

—Se llaman tragaluces.

—Tragaluces —repetí.

La casa contaba con una habitación donde sus hijas dormían cuando se quedaban con él. Me comentó que él y su exesposa compartían la custodia y las niñas venían cada semana.

—Yo duermo arriba, en el desván. Ven, te lo mostraré.

No tenía planeado acostarme con Gabe, y antes de venir aquí me había dicho que no permitiría que las cosas llegaran lejos. Ni siquiera nos habíamos besado, porque en el fondo sabía que esta relación no me convenía para nada. Pero ahora me encontraba sin querer irme. Deseaba pasar por lo menos una noche, no con él, sino con su hermosa casa. Así que cuando me estrechó en sus brazos y me llevó hacia su cama, dejé que sucediera. Esa noche, mientras teníamos sexo en el desván, pude ver la luna y las estrellas asomándose por los tragaluces.

Más tarde me preguntó:

—¿Qué harás cuando termine tu trabajo de verano?

—Buscaré otro —le respondí. Lo que había ganado esa temporada era para pagar mi deuda con Sears por la computadora. No tenía dinero de sobra, así que encontrar un empleo era mi principal prioridad.

—Sabes, he estado buscando quien me ayude con mis hijas —me comentó—. Podría pagarte por cuidarlas cuando vengan, mientras yo estoy en el trabajo. Podrías vivir en la casa. Te construiré una habitación y no te cobraría renta. Entonces podrías concentrarte en la escuela, sin tener que preocuparte por el dinero.

—Lo pensaré.

—Sin compromiso. Hablo en serio —aseguró.

Sin embargo me preguntaba si era cierto. De pronto me invadió el temor. Su propuesta era peligrosa. Vivir en la casa de sus sueños, formar parte del tejido de su vida, cuidar a sus hijas, ser su amante… porque quedaba claro que ahora que lo habíamos hecho una vez, ¿por qué no habría de suceder de nuevo? Esto no era como aquella ocasión en la que me fui a vivir con Diana. Ella nunca me pidió nada a cambio, sólo que cumpliera mis sueños.

Gabe sabía lo que me estaba ofreciendo y me sentí tentada. Era un hombre que había conseguido lo que mi padre no fue capaz de lograr. Construyó la casa de sus sueños con sus propias manos y, de hecho, vivía en ella junto con sus hijas, aunque parcialmente.

Por la mañana, cuando nos alistábamos para regresar a Santa Cruz, eché un largo vistazo a su hogar. Bañada por la luz dorada que se colaba a través de los tragaluces, supe que jamás regresaría ahí. Así que mientras nos alejábamos en el auto, me despedí de la casa de Gabe. "Esta no es la casa de mis sueños", me dije mientras se perdía entre los árboles. "Es la de alguien más".

No sabía si algún día tendría el dinero para comprar o construir mi propia casa, pero aunque nunca lo consiguiera, construiría mi hogar con las únicas cosas con las que contaba: palabras y sueños.

# 14

M E MUDÉ A un nuevo lugar porque, sin Betty, el apartamento junto a la bahía ya no se sentía igual. No me alcanzaba para regresar a vivir en el campus, así que cuando venció el contrato de alquiler, renté una pequeña habitación en un apartamento que compartía con tres personas. Eran 100 dólares al mes menos que en el lugar anterior y se ubicaba justo al cruzar la calle de la preparatoria Santa Cruz High School, cerca de la parada del autobús y a cinco minutos del mercado La Esperanza. El sitio era pequeño y oscuro, y, por si fuera poco, no tenía nada en común con mis compañeros de apartamento: dos gringos que no eran estudiantes y bebían demasiado, y un muchacho chino que sí era alumno y estudiaba en exceso. Odiaba pasar el tiempo ahí, sin nadie con quien hablar. Por lo general iba a un café que había en el centro para hacer la tarea. Al pasar junto a Santa Cruz High, mi corazón se aceleraba y me preguntaba si me toparía con Betty. Algunas semanas después, de camino al café, finalmente me la encontré. Salió por la puerta principal de la escuela, acompañada por un grupo de amigos. Lucía como una adolescente común, joven y despreocupada.

Mis ojos se dirigieron directamente a su gran panza y me di cuenta de que su vida ya no sería así de tranquila por mucho tiempo. No quería juzgarla; pero lo único en lo que podía pensar era que mi hermana acababa de cumplir diecisiete años dos meses atrás y que en diez semanas sería madre. Dejé de caminar y me quedé parada en el lugar, preguntándome qué hacer. Ella bajó los escalones y me vio observándola. Por un segundo creí que iba a fingir que yo no estaba ahí, que apartaría la mirada y continuaría caminando con sus amigos. En lugar de eso, nos encontramos cara a cara en la acera, el grupo siguió su camino, dejándonos solas.

—¿Cómo estás? —le dije. Era una pregunta estúpida, pero no sabía cómo iniciar la conversación.

—Bien.

—¿Cómo va la escuela?

—Bien.

—¿Cómo va tu embarazo?

—Bien.

—Me alegra —respondí—. Bueno, pues ahí te cuidas —comencé a alejarme, decepcionada por no haberle dicho lo que quería: ¡que estaba increíblemente feliz de verla! Deseé que por lo menos hubiera cedido un poco. ¿Acaso no me extrañaba para nada?

—Voy a tener un niño —comentó. Di media vuelta y regresé a su lado; la tensión en mi pecho disminuyó.

—Genial —repliqué—. ¿Ya eligieron un nombre?

—Todavía no estamos seguros. Aún lo seguimos pensando —señaló.

Me contó acerca del programa para adolescentes embarazadas que tenía la escuela y lo agradecida que se sentía por el apoyo que estaba recibiendo de sus profesores. Me dijo que adoraba a la madre de Omar. La mujer la trataba como a una hija.

—Por fin encontré a la mamá que siempre quise tener. —Pude notar en su voz que lo decía en serio. Fue la primera vez que me di cuenta de que algo positivo había surgido de esta situación—. Estoy aprendiendo de ella lo que significa ser una verdadera madre. El tipo de madre que quiero ser.

Me pareció tan adulta cuando mencionó eso, que me acerqué para abrazarla. No me alegraba que estuviera embarazada a esa edad, aunque al mismo tiempo podía notar el efecto que estaba teniendo en ella la criaturita que crecía en su vientre. Parecía más segura de sí misma y mucho más madura.

—Ven a visitarme cuando quieras —le dije al despedirme.

Poco a poco, Betty y yo encontramos la forma de reconectarnos. No volvimos a platicar acerca de aquella noche en que la eché, y aunque deseaba disculparme, no tenía el valor para tocar el tema. Cada vez que veía su panza sentía que era mi culpa, aunque sospechaba que de cualquier modo habría ocurrido, aun si no la hubiera obligado a irse a vivir con Omar. Pero jamás se comportó como si estar embarazada fuera el final de su vida. No lo resentía de la misma manera que yo.

Y yo seguía sin poder olvidar los sueños que alguna vez tuve para ella.

*Omar y Betty con el bebé Randy, 1998*

Mi sobrino nació en agosto de 1998, durante mi segundo verano en Santa Cruz. Fui a visitar a Betty al hospital y a conocer al nuevo integrante de la familia Grande. En mayo, Mago tuvo a su segundo bebé. En julio, Carlos y su nueva esposa tuvieron una niña. Y ahora Betty había tenido a su bebé el primer día de agosto. ¡Tres niños Grande en un periodo de cuatro meses!

—¿Cómo se llama? —le pregunté al tomar al bebé de brazos de mi hermana.

—Randy Alexander.

Era un niño precioso, pequeño y frágil. Sentí su calor contra mi pecho y lo mecí para que se quedara dormido. Se sentía muy incómodo el ambiente en la habitación del hospital, y no supe qué decir cuando escuché el sonido de las máquinas, la cama incómoda, a mi hermana vestida con la bata azul, exhausta y mirándose mucho más vieja que de diecisiete, como si la maternidad la hubiera envejecido.

Sabía que era la ocasión para decir, "¡Felicidades! Me alegro mucho por ti", o algo por el estilo. Pero no lo pude expresar. No dejaba de pensar que la vida de mi hermana menor había terminado al haberse vuelto mamá muy joven. Por alguna razón, a través de los años, adquirí la creencia de que ser una madre adolescente era lo peor que te podía ocurrir, en especial para las chicas latinas, que de por sí ya teníamos bastantes obstáculos que superar debido al racismo, el sexismo y la desigualdad social. Las estadísticas no eran buenas para las adolescentes latinas y sus probabilidades de tener éxito. Aunque no me gustaba admitirlo, yo no quería formar parte de las estadísticas y ser una latina fracasada. Pero a Betty no le importaba un carajo lo que la sociedad pensara de ella.

Cuando el bebé se quedó dormido, se lo entregué a mi hermana y me levanté para marcharme.

—Sé que serás una madre estupenda —le dije, porque en verdad creía que lo sería. Sabía que Betty necesitaba ser una gran mamá, porque ésa era la única forma de sanar a la pequeña niña que habitaba dentro de ella. El hecho de ser para su hijo la madre que ella misma nunca había tenido era la manera en que aliviaría su dolor.

Cuando estuve a punto de salir por la puerta, me dijo:

—Reyna, no tengo nada de que perdonarte y tú tampoco tienes nada de que arrepentirte. Sé lo que intentabas hacer por mí y te lo agradezco. Pero yo tampoco me voy a arrepentir de nada, especialmente de mi bebé.

—Me alegra escucharlo —dije—. Entonces, nada de arrepentimientos.

Dos años después, en la graduación de la preparatoria de Betty, me di cuenta de que ella estaba en lo cierto y que ninguna de las dos tenía nada de que arrepentirse. Me sentí sumamente orgullosa de ella al verla subir al escenario para recibir su diploma. Había temido que en algún momento abandonara de nuevo la escuela, pero en lugar de eso, Omar y el bebé fueron sus pilares. Santa Cruz le pertenecía a Betty de un modo que a mí no. Su hijo nació aquí. Ahora tenía su propia familia. Antes había sido como una hoja arrastrada por el viento, pero ahora tenía raíces y había aterrizado en un lugar donde florecería y sería feliz.

*Betty en la escuela con el bebé Randy*

# 15

E STABA SENTADA EN el autobús rumbo a mi apartamento luego de un largo día en la escuela, viendo la oscuridad a través de la ventana, cuando una risa —sonora y sin complejos— me hizo voltear hacia la luz. Eché un vistazo al pasillo y vi a una joven latina sentada con un tipo, riéndose de algo que él había dicho. No alcanzaba a oír la conversación, pero lograba ver los gestos animados de él, así como su cuerpo lleno de energía y entregado totalmente a lo que le estaba platicando a su compañera, haciendo pausas de vez en cuando para permitir que las risas de ella se calmaran, sólo para arrancarle de nuevo una carcajada. El sonido estallaba en la boca de la chica, como mariposas que de pronto se elevaban por el aire. El cabello de ella era largo, negro y estaba peinado en una trenza tejida detrás de su nuca. Llevaba un vestido blanco mexicano y, en lugar de chamarra, un rebozo negro de lunares blancos cubría sus hombros delgados. Era el tipo de rebozo que mi abuelita usaba cada vez que salía, algo que no esperaba verle puesto a alguien de mi edad en este país, mucho menos en Santa Cruz.

Quería saber por qué ella iba vestida de esa manera, con la trenza, el rebozo y el vestido típico. Me sorprendió ver a una estudiante universitaria que lucía como si la hubieran sacado de un remoto pueblo rural en México y la hubieran transportado a esta ciudad de surfistas. Se conducía con absoluta confianza, perfectamente cómoda con su cuerpo, vestida como si fuera a una fiesta de Cinco de mayo, a pesar de que era febrero, además de reírse con desfachatez en un autobús lleno de gringos que no podían ocultar su curiosidad.

Hacía alarde de su mexicanidad para que todos la vieran, y yo estaba totalmente impresionada con ella.

—¿Por qué andas vestida así? —le pregunté, antes de darme cuenta de lo que estaba haciendo.

Su amigo dejó de hablar y ambos me miraron fijamente, sorprendidos de que me hubiese asomado al pasillo para preguntar algo semejante. Luego ella sonrió y respondió:

—Nomás porque quiero.

Así fue como conocí a Erica en mi segundo año en la UCSC. Fue mi primera amiga chicana muy feminista y chingona, y quien me recordaba a las escritoras que había leído en la clase de Marta. A diferencia de mí, Erica manejaba su identidad mexicoamericana sin el conflicto y la confusión que yo tenía acerca de mi propia identidad dividida. Ella me enseñaría que era posible encajar en las dos culturas, en lugar de sentirme como una extranjera en ambas. Ese primer día en el autobús pensé que su confianza nacía del hecho de que era chicana, una mexicana nacida en los Estados Unidos, no una inmigrante que cruzó la frontera, como yo. Ella tenía esa preciada acta de nacimiento estadounidense que podía mostrar cada que alguien le preguntaba, "¿De dónde eres?". Mientras que yo tenía un permiso de residencia que literalmente me clasificaba como una "*alien*", una extraterrestre. Más tarde llegaría a conocer la fuente del orgullo que Erica sentía por sus raíces mexicanas, la razón por la que su armario estaba lleno de blusas bordadas y de rebozos, y por qué su apartamento estaba decorado con artesanías mexicanas: el baile folklórico. Ella era la codirectora del grupo Los Mejicas, una compañía de baile folklórico que había en el campus, compuesta por estudiantes y algunos miembros de la comunidad. Nunca, en un millón de años, habría adivinado que el baile mexicano se practicaba en la UCSC.

—Deberías entrar a Los Mejicas —ella y su amigo Benigno me dijeron en el autobús—. El grupo está abierto a todos los estudiantes y si te inscribes recibes créditos universitarios.

—Nunca en mi vida he estado en danza folklórica —comenté—. Y mi hermana mayor una vez me dijo que bailo como un caballo trotando.

Me encontré a Erica unas cuantas veces más en el autobús, y ahí me enteré de que también era de Los Ángeles y que era una alumna transferida igual que yo. Ella asistió al *community college* de la ciudad de Glendale, que era la otra institución local a la que había considerado entrar, antes de elegir Pasadena. Me contó lo sola que se había sentido en Santa Cruz cuando llegó y cómo ella y su madre hablaban a diario por teléfono. Lo que la salvó de su soledad, me compartió, fue descubrir a Los Mejicas.

Me contó que se estaba especializando en Estudios Latinoamericanos y Latinos.

—¿Y tú? —me preguntó.

—Escritura Creativa y Cine y Video —respondí. El cuatrimestre anterior había añadido Cine como segunda asignatura principal, para poder quedarme un año más en la UCSC y así explorar un tipo distinto de narrativa por medio de imágenes; además de que me estaban fascinando mis clases de Cine. Andaba por la ciudad filmando y pasaba las noches en la sala de edición, armando la historia. Me encantaba descifrar cómo iba a hilar las escenas para crear un todo, que es la misma manera de escribir una novela. Le platiqué a Erica que las clases de Cine me estaban ayudando a mejorar mi escritura. Cuando escribía, sentía que estaba viendo una película en mi cabeza.

—El baile folklórico también cuenta historias —me dijo—. Cuenta la historia de México desde antes de la llegada de los españoles, hasta la Revolución mexicana.

Jamás había considerado la danza como una forma de narrativa.

Cuando me invitó a su apartamento, lo primero que vi, expuestas en un lugar destacado en la pared de su sala, fueron las reproducciones de dos pinturas: una de una mujer de cejas juntas con unos pericos, y la otra de la misma mujer vestida con lo que parecía una banda de encaje rodeándole la cabeza, pero que más tarde me enteré que, en realidad, era un vestido de tehuana.

—¿Quién es? —le pregunté a Erica.

Volteó a verme con incredulidad.

—¿Que, qué? ¿Cómo que no sabes? Chica, déjame decírtelo. Es Frida Kahlo, la mejor pintora mexicana de todos los tiempos. Es mi heroína.

Y ahí fue cuando descubrí a esta artista que había hecho lo que yo estaba intentando conseguir: convertir su dolor en arte. Paralizada de niña por la polio y luego herida de gravedad tras un accidente de autobús en su adolescencia, Frida Kahlo había pasado la mayor parte de su vida postrada en una silla de ruedas, pintando autorretratos y dominando su sufrimiento con cada pincelada que daba.

De ese día en adelante, Frida Kahlo también se convirtió en mi heroína. En especial cuando conocí su famoso doble autorretrato, *Las dos Fridas*. Me vi en aquella pintura. Las dos Reynas tomadas de la mano, mis dos versiones —la mexicana y la estadounidense— aferrándose una a la otra. Fue al contemplar esa pintura que por fin entendí a qué se refería Marta. Era dos versiones de la chica que antes fui.

En su cocina, Erica trató de enseñarme un paso llamado "el guachapeado", el cual, me comentó, el grupo de baile estaba ensayando actualmente. Era un paso originario del estado de Veracruz, que contaba con uno de los bailables más hermosos. Después de intentar unas cuantas veces las seis partes del paso, mi amiga me dijo: "No te preocupes, tenemos de todos los niveles en el grupo".

La tarde del domingo, Erica me llevó a su práctica, y todo cambió para mí ese día. Me paré en un rincón del estudio y observé las complejas combinaciones de pasos que hacían los bailarines. Las mujeres vestían faldas largas hasta los tobillos y zapatos negros de tacón. Los hombres llevaban botas de cuero. Después me enteré de que los tacones y las puntas del calzado estaban cubiertos de pequeños clavos para aumentar el sonido. Miré sus cuerpos sudados girar y girar, sus pies zapateando y pisando con fuerza, las faldas trazando piruetas como alas de mariposas. Noté que mis pies querían seguir el ritmo, mi corazón latía siguiendo el rasgueo de la música de mariachi y deseaba saltar a la pista y bailar con las mariposas.

Cuando ingresé al grupo, aprendí que la danza folklórica no era simplemente para entretener. Era una fuente de orgullo, una rica tradición cultural que celebraba la historia única de mi país natal por medio del baile. Además de honrar nuestras raíces indígenas, el baile folklórico también celebra el mestizaje —la amalgama de culturas— que tuvo lugar en México. Los bailes reflejan las influencias de las culturas españolas, africanas, francesas e indígenas. Me sorprendió enterarme de que los estados norteños, como Sonora, Nuevo León y Chihuahua, heredaron las polcas que trajeron los inmigrantes alemanes y polacos. ¡Quién iba a imaginar que los mexicanos bailaban polcas! Sabía poco de la historia de mi país, pero comencé a conocerla por medio de sus danzas. En lugar de concentrarse en lo que se perdió con el choque de culturas, el baile folklórico cuenta la historia singular de México y la belleza que resultó de ese caos.

Igual que sucedió con Erica, Los Mejicas se llevaron mi soledad. Hice amigos que eran como yo, ya fueran inmigrantes o sus hijos, además de ser la primera generación de estudiantes universitarios de sus familias. Era la primera vez que me paraba frente a espejos que iban del suelo al techo y que era plenamente consciente de mi cuerpo y de lo que podía hacer. Me tomó algo de esfuerzo ver más allá de las imperfecciones de mis piernas cortas, de mis hombros muy anchos y mi barriga, pero por fortuna, a diferencia de otros estilos de danza, el baile folklórico perdona a un cuerpo no "perfecto". Casi ninguna de nosotras las latinas éramos altas y delgadas; la buena noticia era que no necesitábamos serlo para bailar. Lo que importaba era la alegría y el orgullo que nos brindaba.

Luego de las semanas de práctica, aprendí cómo convencer a mi cuerpo de que se moviera, girara, hiciera piruetas, zapateara y se balanceara al ritmo de los acordeones, guitarras, arpas, marimbas y violines. No era una bailarina natural ni tenía el talento de las otras chicas del grupo, como Erica. Sabía que debía trabajar duro y presionar a mi cuerpo de una manera que no había hecho antes. Como bailarina principiante, sólo era capaz de ejecutar las polcas del norte de México, aunque en una versión simplificada. Éstas no requerían de maniobras intrincadas con la falda, que aún no aprendía.

Era maravilloso presentarme con el grupo en celebraciones culturales que se realizaban en los alrededores del condado de Santa Cruz, que resultó tener más mexicanos de lo que antes había pensado.

Dos meses después de haberme integrado al grupo, fuimos todos en caravana a San José para asistir a Danzantes Unidos, un festival de tres días que incluía a cientos de bailarines folkloristas que se reunían para celebrar nuestra cultura mexicana y tradiciones dancísticas. Era la primera ocasión en la que participaba en una conferencia en la que todos lucían como yo, cientos de latinos unidos por nuestro amor al baile folklórico y al orgullo de nuestra herencia.

Al terminar el cuatrimestre de primavera, mientras completaba mi segundo año en la universidad, Los Mejicas organizaron un recital para mostrar los bailables que habíamos aprendido durante el año. Era mi primera presentación importante y, a pesar de que sólo estuve diez minutos en el escenario, probé lo que era estar bajo el brillo de las luces, bañada de rojos, azules y amarillos. En el escenario no tenía pasado ni futuro, sólo importaba el momento presente. No había padres alcohólicos ni madres ausentes, no había sueños imposibles que perseguir; nada que me hiciera sentir avergonzada, indeseada, sin amor o con miedo. Únicamente existía el baile, la música que fluía por mi cuerpo, mi mente enfocada en realizar los movimientos correctos, los músculos contrayéndose y soltando, los pulmones que se expandían con cada respiro que daba.

Cuando la función terminó, el público estalló en un aplauso y fui a pararme bajo las luces relucientes junto a mis compañeros, dejando que la ovación me envolviera y me llevara del escenario a un mundo al que, en ese momento de euforia, había dejado de temerle.

*Reyna con el vestido típico de Jalisco*

# 16

*Reyna y Claudia*

G RACIAS A MI amiga Claudia, a quien conocí en Los Mejicas,
conseguí empleo en el centro comercial Capitola como asistente del optometrista con quien ella trabajaba. Otras dos amigas
también trabajaban allí: Paola, que era de Highland Park, el barrio
de Los Ángeles donde crecí, y Leticia, a quien conocí en el equipo de
pintura de Kresge, en mi segundo verano.

Un día, tras regresar de mi hora de comida, Claudia me entregó un
expediente y señaló al tipo que estaba sentado en el área de espera. Ella
tomó su descanso y me dejó a cargo del paciente, que estaba sentado
con las piernas estiradas, completamente exhausto, como si se hubiera

dormido tarde por estar estudiando. Pero aun sentado, podía notar que era alto. Su cabello era como el azúcar moreno y se rizaba alrededor de sus orejas y de la nuca. Sus ojos eran más claros que su cabello, del tono de la miel silvestre. Su tez clara se veía rojiza por haberse expuesto mucho tiempo al sol; me pregunté si era un surfista o quizá un jugador de voleibol; lo imaginé jugando en la playa, descalzo, con el torso desnudo y la piel reluciente de sudor.

Me pregunté qué año cursaba, cuál era su especialidad y si vivía dentro o fuera del campus. Quería saber dónde podría volver a encontrarlo. Al ver que venía por él, me sonrió y se levantó, pero cuando le dije en inglés, "Hola, soy Reyna, mucho gusto", la sonrisa desapareció y la sustituyó un intenso sonrojo. Apartó la vista de mí y llevó la mirada al suelo.

Había estado tan ocupada babeando por él, que no consulté su expediente para averiguar su nombre. La información de su historial no coincidía con mi imagen del chico surfeando en la Bahía de Monterey o caminando por el campus con sus libros en la mano y bebiendo un café latte para mantenerse despierto en clase.

Se llamaba Arturo y vivía en Watsonville, el pueblo a media hora de Santa Cruz con una gran población de mexicanos. Era un pueblo agrícola, conocido principalmente por sus fresas. Había pasado por ahí de camino a la UCSC y una vez me presenté en ese lugar con Los Mejicas.

—No hablo inglés —confesó en voz baja. Me sacaba por lo menos un pie de estatura. Extendió su mano y lo saludé. Los callos que tenía y la piel tostada me dieron una nueva visión de él y lo imaginé inclinado en los campos pizcando fresas bajo el sol abrazador.

—No hay problema —respondí. Lo llevé al consultorio para hacerle las pruebas previas antes de que el doctor lo revisara.

—¿Ves el globo aerostático? —le pregunté mientras él apoyaba la barbilla en la mentonera del autorrefractor—. Sigue viéndolo y no te muevas. —Miré sus ojos, tan claros como el ámbar debido a la luz que proyectaba el aparato, y sentí una punzada de tristeza al saber que me había equivocado. Podría haber sido un estudiante universitario, pero no lo era, porque, como alguien dijo una vez, el talento está repartido uniformemente en el mundo, pero no las oportunidades. Ese era el caso de la mayoría de la gente en México.

—¿De qué estado eres? —le pregunté, mientras lo conducía al tonómetro para realizarle la prueba de ráfaga de aire.

—Jalisco —respondió. Eso explicaba la piel clara, los ojos ambarinos y su brillante cabello cobrizo. Había muchos mexicanos de tez blanca que venían de ese estado. La ascendencia europea continuaba teniendo una fuerte presencia en la región. Los bailes de Jalisco, acompañados de mariachi, eran hermosos, pero sólo los bailarines más avanzados del grupo los ejecutaban.

A pesar de que le advertí acerca del soplo de aire, terminó riéndose cuando la ráfaga de la máquina lo sorprendió y lo hizo saltar. Me reí con él.

—¿Y tú de dónde eres? —me preguntó.

—De Guerrero —le respondí. Mi estado aguerrido. Allá no había muchas personas de tez clara como él. Nuestra herencia indígena era fuerte. La piel de mi padre tenía el color de la tierra empapada por la lluvia, aunque mi tono era más amarillento. Por eso compraba mis cosméticos en tiendas asiáticas para encontrar una buena base y polvos que quedaran con el tono de mi cutis.

Arturo me pidió que entrara con él al consultorio para traducir lo que le dijera el doctor, y lo hice de buena gana, encantada de pasar más tiempo con él. Ese día se fue con la prescripción para unos anteojos nuevos y con mi número de teléfono, ambos metidos en el bolsillo de la camisa. Cuando me invitó a salir unos días más tarde, también me preguntó si tenía amigas que quisieran acompañarnos. "Tengo dos primos", me dijo.

Leticia tenía novio, así que Claudia y Paola me acompañaron a

Watsonville para salir con los tres primos. Sentíamos curiosidad acerca de sus vidas, tan distintas a las nuestras en la universidad.

Estaba embobada con Arturo, el trabajador agrícola mexicano con aspecto de surfista, manos rugosas y callosas, y la piel quemada por el sol debido a las labores del campo. A pesar de que medía seis pies de estatura, se encorvaba un poco, como si le avergonzara atreverse a ser más alto que el común de los mexicanos y ocupar mucho más espacio, o quizá por tener que pasar tanto tiempo agachado en los campos. Le conté a Arturo que mi padre también fue trabajador agrícola. Cuando llegó a los Estados Unidos, trabajó en el valle central de California en la pizca. Alguna vez mi padre me contó que vivió en un auto abandonado para poder ahorrar para conseguir la casa de sus sueños. Lo imaginé viviendo en aquel carro sin llantas y con las ventanillas rotas, completamente solo en el campo vacío; fue uno de los muchos sacrificios que realizó por una casa en la que nunca llegaría a vivir y que, al final, ni siquiera le perteneció.

La casa de Arturo se encontraba en medio de los campos de lechuga y la única forma de llegar ahí era a través de un largo camino de tierra. Había tierra y lechugas hasta donde alcanzaba la vista. Compartía el lugar con varios hombres, incluidos sus dos primos. Era un sitio deteriorado, igual de sucio por dentro que por fuera. Como el propietario no se preocupaba por las condiciones, la casa se había estropeado a tal grado que solamente los inmigrantes desesperados vivían en ella. No podía hacerme a la idea de verlo en ese lugar. En mi cabeza lo imaginaba caminando por los pasillos de la biblioteca McHenry del campus, revisando libros para su trabajo de investigación. Deseaba con tantas ganas esa vida para él que, poco después de haberlo conocido, le di un recorrido por la universidad para poder verlo de verdad ahí y no sólo en mis fantasías.

Pero Arturo no se sentía cómodo en Santa Cruz. El campus lo intimidaba. Se aferró a mí mientras caminábamos de un edificio a otro tomados de la mano. Aunque era mucho más alto que yo y que muchos de los estudiantes alrededor, parecía pequeño. "Ya vámonos", me dijo poco después de haber iniciado el recorrido. Así que regresamos a Watsonville, de vuelta a los campos y al bar que adoraba, donde bebía cerveza y escuchaba en la rocola discos con canciones rancheras; la melancólica música de Jalisco, el lugar que añoraba. Le echó más monedas a la rocola y, con Vicente Fernández cantando de fondo, me contó acerca de su hogar, su familia y todo lo que había dejado atrás. Cantamos juntos "Canción mixteca", que repitió una y otra vez: "Qué lejos estoy del suelo donde he nacido. Inmensa nostalgia invade mi pensamiento".

Lo acompañé en su añoranza, pero no me atreví a decirle que era peligroso caer en la nostalgia y de lo fácil que es ser víctima de la fantasía por un lugar que quizá ya no existe.

Salíamos a clubes, y Paola, Claudia y sus primos la pasaban de maravilla en la pista de baile. Mis amigas salían con ellos para divertirse y nada más, y a mí me habría gustado poder decir lo mismo.

—Me podría casar con él para conseguirle sus papeles —le dije a Mago un día—. Podría enseñarle inglés. Él podría ir a la escuela y encontrar un mejor trabajo.

—Ay, Nena, ¿por qué siempre quieres rescatar a la gente? Concéntrate en tus sueños. Olvídate de ese lechuguero. No lo dejes que te distraiga de tus metas.

"¿Lechuguero?", quise decirle. "¿Cómo te atreves a llamarlo así?". Quería hacer por él lo que deseaba que alguien hubiera hecho por nuestro padre cuando se quedaba a dormir en el auto abandonado, estando lejos de su hogar. Mago no había visto dónde vivía Arturo. No lo había visto tan cansado y consumido por trabajar en el campo que, cuando estuvimos en el club, a pesar de estar a media luz, por un momento no pareció tener veintidós años, sino cincuenta. Si lo conociera, tal vez pensaría distinto.

—No lo puedes salvar —sentenció Mago, interpretando mi silencio—. No puedes desear que sea algo que no es, igual que haces con nuestro padre.

La siguiente vez que visité a Arturo en su casa, acostados en el sucio colchón sin sábanas y con sólo una cobija gastada para cubrirnos, seguí queriendo ayudarlo.

—En la escuela de adultos en Watsonville dan clases de inglés —le dije—. Podrías ir después del trabajo y empezar a aprender.

Sonrió y negó con la cabeza.

—Sé que parezco gringo, pero no soy uno y nunca lo seré. México es mi hogar. Un día regresaré.

—No puedes pasarte la vida viendo hacia el pasado. También tienes que mirar lo que hay adelante. Además, aprender inglés no te convierte en gringo. Más bien te daría oportunidades de trabajo. Podrías tener una vida mejor. ¿No quieres aprender a comunicarte con los americanos en su propio idioma?

—Para eso te tengo a ti —respondió, y me abrazó con intensa posesividad. Pensé en mi madrastra y cómo, en todos los años que llevaba con mi padre, él dependía de ella para todo, porque tenía miedo de interactuar con el mundo exterior y no vencía su temor a hablar en inglés para navegar por las aguas agitadas de la cultura estadounidense. Incluso varios años después, al estar muriendo de cáncer, Mila fue el puente entre él y los médicos. Literalmente, su vida había dependido de ella.

Arturo utilizaba su nostalgia por México como una barrera que interponía entre él y la cultura estadounidense, que era lo mismo que habían hecho mis padres y en lo que yo misma caía de vez en cuando. Había dedicado muchos años a lamentarme por lo que había perdido, psicológicamente atrapada en la frontera intentando hallar mi camino, fingiendo, adaptándome y reinventándome, tratando de no sucumbir a la presión que sentía por integrarme a la cultura estadounidense y al mismo tiempo aferrarme a mis raíces mexicanas. Había pasado muchos años dividida entre el deseo de olvidar y la necesidad de recordar, entre querer pertenecer y resistirme a ser una vendida, entre soñar un futuro y anhelar un pasado que había dejado de existir.

Intentaba ser el coyote cultural y la traductora de Arturo, pero tal vez era momento de dejarlo encontrar su camino. ¿Cómo podía salvarlo de sus tormentos cuando yo misma con trabajo lograba librarme de los míos?

# 17

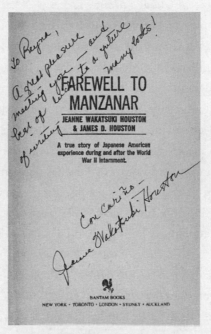

*Ejemplar de* Farewell to Manzanar
*autografiado por Jeanne Wakatsuki
Houston*

E N MI TERCER y último año en la UCSC conocí a mi primera
escritora profesional. El programa de Escritura Creativa organizó una lectura de Jeanne Wakatsuki Houston. Ante un auditorio
lleno de estudiantes de literatura y aspirantes a escritores, la autora
habló acerca de su trabajo. Verla en el escenario hizo que mi sueño de
convertirme en escritora se sintiera más real. Ahí se encontraba una

autora de carne y hueso, de pie bajo las luces brillantes. Era chiquita e igual de chaparrita que yo, pero se conducía con tal seguridad y se expresaba con tal convicción, que dejé de fijarme en su estatura en cuanto me adentré en su plática. Ella más bien era imponente y me aferré a cada una de sus palabras al oírla hablar sobre su autobiografía, *Farewell to Manzanar* (*Adiós a Manzanar*).

Leí su libro para prepararme para su visita. Aunque se trataba de las consecuencias del bombardeo a Pearl Harbor en la comunidad japonesa-estadounidense, me identifiqué con su historia. Como mujer de color e inmigrante, sabía lo que era ser marginada y tener que demostrar constantemente lo americana que era, siempre luchando por mi derecho a permanecer en el país. Me llenó de angustia y rabia leer sobre la forma en que abusaron y maltrataron a los japoneses, cómo los separaron de sus hogares y familias para enviarlos a campos de internamiento. De un modo parecido, durante la Gran Depresión, los mexicanos sirvieron como chivos expiatorios y se los culpó de las desgracias económicas del país. Con el título de "repatriación", el gobierno organizó redadas contra ellos, sesenta por ciento de los cuales eran cuidadanos estadounidenses; al deportarlos masivamente a México, volvieron a quedar atrapados por la pobreza de la que habían escapado. Cientos de miles de familias fueron destrozadas por aquellas decisiones despiadadas.

Algo cambió en mí cuando Jeanne Wakatsuki Houston habló esa noche en el auditorio de Kresge. En su historia reconocí mi lucha, cuando compartió sus dificultades para intentar navegar en la cultura estadounidense, a la vez que trataba de aferrarse a su herencia japonesa. Al no encontrar libros con los que pudiera identificarse, libros que hablaran sobre las experiencias negativas que su familia tuvo que soportar en el campo de internamiento, decidió escribir ese libro que no había podido hallar. Por medio de *Farewell to Manzanar* se convirtió en la voz de su gente y de otros, como yo.

Cuando aprendí a leer en inglés en octavo grado, recuerdo haber sentido la misma desesperación a la que ella se refería: la necesidad de encontrar obras con las que pudiera identificarme. Como niña inmigrante de México que luchaba por adaptarse al estilo de vida estadounidense, había tenido problemas para ver mis experiencias reflejadas en los libros que me daban mis profesores en la escuela o la encargada de la biblioteca pública. En lugar de eso, crecí leyendo historias que, en su mayoría, trataban sobre chicos blancos de clase media, cuya única preocupación era el tipo de mascota que querían o qué iban a ponerse para el baile de clausura. Obras como la serie juvenil *Sweet Valley High* me ponían en contacto con un país que no era el mío, y anhelaba en mi interior sentir un vínculo y ver mi historia como parte de la literatura estadounidense. A menudo me preguntaba, "Si no estoy en la literatura, ¿eso significa que no existo?".

Más tarde encontré libros acerca de adultos inmigrantes que describían las dificultades que experimentaba la primera generación —como mis padres o Arturo— al llegar a los Estados Unidos: empleos mal pagados, abuso y discriminación en el lugar de trabajo, miedo a ser deportados, conflictos para asimilar y aprender el inglés, así como las penurias de navegar y entender los matices de la cultura y la sociedad. Entonces me preguntaba, ¿acaso los niños inmigrantes no formamos también una parte importante de la narrativa inmigrante? ¿No valía la pena contar las historias de nuestro dolor y sufrimiento, de nuestras luchas y triunfos?

Estando en Santa Cruz leí novelas y biografías que me encargaban en clase o que encontraba en la biblioteca; no obstante, seguía sintiendo un vacío, un anhelo, una pieza faltante que desesperadamente quería encontrar. Lo que más deseaba era no sentirme invisible. ¿Dónde estaba el libro que hablaba sobre los efectos de la separación y cómo la inmigración puede convertir a padres e hijos en extraños?

Me había quejado de esto con mi nueva profesora de escritura, Micah Perks. El año anterior, la UCSC por fin contrató a una profesora permanente en el Departamento de Escritura Creativa, y me alegró saber que había llegado para quedarse, a diferencia de los adjuntos que iban y venían cuando terminaba el cuatrimestre, para nunca verlos de nuevo. Micah fue la primera profesora del programa que nos entendía a mí y a mi cultura, que no pensaba que tenía una "gran imaginación" y, en lugar de eso, aceptaba mi escritura por lo que era: mi realidad, mi verdad. Además de las clases que tomaba con ella, me había inscrito para tomar un curso aparte para que trabajáramos de forma individual. Fue ella quien me dijo, "Reyna, a veces uno mismo tiene que escribir el libro que quiere leer".

En otras palabras, tendría que escribir lo que quería para traerlo a la existencia.

Intenté visualizar ese libro que quería leer y necesitaba escribir. En mi corazón sabía lo que era, sin embargo, tenía miedo. ¿Y si yo no estaba a la altura de la tarea?

Pero ahora Jeanne Wakatsuki Houston estaba diciendo lo que Micah me había señalado antes: "Escribe el libro que quieres leer".

No había conocido a una escritora profesional antes, por lo que ser una autora real más bien me parecía una abstracción. En ocasiones sentía que me agarraba de un sueño hecho de humo. De más joven imaginaba que los libros simplemente aparecían por arte de magia en los estantes de las bibliotecas y las librerías. Pero al ver a Jeanne Wakatsuki Houston en el escenario respondiendo a preguntas y, más tarde, sentada frente a una mesa para que pudiéramos conocerla, estrechar su mano y que nos firmara nuestros libros, no podía creer que estuviera ahí. Que era real. Cuando leí su libro, me sentí conectada con ella, pero no tanto como en ese momento, teniéndola a tres pies de distancia, compartiendo el mismo espacio y respirando el mismo aire. Entonces me di cuenta de que el escritor no se la pasaba escribiendo todo el día, apartado del mundo. Por supuesto que los libros que producen son importantes, pero su presencia física puede ser igual de poderosa para sus lectores. La presencia de la autora y las palabras que nos dirigió esa noche me empoderaron como mujer y escritora de color.

Muchos de los estudiantes que esperaban en la fila para conocerla estaban llorando, en especial los japoneses-estadounidenses. No dejaban de decirle, "Gracias por escribir nuestra historia. Me ha inspirado a seguir luchando".

Fue entonces que comprendí plenamente lo que hace un escritor: transforma vidas y les dice a sus lectores, "No estás solo. Sé valiente". En ese momento me comprometí aún más con mi escritura y entendí el poder de contar historias que me fue concedido. Debía honrar ese don.

Cuando me llegó el turno de que firmara mi ejemplar, le dije, "Gracias por inspirarme para escribir las historias de mi gente. Para luchar contra la invisibilidad. Para exigir que nos vean. Que nos escuchen".

Ella sonrió, tomó mi libro y escribió:

*Para Reyna,*
 *Fue un gran placer conocerte, ¡y la mejor de las suertes para que en el futuro escribas muchos libros!*
    *Con cariño,*
    *Jeanne Wakatsuki Houston*

Esa noche regresé a mi apartamento pensando en el libro que había dentro de mí y quería escribir, pero me daba miedo intentarlo. Entendí entonces que necesitaba hallar el valor para hacerlo.

Uno de los requisitos para graduarme del programa de Escritura Creativa era elaborar un proyecto que consistiera en un fragmento de novela o biografía, o una antología de cuentos. Decidí contar mi experiencia y crear ese libro que quería leer. Escribiría sobre inmigración desde la perspectiva de una niña.

Pero no llegué muy lejos.

A pesar de que todo lo que había escrito nacía de mis propias experiencias, siempre añadía un elemento de ficción porque era demasiado doloroso ser la protagonista de mi historia. La ficción me permitía explorar mis vivencias desde cierta distancia.

Cuando comencé a escribir acerca de la partida de mi padre hacia los Estados Unidos y luego de la de mi madre, acerca de los años de extrañarlos y de temer que me olvidaran, me di cuenta de que no estaba lista para hablar de mí. No podía. Era muy doloroso. Tenía veintitrés años y trataba de entender por qué me habían sucedido esas cosas. Carecía de la madurez para comprender las emociones sobre las que estaba escribiendo, y tampoco contaba con la habilidad como autora para narrar mi historia.

En el plano de la ficción sabía que podía relatar mis experiencias y desnudar mi alma sin sentirme tan vulnerable. Así que empecé a escribir una novela acerca de una niña a quien abandonan en México cuando su padre se marcha a los Estados Unidos en busca de trabajo. Mediante la ficción, inventé un personaje que me representara, para que cuando la historia fuera particularmente difícil me pudiera decir: "Esto no te está pasando a ti. Le está ocurriendo a tu personaje". De ese modo, bajo la dirección de Micah, conseguí concluir mi proyecto de último año. Sabía que un día, cuando me sintiera libre, escribiría esa autobiografía. Pero por ahora, ese libro tenía que ser una novela de ficción, y así sería.

Aún no tenía título para mi proyecto, pero con el tiempo, luego de varias versiones, por fin me llegaría: *Across a Hundred Mountains* (*A través de cien montañas*). Nunca me imaginé que algún día que mi proyecto de último año se convertiría en mi primera obra publicada, el libro que me cambiaría la vida para siempre.

# 18

*Reyna en su graduación, Universidad de
California Santa Cruz, 1999*

U NA LECCIÓN IMPORTANTE que me enseñó Santa Cruz fue que
no bastaba sólo con sobrevivir. Necesitaba sobresalir, a pesar
de las circunstancias adversas en las que me encontrara. Fui muy afortunada al contar con profesoras como Diana, Marta, Micah y Robin:
mujeres fuertes, inteligentes y trabajadoras que ayudaron a moldearme
en la mujer en la que algún día me convertiría.

En junio de 1999, me convertí en la primera persona de mi fami-

137

lia en graduarse de la universidad, concluyendo mi periodo en Santa Cruz con honores, distinción que incluía mi asignatura principal, y la insignia Phi Beta Kappa.

Para mi sorpresa, todos acudieron a mi graduación. Mis hermanos estuvieron ahí —Mago, Carlos, Betty y Leo— junto con sus cónyuges e hijos. Diana y mi madre también asistieron, lo mismo que mi padre.

No esperaba que mi padre viniera. Ni siquiera me había permitido soñar que lo haría. Cuando apareció en Santa Cruz para mi graduación, por un momento creí que era una visión, justo la misma sensación que tuve catorce años atrás cuando se presentó en Iguala. En ese entonces, creí haberlo conjurado —como a un espíritu— después de tantos años de añorar su regreso. Más que la presencia de mi madre, la de él fue la que más me sorprendió y complació. Mis hermanos prácticamente obligaron a mi madre a asistir a la ceremonia, pero como sabía que no había nadie en el mundo que forzara a mi padre a hacer algo que no quería, concluí que, si estaba aquí, era porque lo deseaba.

Todos pasaron el fin de semana en Santa Cruz y, llena de alegría, les di la bienvenida a mi mundo y les mostré el lugar que había sido mi hogar durante tres años. Mi padre me invitó a comer el día anterior a la graduación y lo llevé a mi restaurante tailandés favorito para que probara mi sopa preferida. Nunca había ido a uno porque, por supuesto, jamás comía nada que no fuera mexicano.

Y la verdad era que, por lo general, yo tampoco lo hacía. Pero cuando viví con Diana ella me hizo conocer otros tipos de comida, como la italiana y la griega. Edwin, que era salvadoreño, me inició en la cocina de su país, y aquí en Santa Cruz también me aventuré a probar nuevos platillos —indios, chinos, japoneses y tailandeses— cuando tenía algo de dinero extra.

Cuando nos sentamos a la mesa y mi padre vio el menú, me sentí nerviosa. Tal vez había sido una mala idea traerlo aquí. ¿Y si detestaba la comida? ¿Y si se enojaba por haberlo hecho gastar su dinero en esto? Mejor debería haberlo llevado a la taquería Vallarta. Revisó el menú, y yo lo observaba, notando cómo sus cejas se juntaban en un gesto de desconcierto. Su frente se arrugó de la misma forma que lo hacía la mía. Sentí como si estuviera regresando a la inseguridad de mis años de adolescencia.

La mesera se acercó y nos hizo una pregunta, pero mi padre y yo nos miramos sorprendidos. ¡Nos estaba hablando en tailandés!

—¿Disculpe? —le dije en inglés.

Volvió a repetirnos la oración en tailandés y mi padre y yo nos sonreímos desde nuestro lado de la mesa.

—No somos tailandeses —le respondí—. ¡Somos mexicanos!

La mesera se rio, sorprendida.

—Oh, Dios mío, ¡casi me engañan!

Nosotros también nos reímos. Tanto él como yo probablemente habríamos pasado por coreanos, camboyanos, filipinos, indios o tailandeses. Éramos muy parecidos: ojos rasgados, caras redondas, frentes pequeñas, narices chatas. Nos miramos mutuamente. Yo era su hija y él, mi padre; compartíamos la misma sangre que corría por nuestras venas y una historia en común, tejida con los mismos sueños y pesares. Durante ese breve instante, lo que ocurrió en el pasado había dejado de importar.

Noté que los hombros de mi padre se relajaron.

—Chata, ¿por qué no pides algo para los dos, pues sabes lo que te gusta de aquí?

—Está bien —respondí, y la tensión en mi cuerpo comenzó a desaparecer. Ordené tallarines thai con pollo y mi sopa favorita de coco con camarones, para compartir.

Había descubierto este restaurante como un año y medio atrás. Marta me trajo aquí para celebrar el Día de Acción de Gracias. Creo que sintió pena por mí cuando se enteró de que, a diferencia de la mayoría de los estudiantes que habían ido a casa a pasar las fiestas, yo me quedé en Santa Cruz. Le dije que no tenía ninguna casa a donde ir, pero que a esas alturas ya estaba acostumbrada. Tal vez no me creyó, o no hizo caso de mi mentira, porque fue entonces cuando me preguntó si le permitiría invitarme a comer. Ese día, sentada en el lugar con Marta, no dejaba de pensar en cuánto deseaba estar en casa y cuánto extrañaba a mi padre. No la versión alcohólica ni abusiva, sino a mi otro papá. El que me enseñó a ser una gran soñadora. Nos imaginaba a todos —a Mago, Carlos y Betty— en su casa, preparando tamales y horneando juntos el pavo.

Y ahora aquí estábamos, mi padre y yo.

—Es una ciudad agradable —comentó—. Muy diferente a Los Ángeles.

—He sido muy feliz aquí —dije.

Por un instante se me quedo mirando y me pregunté si tal vez escuchó, implícito en mi comentario, que no había sido feliz en su casa de Los Ángeles.

—Entonces deberías quedarte —señaló—. ¿Para qué te vas?

No supe cómo responder a su pregunta. Quería quedarme, pero no es fácil vivir en Santa Cruz cuando eres pobre. Como estudiante universitaria, no me importaban los trabajos mal pagados que encontraba en el centro comercial Capitola o vender perros calientes y conos de helado en el malecón de Santa Cruz. Esos empleos estaban bien como estudiante que recibía préstamos, becas y asistencia del gobierno para ayudarme con mis gastos. Sin embargo, en cuanto me graduara, no recibiría ninguno de esos apoyos.

—Mis amigos que se quedan no pueden encontrar trabajo —le conté—. Están aceptando cualquier cosa. Aquí no hay buenos empleos. Y no me esforcé tanto para graduarme y luego teminar trabajando en un café. —Quizá estaba siendo arrogante, o tal vez tenía expectativas poco realistas de lo que significaba tener un título universitario; el caso es que no iba a tolerar empleos mal pagados—. A lo mejor en Los Ángeles tengo mejor suerte.

No le conté que Eddie, el chico que me gustaba y con quien recientemente empezaba a pasar mi tiempo, también era de allí.

—Además, estaría más cerca de ti —le dije—. De Mago, de Carlos.

No me dijo que podía quedarme con él si regresaba a Los Ángeles, y tampoco se lo pedí. No quería vivir con Mila, especialmente después de que ella fue el motivo por el que mi padre nos sacó de su vida.

La comida llegó y lo vi tomar el primer bocado, atenta a su rostro para ver si le había gustado la Tom Kha Goong. Después de unas cuantas cucharadas en silencio, no pude esperar más.

—¿Te gustó la sopa?

—Sabe a sobaco —respondió, pero se la comió toda.

La UCSC tiene un concurso de ensayo para los alumnos que están a punto de graduarse. El tema consiste en escribir acerca de un profesor que haya tenido un impacto en sus vidas. El ganador lee su texto en la ceremonia de entrega de diplomas y al maestro se le otorga el Premio al Profesor Distinguido. Salté de emoción ante la oportunidad. Desde que Diana me acogió, apoyó y alentó a continuar con mi educación, me hice la promesa de un día retribuir su bondad. Ésta era la forma perfecta de hacerlo, consiguiendo que mi amada universidad la premiara, que la reconociera como una profesora que cambiaba vidas. Nunca me había esforzado tanto con un ensayo. Unas pocas semanas después de que lo entregué, ¡recibí la noticia de que había ganado!

La universidad le pagó a Diana el pasaje aéreo y el hotel para que pudiera asistir a mi graduación. No la había visto en tres años, desde que me mudé a Santa Cruz, así que cuando llegó, me sentí orgullosa al mostrarle que todo lo que hizo por mí había dado frutos. La había honrado de todas las formas posibles como su antigua alumna y pupila.

En la ceremonia, me invitaron a leer mi ensayo antes de otorgarle el premio a Diana. Hablé de las circunstancias que la llevaron a mi vida.

"Al crecer con mi padre, mis hermanos y yo tuvimos que lidiar con su alcoholismo y abuso físico. Un día, las cosas se salieron de control y mi padre fue arrestado por violencia doméstica. Ese día, vi cómo la policía lo esposaba y se lo llevaba a la cárcel. No sabía qué hacer. Sentí que mi vida se desmoronaba. Cuando le conté lo sucedido a mi profesora Diana, se ofreció a hospedarme. Me abrió las puertas de su casa y me brindó algo que mi propio padre no había sido capaz de darme: un hogar seguro y amoroso". Al hablar del alcoholismo de mi padre, del abuso que sufrí en casa y de la falta de apoyo, lo que más me importaba era honrar a Diana. Ésa era la primera vez que le agradecía públicamente y consideré que no podía describir el impacto que tuvo en mí sin compartir la situación que la llevó a rescatarme. Sin embargo, no consideré de qué modo aquel recuento iba a afectar a mi padre, quien a pesar de su inglés mocho, sabía perfectamente bien lo que estaba diciéndoles a cientos de desconocidos en la ceremonia. "Ella fue mi heroína. Me salvó", dije en mi discurso, sin caer en cuenta del error que había cometido.

Después de la ceremonia, mi padre regresó a su actitud dura, su brusquedad, su indiferencia. El hombre con quien había comido el día anterior, que se rio conmigo y se comió mi sopa favorita, a pesar de que sabía a sobaco, se había ido.

Me dio un abrazo fugaz y posó sin ganas para las fotografías que nos sacamos. Se retiró dentro de sí mismo y me di cuenta de que ansiaba marcharse. Si no hubiera venido con Carlos y su familia, ya se habría ido.

Mi padre era un hombre reservado. Con los años, siempre que le preguntaba por su pasado, rara vez compartía algo de sí mismo y me respondía, "Ya lo pasado, pasado está. Déjalo ir, Chata. Continúa con tu vida". No entendía que solamente conociéndolo y escribiendo sobre el pasado, yo podía llegar a entenderlo. Sólo entonces podría dejarlo ir.

—¡Reynita, estoy muy orgullosa de ti! —me felicitó Diana, acompañada por Carlos, Mago, mi madre y Betty, junto con Eddie, algunos amigos, y Marta, Micah y Robin.

Mis hermanas, mis profesoras, mi jefa; éstas eran las mujeres que habían formado parte de mi educación y estaban aquí para verme concluir este viaje y comenzar uno nuevo.

Miré a mi padre, esperando y anhelando escuchar las palabras que siempre deseé que me dijera: que se sentía orgulloso, que quería lo mejor para mí y que a partir de ese momento en adelante nunca volvería a perder la fe en mí. En cambio, lo que dijo fue, "Le dijiste a todos que soy un alcohólico. Que te golpeaba". Me di cuenta de que a pesar de que finalmente había roto el círculo en el que mi familia llevaba atrapada varias generaciones —e hice historia al convertirme en la primera graduada de la universidad—, mis comentarios ante el micrófono serían lo único que mi padre recordaría de ese día.

Abrí la boca para explicarle, para defenderme, pero al notar el dolor dibujado en su rostro con tal franqueza, con esa vulnerabilidad que rara vez llegaba a ver, dejé de querer justificar mis palabras y en lugar de eso quise disculparme por lo que hice, por el daño que le ocasioné al compartir mi verdad con el mundo. Pero no dije nada. Igual que él, no sabía cómo pedir perdón.

A pesar de que no me perdonó, mi padre logró dejar de lado su orgullo herido e hizo algo que me conmovió profundamente. No lo presencié, pero Diana me contó después que antes de regresar a Los Ángeles, se acercó a ella, le estrechó la mano y le dijo, "Gracias por lo que hizo por mi familia".

El día de mi graduación, a pesar de lo que ocurrió con mi padre, me sentí eufórica, aliviada e inmensamente orgullosa. Los tres años de trabajo duro —de superar mis miedos, de aferrarme con fuerza a mi sueño con absoluta tenacidad— me trajeron hasta aquí. Ahora era una graduada universitaria, la destinataria de una licenciatura en Literatura. Nadie me lo podía quitar.

Regresé a Porter Meadow, por donde caminé en mi primer día en
Santa Cruz, y observé el océano que se extendía ante mí y las secuoyas
a mi espalda. Inhalé larga y profundamente, llenando mi cuerpo y
mi espíritu con el dulce aroma de Santa Cruz, y mientras la neblina
cubría lentamente el campus, me despedí de mi hogar.

*Reyna en su graduación junto a su familia y Diana, 1999*

*Libro dos*

# YO SOY
# MI HOGAR

# 19

MI ROMANCE EN flor con Eddie me ayudó a calmar la herida del nuevo distanciamiento que tuve con mi padre después de la graduación. Una vez más, mi papá y yo no nos hablábamos, y eso me llevó a apegarme a Eddie de un modo que no debía. Me llevó a buscar desesperadamente su amor y aprobación para aplacar el dolor que sentí cuando mi padre regresó a Los Ángeles sin despedirse.

Había conocido a Eddie un año antes, cuando entré a Los Mejicas. Era uno de los mejores bailarines del grupo. No sólo podía seducir al público con su carisma sobre el escenario, sino que fuera de él se mostraba aún más encantador. Era muy popular, en especial con las chicas, por su buena plática y su increíble sentido del humor. A diferencia de otros hombres, él no me intimidaba ni intentaba dominarme con su machismo. Por mi parte, había sufrido demasiadas decepciones con los muchachos en la universidad, que sólo querían acostones de una noche y me trataban como a cualquier otra tipa que podían agregar a su lista de conquistas universitarias.

Nos convertimos en buenos amigos desde el momento en que nos conocimos, y aunque sospechaba que quizá Eddie era gay, nunca se lo pregunté ni él tampoco me lo dijo. Además, no era posible vivir en Santa Cruz sin jamás haber cuestionado tu sexualidad. Después de todo, aquí fue donde conocí a mis primeras amistades lesbianas, gay y bisexuales. El año anterior había tenido mi primer contacto con una chica, pero luego de besarnos, me quedó claro que cuando se trataba de miembros de mi propio sexo, sólo quería su amistad. Los hombres, especialmente Eddie, me gustaban demasiado como para ser lesbiana.

Tres meses antes de iniciar mi último cuatrimestre, no podía creer que estaba a punto de graduarme sin haber tenido un novio universitario de la UCSC con quien platicar de nuestros sueños y sobre el futuro. Quería encontrar a alguien que estuviera en el mismo camino que yo, que me entendiera. Estaba lista para vivir un tipo de amor distinto, con un chico que no me recordara a mi padre, para variar. Pensé que ese chico sería Eddie. Me sentía segura con él, con su ternura y su dulce sonrisa; la vulnerable sensibilidad que mostraba con abierta y absoluta naturalidad era algo que aún no había visto en ningún otro hombre.

Un buen día, a unas semanas de mi graduación, terminamos cachondeando en su habitación. Hicimos de todo menos tener sexo, ya que él no quería "llegar hasta el final". Aseguraba estar chapado a la antigua y quería reservarse para el matrimonio. Creí que era un chico sin igual y, de hecho, me alegraba que no quisiera tener sexo conmigo.

—El sexo sólo lo complica todo —aseguró Eddie. Era un gran admirador del escritor mexicano Carlos Cuauhtémoc Sánchez, y me dio un ejemplar de *Juventud en éxtasis*, que hablaba de los peligros de las relaciones premaritales, de la pureza del matrimonio y del amor. A diferencia de mi novio de la preparatoria, que me acosó para tener relaciones con él hasta que acepté y perdí mi virginidad porque me sentí presionada, Eddie hablaba incansablemente de los ideales de sólo entregarse a alguien por amor. A los veintidós años seguía siendo virgen, mientras que yo ya me había acostado con varios hombres y me sentía avergonzada de mi vida sexual. Los libros que me prestó consiguieron avergonzarme todavía más.

Quería experimentar ese amor célibe en el que él parecía creer. Estar a su lado me hacía desear ser pura e inocente, al igual que él.

Eddie nació en el estado costero de Nayarit, en la parte centro occidental de México, y llegó de niño a los Estados Unidos. Algunas de sus hermanas aún vivían en Nayarit y él planeaba visitarlas en cuanto terminara la universidad. Le conté que nunca había visitado otro lugar del país que no fuera mi estado de Guerrero.

—¿Por qué no me acompañas a mi pueblo natal? —me preguntó unas semanas antes de la graduación.

—¿Hablas en serio? —respondí. ¿Me iba a llevar al lugar donde nació? Eso sólo podía significar algo: las cosas entre nosotros se estaban poniendo serias. Aún no me pedía que fuera su novia, pero supuse que era una cuestión de tiempo o, de lo contrario, no me llevaría a su hogar.

—Será divertido —me aseguró—. Entonces, ¿qué dices?

Desde que entré a Los Mejicas había fantaseado con viajar por México para visitar otros estados, además de Guerrero, donde nacieron mis bailes favoritos: Veracruz, Jalisco, Michoacán y Nayarit.

Así que después de la graduación, cuando mis hermanos y padres regresaron a Los Ángeles, me dirigí entusiasmada a México con Eddie, con el plan de pasar parte del verano en su pueblo natal. Luego regresaría a Los Ángeles para comenzar mi nueva vida como graduada universitaria.

Llegamos a Guadalajara y tomamos el autobús rumbo al pueblo de Eddie en Nayarit, que se encontraba a unas horas hacia el norte. Me emocionaba tener la oportunidad de conocer una nueva parte de México y de compartir esa experiencia con él. Aún no podía creer que se interesara en mí, porque los tipos populares como él nunca intentaban nada conmigo. No era hermosa ni increíblemente inteligente; sólo era una chica común con sueños extraordinarios, que por lo general no bastaban para impresionar a los hombres que quería impresionar.

Pero ahora estaba en México con el chico de quien me estaba enamorando. Mientras el autobús avanzaba por la carretera, yo apoyaba la cabeza en su pecho, pensando en que la íbamos a pasar de maravilla. Esperaba que por fin lleváramos nuestra relación al siguiente nivel.

Al acercarnos a nuestro destino, me contó acerca de sus hermanas, sus sobrinas y sobrino, y de su pueblo natal. No podía esperar para conocer a su familia y explorar su hogar. De pronto, Eddie dejó de hablar y se puso serio. Su sonrisa eterna desapareció y me miró.

—Reyna, hay algo que tengo que decirte.

Me acomodé en mi asiento para verlo a los ojos.

—¿Qué pasa?

—Mira, no lo tomes a mal, ¿de acuerdo? Bueno, de verdad me agradas mucho y me divierto cuando estoy contigo, pero sólo quiero que seamos amigos.

—¿Qué quieres decir? —pregunté. Su cabello oscuro, como de costumbre, le caía en la frente, cubriéndole parcialmente sus ojos café. Quería estirar la mano y apartárselo, como había hecho varias veces antes.

Eddie miró por la ventana.

—Quiero decir que sólo seamos amigos, ¿está bien? Sé que te importo mucho, y tú también me importas a mí, pero no estoy listo para una relación.

—¿Por qué estás haciendo esto? ¿Por qué aquí, en el autobús? Y nada menos que en México.

—Lo siento, no era mi intención lastimarte —respondió, mirando la mirada a sus manos—. Sólo que no estoy listo para un compromiso y, bueno, me siento mal porque parece que esperas más de este viaje de lo que puedo darte. Reyna, no quiero lastimarte. Créeme. —Finalmente volteó a verme; sus ojos me suplicaban que no armara un escándalo—. ¿Podríamos ser sólo amigos?

No sabía qué responder ni qué hacer. ¿Cómo rayos se suponía que debía reaccionar? Me encontraba en un autobús que se dirigía a un estado desconocido, donde no conocía a nadie, de camino a la casa de un chico que adoraba, pero que me acababa de romper el corazón. Sé que intentaba aclarar las intenciones que tenía conmigo de la mejor manera que podía, así como acabar con aquellas pinches fantasías que me había creado en la cabeza, pero ¿por qué diablos no terminó conmigo antes de que nos subiéramos al avión?

Me miré las manos, sintiéndome una cobarde por permanecer en silencio.

—Sólo disfrutemos del tiempo que pasaremos juntos, ¿está bien? —me propuso.

El conductor del autobús anunció nuestra llegada. Respiré profundamente, me trague el llanto y me bajé del vehículo después de Eddie. Miré la taquilla, preguntándome si debía comprar el boleto de regreso a Guadalajara y luego volver a los Estados Unidos. Tenía que largarme de aquí. No podía quedarme en este lugar con él. No así.

Sin embargo, la hermana mayor de Eddie, sus sobrinas y sobrino ya estaban ahí; tuve que apartar la vista de la taquilla y resignarme al hecho de que no habría escapatoria.

—Ella es mi amiga Reyna —me presentó Eddie. Me estremecí ante la manera en que enfatizó la palabra "amiga".

—Mucho gusto —le dije a su hermana, saludándola de mano. Y con un enorme suspiro fui a recoger mi equipaje, tragándome las lágrimas.

Durante los siguientes días descubrí un nuevo nivel de dolor. Estar atrapada con él en casa de su hermana resultó una tortura. Eddie, con sus bromas y su risa, traía su hermosa energía a la casa. Todos adoraban estar con él. Sus sobrinas y sobrino estaban prendidos a él, igual que su hermana. Nadamos en el río, exploramos los maizales y trepamos las rocas que había a lo largo de la ribera. Recorrimos el centro de la ciudad, el mercado y las ruinas de los templos construidos por los pueblos nativos ancestrales. El lugar era muy hermoso, tal como Eddie lo había descrito. La tierra era de un color rojo intenso y los lugareños lo usaban para elaborar cerámica. Nunca había visto algo similar. Hasta el río era rojizo, como terracota líquida. La ciudad era muy diferente de Iguala. A pesar de que los hogares estaban construidos con tabicón, sencillos y modestos, el sitio no exhibía la miseria de mi ciudad natal. Había color por todos lados: las casas estaban pintadas de un verde brillante, de amarillo y rosa mexicano; el rojo de la tierra; el azul eléctrico del cielo nayarita. Era idílico. Era el lugar perfecto para enamorarse.

La belleza de la ciudad sólo agravaba mi dolor. Desde la primera noche, lloré hasta quedarme dormida, tratando de guardar silencio para no despertar a las sobrinas de Eddie, cuya habitación compartía. Quería tener una relación con él sin que se interpusieran la confusión, el drama y los traumas psicológicos de mi crianza abusiva. Quería ser una parte importante de su vida, de la misma manera que él lo era de la mía.

Por las mañanas me despertaba con los párpados hinchados y los ojos enrojecidos. La hermana de Eddie se compadecía de mí y me daba rebanadas de papa fresca para que la hinchazón disminuyera y no me viera como una zombie durante el día.

—No sé por qué lo hizo —le dije, mientras me aplicaba las rebanadas en los ojos—. Me trajo aquí sólo para romperme el corazón.

—Nadie se merece eso. Y me sorprende mucho su comportamiento —comentó—. Nunca he conocido a alguien más dulce que mi hermano. Espero que lo puedas perdonar.

Con el paso de los días, no perdía la esperanza de que él recapacitara. Es una bajeza romperle el corazón a una chica en un lugar donde no conoce a nadie, donde no tiene a dónde ir, donde no hay alguien que pueda darle apoyo y la ayude a sanar.

De repente me di cuenta de que sí tenía un lugar a donde ir y de que contaba con alguien.

—Me marcho —le dije al siguiente día—. Me voy a Iguala.

—Lo siento, Reyna —respondió—. De verdad. ¿Me puedes llamar cuando llegues para saber que estás bien?

Asentí con la cabeza y salí por la puerta con mi maleta; me dirigí al sur hacia los brazos de mi abuelita.

Tardé trece horas en llegar a mi ciudad natal; y lloré la mayor parte del camino. Me aterraba tener que viajar de noche sola en el autobús. Las veces que había ido a Iguala, lo hice durante el día y el recorrido había sido de sólo tres horas desde la Ciudad de México. Nayarit se hallaba más al norte y tenía que atravesar tres estados para llegar a Guerrero. No conocía para nada la ruta. Me sentí perdida de más maneras de las que podía contar, como una vagabunda en un país que me desconcertaba más que nunca.

Cuando llegué a Iguala entrada la noche, mi tía y mi abuelita se sorprendieron al verme, aunque había llamado para avisarles de mi llegada. Era mi aspecto; ni aun la oscuridad podía ocultar mis ojos enrojecidos. No quería contarle a nadie que acababan de romperme el corazón. Pero todos pudieron notar mi sufrimiento. Cuando mi prima Lupe limpió la casa, me ofrecí a ayudarla. Puso canciones de Marco Antonio Solís "El Buki" y estallé en llanto mientras trapeaba el suelo.

Te extraño más que nunca y no sé qué hacer.
Despierto y te recuerdo al amanecer.

—¡No hay nada más difícil que vivir sin ti! —cantaba—. Sufriendo en la espera de verte llegar.

Por la tarde, me senté a la mesa del comedor con abuelita Chinta me quejé de mi vida amorosa. Ella me contó una historia que yo no conocía.

—Entiendo tu dolor, m'ija —me dijo, palmeándome la cabeza.

—Gracias, abuelita. Sé que sufrió mucho cuando murió mi abuelo —le comenté, tras darle un sorbo al té de canela que me había preparado. Mi abuelo Gertrudis falleció una semana antes de que yo naciera. Mi madre estaba embarazada y no asistió al funeral porque los lugareños creían que era de mala suerte que un bebé no nacido se expusiera a los cadáveres y almas errantes que había en el cementerio. De todos mis hermanos, yo era la única zurda, igual que mi abuelo. Siempre había creído que ese fue su regalo especial para mí al morir.

—No hablo de tu abuelo —me confesó.

Mi abuelita me contó que cuando era una señorita se enamoró de un joven, pero su padre y sus hermanos no aprobaron la relación.

—Eliseo era pobre; un simple campesino —dijo— y mi familia no me permitió estar con él. Así que huí de casa y me fui a vivir con él, desesperada por luchar por nuestro amor. Nos amábamos como aman los jóvenes: con ganas y entrega total. —Se rio de su comentario, antes de continuar—. Pero mi padre y mis hermanos me fueron a buscar, me jalaron por las greñas y me sacaron arrastrando de su casa. Amenazaron con matar a Eliseo si se volvía a acercar a mí, y ése fue el final de nuestra relación.

—¿De verdad cree que lo hubieran matado, abuelita? —le pregunté, tomándola de la mano.

—Sí. Fácilmente, m'ija. Ya sabes cómo es este lugar. Aquí puedes desaparecer y nadie se enteraría por qué o cómo sucedió.

Como castigo la mandaron a trabajar en la cantina de su hermano. Pasaba los días sirviendo cerveza y tequila a los borrachos.

—La cantina no era lugar para una joven inocente, pero mi familia ya no me consideraba pura. Así que no tuve más opción que trabajar ahí junto con otras mujeres de mala reputación, que siempre se burlaban de mi inocencia e ingenuidad, diciéndome que dejara de fingir que era una blanca palomita. Ahí fue donde conocí a tu abuelo. Era veinte años mayor que yo y se había obsesionado conmigo. No permitía que ninguna otra mujer le sirviera sus tragos. Un día, me esperó a que saliera de la cantina y me empujó contra la pared, me puso un cuchillo en la garganta y amenazó con matarme si no me convertía en su mujer. Mi padre y mis hermanos no me defendieron. No impidieron que me persiguiera.

—¿Y así fue como se juntó con mi abuelo? —le pregunté con incredulidad.

—Sí. Pero jamás olvidé a mi primer amor.

Sentada ahí con mi abuelita, me desconcertó lo que me acababa de contar. ¿Cómo era posible? ¿Cómo podía ser cierta aquella historia? Recordé los relatos que había escuchado de los viejos tiempos, cuando el hombre raptaba a la mujer arrojándola sobre su caballo, como si fuera un costal de maíz, y luego huía con ella, apartándola de su familia. Muchos matrimonios mexicanos empezaron de esa manera. Sabía que el relato de mi abuela era creíble y, sin embargo, no lo podía creer.

Nunca conocí a mi abuelo, pues murió de alcoholismo ocho días antes de que yo naciera, pero en los años que viví con mi abuelita, ella se comportó como una esposa devota, aun tras su muerte. Iba al cementerio cada semana para llevarle flores y limpiar su tumba. Colocó una fotografía de él en su altar personal, donde la imagen descansaba rodeada de santos y de la Virgen de Guadalupe. Cada noche rezaba ante el altar y miraba la fotografía. ¿Cómo podía confesarme ahora que la obligó a estar con él a punta de cuchillo? ¿Cómo podía perdonarlo y no sólo llevarle flores, sino además serle tan fiel tras la muerte, que nunca se casó de nuevo?

Cuando le pregunté, se limitó a asentir con la cabeza.

—Era mi esposo —señaló—. Para bien o para mal, era mi marido. Me dio cinco hijos.

De pronto odié a su padre y a sus hermanos. Detesté a mi abuelo por lo que hizo. Odié mi cultura por engendrar a esos hombres que tratan a las mujeres como si fueran objetos que podían usar y abusar. Como Sor Juana Inés de la Cruz escribió alguna vez, esos hombres eran la causa de todo lo que culpaban a las mujeres.

Mi abuelita estaba tan acostumbrada a ser victimizada que, incluso después de que él muriera, siguió siendo una esposa fiel. Le pregunté qué ocurrió con el joven a quien amó. ¿Con el tiempo desapareció el dolor de su romance prohibido?

—Se enamoró de alguien más —me dijo.

Esa fue la única vez que mi abuelita me contó algo acerca de su pasado, lo cual terminó haciendo que mi romance fallido con Eddie valiera la pena. Jamás me enteré de por qué él decidió terminar nuestra relación sin darle una oportunidad. Pero gracias a mi abuelita, eso dejó de importar. Mi corazón roto fue el motivo de su revelación: el regalo de amor de una abuela.

—Lo siento, abuelita.

—Yo también, m'ija —respondió.

Nos abrazamos y lloramos por el amor que no pudimos tener. Por lo que nunca sería.

*Abuelita Chinta de joven*

# 20

*Carlos, Norma y Natalia*

REGRESÉ A LOS Ángeles y decidí continuar con mi vida y superar mi fallido romance con Eddie. Quería recibir esta siguiente etapa con optimismo. Era una graduada universitaria con todo mi futuro por delante. El momento era emocionante para mí y estaba lista para trabajar duro para alcanzar mis sueños.

Mi hermano Carlos fue muy generoso y me abrió las puertas de su hogar. Me mudé con él y con Norma, su compañera, y su hija de un año, Natalia. Vivían en un pequeño apartamento de una habitación y lo único que tenían para ofrecerme era el sofá de la sala, pero con eso me bastaba y estaba agradecida. Les dije que sólo sería por un mes, más o menos. Pronto, les aseguré —y me prometí a mí misma—, sería una autora publicada y compartiría mi escritura con el mundo y haría una diferencia en mi comunidad.

Su apartamento se encontraba en el este de Los Ángeles, un área que no conocía muy bien. Aunque había crecido en la ciudad, sólo conocía Highland Park y las comunidades vecinas, como Pasadena. Conocía un poco el centro porque ahí vivió mi madre por trece años. Fuera de eso, me resultaba una enorme ciudad desconocida que parecía no tener fin.

Los días pasaban y al verme acostada noche tras noche en el sofá de mi hermano, me di cuenta, aterrada, de que no sabía nada sobre cómo conseguir que me publicaran; es decir, publicar de verdad, no la autopublicación que llevé a cabo en Santa Cruz por medio de una beca escolar. En mis clases de escritura jamás hablamos sobre cómo acercarnos a las editoriales o cómo encontrar un agente, y no tenía la más remota idea de por dónde empezar. En Santa Cruz aprendí el oficio de escribir. Aprendí a tomar riesgos y a aventurarme fuera de mi zona de confort. Sin embargo, lo que no aprendí en la UCSC fue qué hacer en cuanto regresara al mundo real.

Busqué en la sección de anuncios del periódico si alguna editorial buscaba escritores con el fin de publicarlos o si algún agente estaba interesado en hallar autores a quienes representar. Quizá podía encontrar a alguien que me contratara para elaborar una novela o que me pagara por terminar la que estaba trabajando. Encontré unos cuantos anuncios de periódicos locales que estaban contratando reporteros, pero no era lo que tenía en mente. Pero cuando las semanas se convirtieron en un mes, luego en dos, terminé respondiendo a aquellos anuncios, porque un trabajo escribiendo reportajes era mejor que no tener empleo. Me dijeron que la escritura creativa no era lo mismo que el periodismo y que para ellos mi título no servía para nada, muchas gracias. Había escrito para el periódico escolar en Pasadena, pero eso no parecía contar.

Algunos de mis amigos, quienes también se especializaron en áreas que yo empezaba a considerar inútiles, se dirigían a la oficina del Distrito Escolar Unificado de Los Ángeles para conseguir trabajo como maestros, aunque la enseñanza no había sido su elección de carrera original.

—Deberías considerarlo —me dijo uno de mis amigos, luego de encontrar trabajo como profesor de Matemáticas. Era agosto de 1999 y el distrito se hallaba en medio de una grave escasez de maestros. Estaban dando credenciales de emergencia a cualquiera que contara con título de licenciatura, aunque no hubiera estudiado para ser maestro.

—No quiero ser maestra —le respondí a mi amigo—. Quiero ser escritora. —Continué mi búsqueda, pero así pasó otro mes y el sofá en casa de Carlos se estaba desgastando, igual que mi bienvenida. Cumplí veinticuatro años ese septiembre y mi peor pesadilla se estaba volviendo realidad: estaba desempleada, quebrada y con una deuda de 20.000 dólares en préstamos estudiantiles. No contribuía en nada para los gastos de la casa y me estaba convirtiendo en una carga, pero mi hermano nunca se quejó. Me apoyaba tanto como podía y se sentía agradecido de que acompañara a Norma mientras él trabajaba en dos empleos. No era fácil ser ama de casa y cuidar a una niña pequeña, y yo por lo menos era muy buena para lavar trastes y entretener a Norma con cuentos interesantes.

No podía pedirle a Diana para que me ayudara. Ella ya había hecho bastante por mí y no iba a esperar que me siguiera rescatando. Necesitaba cuidarme sola, como lo hice durante mis tres años en Santa Cruz.

Extrañaba tremendamente aquella ciudad, su pequeñez, el sentido de comunidad, el océano, las secuoyas, tener mi propia habitación y un ingreso, a pesar de lo pequeño que había sido. Podía andar en bicicleta a donde quisiera y sentirme segura, y a donde fuera sabía que me encontraría con una cara conocida: un compañero de clase, un profesor, una amiga. Los Ángeles era una ciudad de concreto y gente extraña. Era gris y aburrida, carecía de la exuberancia y los verdes y azules vibrantes de Santa Cruz. Me sentía pequeña e insignificante, perdida y sola.

Extrañaba mi trabajo en el departamento de mantenimiento de Kresge, un empleo que de verdad llegué a amar. Ahora comenzaba a sentirme inútil. El periodo de gracia de mi préstamo estudiantil vencía en enero, por lo que me quedaban dos meses para encontrar un trabajo. Poco a poco comenzó a asustarme el darme cuenta de que mi educación en la UCSC no me había preparado para el mundo real. La mera verdad era que lo mío era ser escritora, pero no sabía cómo ganarme la vida contando cuentos. Nadie me había dicho que hay dos partes de la escritura: el arte y el negocio. Durmiendo en el sofá de la sala de mi hermano, comencé a sentirme como una idiota, sin nada que mostrar de mi educación universitaria.

Ya que había estudiado Cine y Video como segunda carrera, fui a Hollywood a buscar trabajo, con la esperanza de tener mejor suerte en las películas. Encontré anuncios para realizar prácticas en estaciones de televisión y en estudios cinematográficos, pero todos ofrecían puestos sin salario.

—¿Quieren que trabaje gratis? —preguntaba, sorprendida—. ¡Tengo una deuda de 20.000 dólares que necesito pagar!

—Pero piensa en lo valiosa que sería esta experiencia —me respondían.

A principios de noviembre fui al centro comercial de Pasadena con Norma para distraernos un poco. Vimos un anuncio de "Estamos contratando" en una tienda de ropa. Las fiestas se acercaban y estaban contratando empleados temporales. Lo único en lo que podía pensar era que cuando las fiestas terminaran, tendría que empezar a pagar el crédito estudiantil por un título universitario que día tras día parecía estar perdiendo su valor.

—Deberías traer una solicitud —me dijo Norma—. Trabajo es trabajo.

—Lo sé —respondí—. Es sólo que no era lo que imaginaba estar haciendo a estas alturas, ¿sabes?

Norma era siete años más joven que yo. Igual que Betty, era una madre adolescente con una madurez que me asombraba.

—Mira, es sólo un empleo temporal —comentó—. Te dará algo de dinero mientras piensas cuál será tu siguiente paso. Tienes el permiso de residencia y un título universitario. Pronto se te abrirán las puertas. Sólo ten paciencia y no seas tan dura contigo misma.

Norma llegó a los Estados Unidos desde El Salvador cuatro años atrás, de contrabando en la parte trasera de unos de esos infames camiones de carga en los que los inmigrantes a veces mueren por causa del calor extremo y la falta de ventilación. Luego de casarse con mi hermano, él la ayudó a legalizar su estatus migratorio, pero como en ese entonces ella no tenía papeles, y había tenido una bebé siendo menor de edad, dejó de asistir a la escuela. Además de los retos que implicaba ser una madre y una esposa joven, a diario tenía que vérselas con el miedo a que la deportaran y la separaran de su hija, o a que el padre de su niña terminara en prisión. Sabía que yo no tenía nada de qué quejarme. Tal y como estaba la panorama, no me estaba yendo tan mal.

—Tienes razón —le dije.

Una semana después ya tenía trabajo planchando al vapor y poniéndole a la ropa las etiquetas con los precios. También me paraba en la puerta y recibía a los clientes. "Hola. ¿Qué tal tu día?", les repetía una y otra vez, y ellos fingían que no me veían ni me escuchaban al entrar a la tienda. Las canciones navideñas sonaban hora tras hora, calando tan hondo en mi mente que las escuchaba hasta en mis sueños. La mayoría de mis compañeros de trabajo eran estudiantes de preparatoria. Con veinticuatro años, yo era la empleada de mayor edad de la tienda; mi gerente era una chica que ni siquiera planeaba ir a la universidad.

Cuando le pregunté por qué, me miró de arriba abajo.

—¿Para qué? Es obvio que no te sirvió de nada.

En casa, la situación se había deteriorado. Aunque al inicio me apoyaban, ahora Carlos y Mago comenzaron a burlarse de mí. "Tú con tu título universitario; pero ahora mírate, trabajas como empleada temporal por el salario mínimo en una tienda de ropa", me decían.

Sabía que me lo merecía. Cada vez que hablaba con ellos mientras estaba en Santa Cruz, no hacía otra cosa más que animarlos para que regresaran a la universidad para obtener sus títulos. "Tendrán mejores empleos, unas carreras fantásticas. ¡Ganarán mucho dinero!", les decía, criticando frecuentemente a Mago por trabajar en una agencia de cobranza y a Carlos por ser oficinista en un hospital y por tener dos empleos para cubrir sus gastos.

Me había comportado como una esnob, y me hice aún peor cuando me gradué, enmarqué mi diploma y lo colgué para que todos lo vieran en una pared que ni siquiera era mía.

Como era mi costumbre, me volqué en mi escritura y en la comunidad mexicana en busca de inspiración. En el este de Los Ángeles había mexicanos, ¡muchos! Era maravilloso volver a formar parte de una mayoría. En mis días libres, paseaba con Norma y mi sobrinita por el vecindario. Oíamos la música ranchera saliendo por las ventanas abiertas, respirábamos el olor de los frijoles hirviendo en la estufa y veíamos camiones de tacos prácticamente en cada esquina.

En esta zona de la ciudad fue donde aprendí a apreciar los carritos de compras. Estaban por todos lados: una mujer empujaba uno lleno de ropa sucia de camino a la lavandería ubicada en Olympic Boulevard; un hombre llevaba en el suyo una gran olla de aluminio llena de tamales o elotes. "Tamaaaales. Eloooootes", anunciaba, y la gente salía corriendo de sus casas con dinero en la mano. Una pareja de ancianos llevaba un carrito repleto de latas y botellas. Los veía recorrer Soto Street, buscando en los botes de basura de camino al centro de reciclaje más cercano. Otra mujer empujaba un carrito de supermercado lleno de comestibles que había comprado en el mercado local, con sus tres hijos sujetándose a cada lado del carro, pidiéndole que fuera más rápido, más rápido. Un mendigo conducía su carrito por la avenida César Chávez con todo lo que poseía en el mundo y lo convertía en un hogar que podía llevar con él.

¿Quiénes eran esas personas? ¿Cuáles eran sus historias?

A pesar de que regresaba exhausta a casa, con los pies punzándome por haber estado de pie todo el día, después de que todos se habían ido a la cama me sentaba frente a la mesita de la cocina y escribía hasta entrada la noche. Comencé una segunda colección de cuentos llamada *The Shopping Cart Chronicles* (*Crónicas del carrito de compras*) y continué trabajando en mi novela.

# 21

*Reyna y su sofá*

EN DICIEMBRE ENTRÉ en pánico. Con la llegada del nuevo año terminaría mi empleo temporal y vendría el primer pago de mi préstamo estudiantil. Aunque le prometí a Norma que sería paciente y optimista acerca de mi futuro, la deuda me quitaba el sueño. No iba a fallar con mis pagos, pasara lo que pasara. Prometí pagar ese dinero e iba a cumplir mi palabra.

"El distrito escolar sigue contratando", me decían mis amigos profesores.

En la mañana de mi día de descanso me obligué a levantarme del sofá y me dirigí al centro, a la oficina del distrito, para entregar una solicitud. En dos horas conseguí un trabajo de tiempo completo como profesora de secundaria, con un sueldo mucho mejor del que me imaginé.

Si bien me había agradado mi empleo dando tutoría en la universidad, no había considerado seriamente la carrera de maestra. Pero ahora era la nueva profesora de Inglés como Segundo Idioma en una escuela secundaria localizada en el sur de Los Ángeles. Debido a la sobrepoblación escolar, el distrito tenía un sistema que duraba todo el año, con itinerarios A, B, C y D. A mí me ubicaron en el B, lo que significaba que trabajaría durante el verano. Mi itinerario iniciaba en julio y no caí en cuenta de que, al entrar en enero, empezaría tarde en el año escolar. Resultó que iba a encargarme de una clase que ya había tenido cinco maestros suplentes distintos. No sabía nada sobre dar clases, ni siquiera cómo pasar lista. En lo único en lo que pensaba era en el salario. Con esa cantidad de dinero podría rentar un lugar propio, comprar un auto nuevo, pagar mis cuentas y terminar con las burlas de Mago y Carlos. Por fin tendría algo que justificara la educación universitaria por la que luché tanto.

Al fin iba a ser lo que mi padre alguna vez soñó que llegaríamos a ser: en una profesional.

Con el fin de ayudarme en los preparativos para mi nuevo empleo, Mago me llevó de compras. Si había algo que mi hermana sabía hacer bien, era escoger ropa con estilo. Quería lucir más grande y sofisticada para que me tomaran en serio, pues parecía tener menos de veinticuatro años, y con cinco pies de estatura, medía lo mismo que una niña. Como no tenía mucho dinero, fuimos a Ross, une tienda económica.

Recorrimos los pasillos y Mago escogió vestidos y faldas, sacos de aspecto profesional y blusas para que me las probara. Veía a mi hermana con admiración, pues se conducía con gran seguridad en este lugar; tocaba la tela, elogiaba el corte de un saco, los botones de una blusa, la cintura de un vestido.

—¡Ay, mira éste! —dijo al sostener un vestido rojo de tirantes delgados.

—No es ropa de profesora —comenté.

—No es para ti, sino para mí —respondió. Se miró la barriga y, negando con la cabeza, devolvió el vestido. Con veintiocho años, tenía siete meses de embarazo de su tercer bebé.

—Pronto podrás comprarte ropa otra vez —le dije.

Mago sonrió y continuamos revisando los percheros. Nos habíamos distanciado desde que se mudó de la casa de mi padre cuando yo tenía diecisiete años. Al planear su escapatoria, prometió llevarme con ella; pero terminó dejándome atrás y me las tuve que arreglar por mi cuenta. Como mi padre me prohibió verla, teníamos que encontrarnos a escondidas para pasar tiempo juntas, y siempre hubo cierta incomodidad entre nosotras. Cuando me fui a Santa Cruz, creí que había logrado aprender a cuidarme sola.

Pero ahora que recorríamos la tienda, había una parte de mí que deseaba que entre nosotras las cosas fueran como antes. Extrañaba el vínculo especial que nos ayudó a superar nuestra niñez traumática. Quería conectarme de nuevo con ella. Deseaba volver a ser su "Nena", pero su vientre abultado me recordó que esos tiempos ya habían pasado. Ahora tenía sus propios hijos.

—¿Cómo te sientes al pensar que la próxima semana empieza tu trabajo? —preguntó Mago.

—Tengo miedo —confesé. Asistí a un entrenamiento de una semana organizada por el Distrito Escolar Unificado de Los Ángeles, donde me enseñaron cómo pasar lista, a preparar el plan de las clases, a seguir los estándares educativos y a familiarizarme con los procedimientos en el aula. Sin embargo, el curso intensivo sobre enseñanza sólo me asustó más. Ni una sola vez había tomado una clase para maestros. En la UCSC, mi amiga Claudia se especializó en educación. Me hubiera gustado hacerle hecho más preguntas acerca de sus clases o haberla acompañado cuando hizo sus prácticas como maestra. Hice una nota mental para llamarla y preguntarle qué rayos significaba la palabra "pedagogía".

—No te asustes —me dijo Mago de regreso a su auto—. Actúa con seguridad y finge que sabes lo que haces. Sólo son niños.

"¡Igual que yo!", quise responderle. Respiré profundamente y ahí mismo decidí que quizá había llegado el momento de madurar.

Además de comprar ropa nueva, terminé haciendo algo a lo que me había resistido bastante: compré un auto nuevo. A diferencia de Santa Cruz, donde podía arreglármelas con una bicicleta, en Los Ángeles era casi imposible llegar a algún lado sin un automóvil confiable, en especial con un camino tan largo. Así que agregué el pago de un carro nuevo a mi lista creciente de deudas y, con esa nueva carga, finalmente entré a la adultez.

En enero de 2000, unos pocos días después de celebrar el nuevo milenio, conducía mi nuevo Toyota Corolla del este al sur de Los Ángeles a las cinco y media de la mañana. Las clases iniciaban a las siete y veinte, pero quería darme suficiente tiempo para llegar a mi salón y prepararme mental y emocionalmente para mi primer día.

Llevaba un vestido aterciopelado de manga larga color vino y tacones altos del mismo tono. Mago me dijo que, si quería verme más alta que mis alumnos, a fuerza tenía que usar tacones. "Te van a respetar más si tienen que levantar la mirada para verte", me aseguró. Pero rara vez había usado tacones y mientras recorría el estacionamiento con mi nuevo portafolios en la mano, me sentí una niña jugando a disfrazarse de mujer.

Mi clase estaba en los bungalós más apartados del edificio principal. Salvo por el césped que había en la entrada, el suelo de la escuela no era más que concreto. Ya que no había flores y apenas unos cuantos árboles, me esmeré para que el salón luciera bello y acogedor. El reloj avanzaba demasiado rápido, así que me apresuré a decorar el aula con los lindos recortes y los carteles con frases inspiradoras que compré en una tienda de artículos para maestros. Me pasé el fin de semana revisando el libro de texto de inglés y me sentía optimista de que mi pasión por la lectura y la escritura compensarían ampliamente mi falta de experiencia dando clases. Pensé en mis profesoras favoritas — Diana, Marta y Micah— y me pregunté qué podría intentar imitar de ellas. Su bondad, su interés por mí que iba más allá del desempeño en el salón de clases, su disposición para ayudarme a lograr mi máximo potencial: ese era el tipo de profesora que aspiraba ser. Haría todo lo posible para inspirar y motivar a mis estudiantes.

Sonó la campana, abrí la puerta y me paré ahí, mientras mis alumnos entraban uno por uno. ¿Quién se iba imaginar que los chicos de octavo grado podían ser tan altos? ¡A esa edad yo medía cuatro pies, ocho pulgadas! Me paré lo más recta que pude con mis tacones mientras les daba la bienvenida a mis estudiantes al salón; pero como era de esperarse, prácticamente cada chico que entraba era más alto que yo. Todos eran latinos, lo cual me alegró, hasta que me di cuenta de que la mayoría de ellos eran pandilleros, los cholos, exactamente la clase de chicos de quienes mi padre nos había apartado mientras crecíamos y que desde niña me daban miedo. Pero luego pensé en Betty y cómo el abuso y la falta de apoyo en casa y en la escuela la llevó a querer formar parte de una pandilla. Me pregunté qué tipo de vidas tenían estos niños. Esperaba conseguir que el salón de clases se sintiera como un hogar tanto para ellos como para mí.

Todos los jóvenes se conocían entre ellos. Yo era la intrusa. Había dieciséis chicos y seis chicas. Había oído rumores de que ellos eran más difíciles de disciplinar que ellas. Pero al observarlas y notar su maquillaje cargado y las expresiones de cholas implacables, me parecieron igual de rudas que los varones.

—Buenos días —dije, pero siguieron platicando como si yo no estuviera presente—. Buenos días —repetí con voz de profesora. Pero ésta se quebró y tuve que toser para continuar; sin embargo, funcionó.

Los alumnos se fueron callando y todos voltearon a verme—. Hola a todos. Soy la señorita Grande.

La clase estalló en una carcajada. "¿Habla en serio?", exclamó alguien. Estaba acostumbrada a las risas. Haber crecido con un apellido tan ostentoso me convirtió en el objeto de muchas bromas. En ese momento volví a odiar apasionadamente mi nombre: Reyna Grande, la pequeña gran reina. ¿Por qué no pude llamarme de un modo más sensato, como María González o Lupe Martínez? ¿O tener un nombre elegante como el de mi bisabuela, Catalina Catalán? ¿O qué tal el nombre de la heroína de mi telenovela favorita, *La dueña*? Regina Villarreal hubiera sido perfecto, fuerte e intenso, especialmente si se agregaba algo de énfasis al pronunciar las erres.

—¿Le podemos decir señorita Chiquita? —preguntó uno de los alumnos.

El grupo estalló de nuevo en risas.

—No, no pueden —respondí. Mi corazón latía tan rápido que sentí que podía estallar en cualquier momento—. Soy la señorita Grande.

—Oiga, señorita Chiquita —dijo una de las chicas—, ¿dónde compró su vestido?

Me miraron de arriba abajo y de pronto deseé no haberle hecho caso a Mago y, en su lugar, mejor haberme comprado una docena de pantalones y de blusas de manga larga. No los vestidos a la moda y las faldas ajustadas que había en mi armario. El vestido me llegaba a las rodillas y no había nada indecente en la prenda, sin embargo, ahora intentaba jalar la bastilla para hacerlo más largo, pues de pronto me sentí expuesta. Sin importar lo mucho que lo deseara, el vestido no se alargaría mágicamente hasta mis tobillos.

—¿Y tiene novio, señorita Chiquita? —preguntó uno de los alumnos.

En la cafetería de los profesores encontré rostros aterrados que eran un reflejo exacto del mío. Eran maestros jóvenes que, igual que yo, fueron lanzados al salón de clases con sólo una semana de entrenamiento. Éramos la mayoría. La minoría eran veteranos, algunos de los cuales siempre tenían el ceño fruncido. Cuando me senté con ellos durante el almuerzo y me preguntaron acerca de mi día, y al notar lo frustrada que estaba, me dijeron, "Va a mejorar. El primer año es el más difícil".

Al principio les creí y esperé que las cosas fueran más sencillas, que aprendería a dar clases y que conseguiría que mis alumnos participaran y se disciplinaran, que aprendería a seguir los estándares estatales y a crear lecciones increíbles. Pero todo lo que intentaba terminaba siendo un caos. Dedicaba los fines de semana a plantear actividades en clase que suponía harían divertido el aprendizaje, sólo para toparme con su aburrimiento y apatía. Intenté conducirme como lo hacían Diana y Marta, siendo amable y generosa, mostrándoles que me importaban, pero me di cuenta de que era más fácil hacerlo cuando una tiene estudiantes que se comprometen por lo menos a medias. Pero lo peor era que lograban oler mi miedo, lo veían en mi cara, lo escuchaban en mi voz, y se regocijaban con él. Durante el día jugaban un juego que inventaron: "¿Cuánto aguantará la señorita Chiquita antes de salir corriendo como los demás?". Ya habían ahuyentado a cinco suplentes, así que ¿por qué no echar a la nueva maestra y terminar el año escolar sin tener que trabajar?

Más tarde descubrí que a los maestros más novatos como yo los asignaban a escuelas de las zonas urbanas pobres. Los chicos latinos y negros que vivían en estos barrios no tenían voz en el asunto y se quedaban atrapados con nosotros. Como teníamos credencial de emergencia y no una oficial, no podíamos solicitar que nos transfirieran a una escuela distinta de la que nos habían asignado. Al terminar el año, más de la mitad de los nuevos maestros terminarían yéndose, abandonarían la enseñanza y se cambiarían a otra carrera menos exigente. Los sustituirían nuevos rostros que lucirían tan asustados como yo en mi primer día.

Por las tardes llegaba a casa de Carlos sintiéndome agotada emocionalmente y exhausta. No tenía una habitación propia a donde retirarme para recargar energía. Seguía durmiendo en el sofá de la sala. La escritura aguardaba a que regresara a ella, pero sólo conseguía avanzar unas cuantas páginas antes de que el agotamiento me abrumara y tuviera que guardar mi novela y los cuentos, prometiéndome retomarlos otro día.

Además de la montaña de papeles que debía calificar, el personal del distrito también olvidó mencionar en el entrenamiento que no iba a dedicarme mucho a la enseñanza. Pronto descubrí que en la escuela secundaria todo giraba alrededor de la disciplina. Al haber crecido con un padre cuyas únicas formas de disciplina consistían en insultarnos o pegarnos, mis recursos eran muy limitados. Si no quería terminar en la cárcel, sabía que debía encontrar otra solución.

Cuando pedía consejos a otros profesores, me decían:

—Aplica los *time outs* o tiempos fuera.

—¿Qué son ésos? —pregunté.

Recibí una lista de técnicas disciplinarias: mandarlos al rincón, castigarlos durante el almuerzo o después de clases, quitarles ciertas cosas. Podía enviar a un alborotador a otro salón si antes me ponía de acuerdo con el otro maestro. Podía llamar a sus padres. Podía enviarlos con el director o con el rector, en el peor de los casos.

Nada funcionó. Mi desesperación aumentó. Mi salón de clases era un zoológico. Me sentía tan avergonzada que mantenía la puerta cerrada para que nadie me escuchara tratando de lidiar con el caos. No quería que nadie viera al chico que insistía en andar en su patineta por el aula; a las chicas que se amontonaban en un rincón para maquillarse y peinarse, apestando el salón con su aerosol para el cabello y su perfume; o los aviones de papel que volaban encima de mi cabeza y se estrellaban contra la pizarra; o los que fingían escuchar los audiolibros en el centro de audiovisuales, pero en realidad estaban sacando la cinta de los casetes.

Otra profesora me recomendó utilizar el reforzamiento positivo.

—¿Qué es eso? —pregunté, completamente desconcertada por la palabra "positivo". ¿Acaso se podía disciplinar de una manera positiva? ¿Por qué nadie se lo dijo a mi padre?

—Significa que recompensas la buena conducta —respondió—. Y entre más los recompenses por su buen comportamiento, su conducta mejorará. Puedes comprarles premios, como lápices, bonitas gomas de borrar y calcomanías.

Me imaginé dándoles a mis alumnos esos "premios". Terminarían arrojándome esas lindas gomas de borrar, en lugar de los aviones de papel. Además, ¿la maestra de verdad creía que los alumnos de octavo iban a querer calcomanías?

Al percibir mi gesto de duda, rápidamente añadió:

—También podrías probar con palomitas de maíz y una película los viernes, o una fiesta con pizza a final de mes. O comprar juegos de mesa y recompensarlos con algo de tiempo libre.

—Bla, bla —intervino otra maestra, rechazando aquellas palabras con un gesto de la mano—. No le hagas caso. Eso no es disciplina, es soborno —volteó a verme—. Terminarás gastando mucho del dinero que tanto te costó ganar en comprarles cosas para sobornarlos. No lo hagas. Lo único que harás, será pagarles por comportarse.

—Deberías ir a ver la clase de la profesora Hoang —sugirió otra de las maestras—. Controla muy bien a su clase.

Eché un vistazo alrededor de la cafetería tratando de identificar a la señorita Hoang. No estaba segura de haberla conocido.

—Nunca sale de su salón —comentaron mis compañeros—. Siempre toma prisioneros.

Al día siguiente, durante mi hora libre, fui a observar la clase de la profesora Hoang. Me asustó. Aunque sólo era unos cuantos años mayor que yo —treinta, a lo sumo—, no se veía joven. A pesar de que vestía una blusa de seda, una falda recta negra y tacones, lucía como un sargento militar. La postura de su cuerpo era totalmente recta: rígida, alta, imponente. Tenía el cabello recogido en un chongo tan apretado, que parecía doloroso. Me senté en una esquina junto a la puerta y observé la transformación de sus alumnos de séptimo grado. En cuanto entraron al salón de clases, se pararon más derechos, sus sonrisas desaparecieron y cualquier conversación que hubieran tenido en los pasillos, terminó abruptamente. Caminaron en absoluto silencio. Las sillas no rechinaron, los zapatos no chirriaron contra el linóleo, los papeles no crujieron, no azotaron los libros contra los escritorios, no reventaron bombas de chicle. Ninguno de los ruidos que abundaban en mi salón existían aquí.

La actividad preliminar estaba en el proyector y la señorita Hoang les dijo una sola vez que sacaran un papel e iniciaran el ejercicio. Como robots, se sentaron al mismo tiempo, sacaron sus plumas y papeles, y se pusieron a trabajar sin que se los ordenaran dos veces.

Ningún sonido se emitió por diez minutos. Por fin, la profesora Hoang rompió el silencio e indicó:

—Acabó el tiempo. Por favor, entreguen su trabajo.

Lo que ocurrió a continuación fue como un baile. Los alumnos del lado derecho pasaron sus hojas a la fila que había a su izquierda, y luego esa hilera entregó los papeles a la fila siguiente y a la siguiente, hasta que mágicamente las hojas terminaron en la última banca, en la esquina más cercana al escritorio de la maestra. La chica que estaba ahí apiló perfectamente los papeles y los colocó enfrente de la señorita Hoang.

—Abran sus libros en la página 181 y lean hasta la 185 —indicó—.
En diez minutos, prepárense para discutir la lectura.

Todos al mismo tiempo buscaron debajo de sus escritorios, sacaron sus libros y se dispusieron a hacer lo que les ordenaron. Seguía sin
haber un sonido, ni una palabra salía de sus bocas.

Contemplé asombrada a la profesora, preguntándome qué tipo de
magia era ésa. Porque sin duda se trataba de magia. Únicamente había
visto algo semejante en historias como la de *Harry Potter*, en las que
los maestros usaban sus varitas para disciplinar a sus estudiantes.

Más tarde, cuando los alumnos abandonaron el salón, saliendo tan
silenciosamente como entraron, me acerqué a ella, con miles de preguntas en la cabeza, aunque lo único que pude decir fue "¿Cómo?".
Ni siquiera pude terminar mi pensamiento.

—Tienes que demostrarles quién manda —respondió, tras enco-
gerse de hombros—. Las primeras tres semanas de clases sólo hacemos
ejercicios. Ejercicios, ejercicios y más ejercicios, hasta que se aprendan
la rutina. Y aquellos que rompen las reglas, sufren las consecuencias.
No les puedes enseñar nada hasta que te respeten. Hasta que sepan
que tú mandas, no ellos.

Los ejercicios funcionan en el ejército, comentó, ¿por qué no habrían de servir en el salón de clases?

Al escuchar su lista de sugerencias con las varias formas por medio
de las cuales podría humillar a mis alumnos hasta someterlos, su voz
hizo que un escalofrío me recorriera la espina dorsal. Hablaba como si
me diera órdenes, a pesar de que sólo me estaba aconsejando.

Siguiendo su recomendación, llamé a los padres de mis peores estudiantes e hice que vinieran a sentarse en la clase para que observaran a
sus hijos. Me resultó contraproducente. Esos chicos, los que más problemas me causaban, se portaron como unos santos. Nunca los había
visto tan callados ni respetuosos, tan deseosos de trabajar y de obede-

cer las reglas. Hasta me llamaban señorita Grande en lugar de señorita Chiquita. Para colmo de males, el resto de los alumnos, aquellos cuyos padres no estaban presentes, se comportaron peor que de costumbre.

Al terminar la clase, los tres padres me confrontaron y terminé acobardándome ante ellos.

—Nos hizo faltar un día al trabajo, ¿para esto? —me gritó uno de ellos.

—No hay nada de malo con mi hijo. ¿Está ciega? Es un buen estudiante por lo que pude ver.

—¿No se fijó que mi hijo hizo todo lo que usted le pidió? —comentó otro—. ¡No puedo decir lo mismo de sus otros compañeros!

"Debes humillarlos", me dijo la profesora Hoang, pero la que terminó humillada fui yo.

# 22

*Saudade*

DECIDÍ MUDARME A mi propio apartamento y encontré un lugar en Boyle Heights. Un amigo me regaló un gatito extraviado que rescató de la calle para que tuviera compañía al llegar a casa. Adoraba a mi gatito negro con blanco, al cual llamé Saudade, mi palabra favorita en portugués. Saudade es un profundo anhelo, melancolía, nostalgia; es el equivalente a la añoranza en español. Pero la presencia reconfortante de mi gatito no lograba disminuir la dura realidad de que este siguiente paso en mi vida, el de tener mi propia vivienda, venía acompañado de más cuentas por pagar. Ahora debía cubrir la renta, los alimentos, mi auto, el préstamo de la universidad, la comida del gato y su arena. Lo que al inicio parecía un gran salario, de pronto dejó de lucir extraordinario. Con todos esos gastos, no me quedaba mucho a final de mes. Y el trabajo era tan exigente que regresaba a casa demasiado cansada y abrumada como para escribir. Conforme las semanas se convertían en meses, cada vez escribía menos, hasta que al final dejé de hacerlo por completo. Las palabras dejaron de llegar.

Me sentaba frente a la computadora, con Saudade en el regazo, y me quedaba mirando la pantalla, buscando una historia, una imagen, una frase inicial. Sin embargo, no conseguía acallar el ruido y el caos que reinaban en el salón de la escuela secundaria, el temor que se apoderaba de mí cada vez que sonaba la campana o la sensación de incompetencia que ahora dominaba cada uno de mis pensamientos.

La pantalla permanecía vacía. Mis cuentos parecían haberme abandonado.

Cuando los profesores latinos se enteraron de que tenía algo de experiencia en el baile folklórico, me pidieron quedarme como voluntaria después de clases para preparar a los estudiantes en los bailables que iban a presentar en el evento del Cinco de mayo que estaban organizando.

Todos los días, al terminar la escuela, acudía al auditorio para enseñarles a los chicos los bailes que había aprendido en la UCSC. Como las polcas del norte de México eran lo que mejor conocía, eso fue lo que les enseñé a los alumnos. Para mi sorpresa, los chicos realmente escuchaban lo que les decía. Trabajaron duro para aprenderse los pasos y la coreografía. No discutían, peleaban ni sembraban el caos, como ocurría en mi salón de clases. ¿Qué había cambiado? Por fin me di cuenta de que los chicos que se quedaban después de la escuela lo hacían porque *querían* estar ahí y les interesaba lo que estaban aprendiendo, lo que tal vez nunca habían tenido en mi clase. Sabían que en cuanto se portaran mal podía pedirles que se fueran.

De pronto me sentí segura y competente como profesora, algo que no había sentido ni una sola vez desde que comencé a enseñar.

Cuando las celebraciones del Cinco de mayo terminaron, los chicos dieron una gran presentación, y cuando acabó el programa los extrañé, lo mismo que dar clases de baile. Resultó que no fui la única que echó de menos el baile folklórico. Dos semanas después de la presentación, uno de mis alumnos de baile llegó a mi salón al terminar la escuela.

—Señorita Grande, ¿cree que podría empezar un grupo de baile folklórico aquí en la escuela? Quiero decir, uno permanente.

El chico se llamaba Luis Felipe y era quien había andado con su patineta en mi salón. Cuando di el aviso en clase de que estaba buscando bailarines para el evento de Cinco de mayo, me sorprendió que él levantara la mano. Me asombró aún más que cuando los ensayos empezaron, él resultó ser mi mejor bailarín.

Ahora estaba frente a mí, aquel chico de trece años, diciéndome que quería seguir bailando.

Podía percibir el entusiasmo en sus ojos, y al verlo supe que lo que le había ocurrido fue lo mismo que me sucedió en Santa Cruz: descubrió la exquisita belleza de la tradición del bailable mexicano y estaba orgulloso.

Luis Felipe llegó a los Estados Unidos de muy niño. Igual que yo, tenía conflictos con su identidad como inmigrante y buscaba pertenecer a un lugar en este país, aferrándose al mismo tiempo a su cultura mexicana. El baile folklórico era su manera de formar un vínculo con México para no perder completamente su derecho a afirmar esa parte de él. El baile se convirtió en el puente que lo conectaba con su país natal. Eso lo entendí muy bien.

—De acuerdo —respondí—. Pero si empiezo el grupo, ¿me ayudarías a reclutar bailarines?

En su rostro se dibujó una sonrisa, la más dulce que había visto desde mi llegada a la escuela secundaria.

—Sí. ¡Déjemelo a mí! —contestó y salió corriendo del aula para cumplir su promesa.

Me quedé preguntándome en qué me había metido. No sabía lo suficiente de baile como para tener un grupo formal. En Santa Cruz era una principiante. ¿A quién quería engañar creyendo que podría enseñarles a bailar a los chicos? Reconocí que me había equivocado. Tenía que decirle a Luis Felipe que no podía hacer lo que me pidió.

Durante la hora del almuerzo del día siguiente, le conté lo ocurrido a uno de los profesores, otro novato igual que yo.

—Todavía no te des por vencida con este proyecto —comentó—. Sabes, mi hermana baila en un grupo en El Sereno. Deberías ir a dar un vistazo. Tal vez ella podría hacerte algunas sugerencias.

El Sereno no quedaba lejos de Boyle Heights. De hecho, ni siquiera tenía que entrar a alguna autopista para llegar ahí, así que decidí seguir su consejo. El sábado por la mañana, al recorrer el parque buscando el centro comunitario donde tenían lugar las prácticas, sencillamente seguí los golpes de un tambor, y mucho antes de entrar al estudio, mi cuerpo ya sentía las vibraciones y mi corazón comenzaba a seguir el ritmo de la danza. Cuando entré al estudio, los bailarines estaban sentados en el suelo o se encontraban de pie alrededor de la sala. Sólo una persona estaba ejecutando la danza azteca. El hombre giraba en la sala al ritmo del tambor. Su tez morena oscura, reluciente por el sudor, parecía chocolate derretido; su cabello oscuro, que le llegaba al hombro, daba latigazos al aire mientras giraba con rapidez. Su rostro era el de un luchador que no le temía a nada ni a nadie. Era como si un verdadero guerrero azteca hubiese cobrado vida. Me quedé parada en mi sitio sin poder moverme. Mi aliento quedó preso en mi garganta, hipnotizada ante aquel hombre que bailaba como si no estuviéramos presentes; como si se hallara en un bosque, con la luna y los dioses como únicos testigos. Los redobles aceleraban su paso conforme él daba vueltas en su lugar cada vez más rápido, y los latidos de mi corazón se armonizaban con el crescendo de la canción. Con el último golpe del tambor, el hombre aterrizó en el suelo con una rodilla. La danza terminó y el hechizo se rompió. Todos aplaudieron, y cuando él dio la orden, la gente ocupó su sitio.

—Listos —dijo, y la danza comenzó de nuevo; todos seguían cada paso que él daba. Quería unirme a ellos y seguirlo, con la música y el baile, hacia el sitio divino de los dioses aztecas.

Así fue como inicié una relación amorosa con aquel hombre que era catorce años mayor que yo. Su nombre era Francisco y era el co-director del grupo que había venido a ver. Llegó a mi vida cuando me encontraba más vulnerable. A pesar de que me había mudado a Los Ángeles para estar con mi familia, estábamos tan ocupados con nuestras vidas que parecía que todos habitábamos países distintos y no que nos hallábamos a poca distancia en coche unos de otros. La verdad era que estaba sola y me estaba desilusionando de nuestra supuesta reunificación. Las millas que en alguna ocasión nos separaron se habían ido, pero la distancia permaneció.

Para empeorar las cosas, cada vez me alejaba más de mi sueño de escribir. La única alegría que sentía en ese momento era iniciar el grupo folklórico y contribuir a que mis alumnos tuvieran algo que los apasionara. South Central era una zona donde los chicos se veían tentados por las pandillas a una edad temprana, así que me vi tratando de evitar desesperadamente que eso les sucediera a Luis Felipe y al resto de mis estudiantes. Lo que él me pidió ese día me dio la esperanza de que las cosas estaban cambiando para mí en la escuela secundaria, además de mostrarme otra forma de marcar una diferencia en la vida de mis alumnos.

Llevada por ese entusiasmo me acerqué a Francisco después de la práctica y le conté el motivo por el que estaba ahí. Cuando le pedí su consejo acerca de cómo empezar un grupo de baile folklórico en mi escuela, me invitó a que regresara a ensayar las veces que quisiera para observar y aprender. Me compartió música e ideas y se ofreció a ir a mi casa para mostrarme algunos bailes que podría enseñarles a mis estudiantes. Llegó al punto de permitirme usar su vestuario en caso de necesitarlo. Aunque agradecía su apoyo, también lo encontraba intimidante. Por lo que había visto de él en las prácticas, era un maestro estricto e insultaba a sus bailarines de un modo que yo consideraba poco profesional e innecesario.

Cuando vio que mi pasión por el baile folklórico no coincidía con mis habilidades, me dijo:

—¿Estás segura de que puedes hacerte cargo de esto? Tener un grupo es un trabajo duro, incluso para el bailarín más experto.

Sus palabras quebraron mi confianza. Era cierto que no tenía suficiente experiencia dancística, le respondí, pero estaba llena de buenas intenciones. Eso tenía que servir para algo, ¿no era cierto?

—Vas a hacer más daño si les enseñas los pasos equivocados a esos chicos —comentó—. Después alguien va a tener que limpiar tu desastre. Es difícil desaprender la mala técnica.

—Bueno, desafortunadamente soy lo único que tienen por el momento —le respondí.

Unas semanas más tarde, Francisco vino a mi casa para comenzar el entrenamiento. Me enseñó algunos pasos en el estacionamiento, pero le faltaba paciencia y a mí la confianza para soportar por mucho tiempo su mirada crítica. Me sentía un insecto bajo el microscopio y, encima, él podía notar cada imperfección e inseguridad que con tanto trabajo intentaba ocultar.

—Dobla más tus rodillas. Tus chichis están rebotando por todos lados —me reprendía.

Me alegró cuando ya no hablamos de mi grupo de baile, además de que dejó de fingir que quería enseñarme a bailar. Una noche, mientras escuchábamos su música folklórica en mi sala, se inclinó y me besó —dura y ásperamente—, con su aliento oloroso a cerveza, y lo siguiente que supe fue que estábamos en el piso de la sala teniendo sexo con "El son de la negra" como música de fondo. A partir de esa noche me dejó en claro que su única intención era pasarla bien en la cama conmigo, no ayudarme a perfeccionar el zapateado o los pasos del guachapeado, y que las clases privadas de baile habían llegado a su fin.

—No te merece —me comentó Carlos cuando lo conoció—. Puedes encontrar a alguien mejor.

—¡Es tan viejo! —sentenció Mago. Francisco tenía treinta y nueve años, frente a mis casi veinticinco—. No me da confianza. Nena, después de que trabajaste tan duro para tener una educación, ¿cómo puedes terminar con un camionero? —me preguntó con desdén. Cada vez que se refería a él, lo llamaba "tu papá".

—¿Cómo van las cosas con tu papá? —inquiría.

Sabía que tenía razón, pero entre más insistía mi hermana en que era muy viejo, más quería estar con él. Mi padre no se había esforzado por tratar de establecer una relación conmigo, a pesar de que ahora ambos vivíamos en la misma ciudad. Así que la verdad era que de nuevo intentaba encontrar a su sustituto, y Francisco —de piel oscura del mismo tono que la de mi padre, sus manos igual de toscas y callosas, y el aliento a cerveza— era el reemplazo perfecto. Otra semejanza era que Francisco también hablaba un inglés mocho. Nació en una familia pobre en México y tuvo que volverse un tipo duro para sobrevivir. Migró a los Estados Unidos en busca de una vida mejor y encontró trabajo como conductor de un camión de cemento. Para mí no era un camionero con poca educación; lo veía como un bailarín. Era tan apasionado cuando se trataba del baile folklórico, que cada vez que hablaba del tema yo no podía evitar admirarlo. Sin duda, un hombre que amaba y le importaba a tal grado la cultura mexicana y sus tradiciones dancísticas como a él no podía estar tan mal.

Cuando lo conocí, se estaba divorciando. Pronto descubrí que era el típico macho: era borracho, mujeriego y mentiroso. Tenía cuatro hijos, cada uno con una mujer diferente, y mantenía poco o ningún contacto con ellos. Sabía que debería haber huido, pero no fue así. La soledad hizo que me quedara.

Cuando cumplí veinticinco años, en septiembre, Mago y Carlos me preguntaron qué quería de regalo, y les respondí:

—Lo único que quiero es que estemos juntos.

—Te llevaremos a cenar —respondieron.

Fuimos a un restaurante en Boyle Heights que tenía ganas de probar desde hacía tiempo. Había pasado por ahí varias veces y escuché que la comida era deliciosa, aunque no me había enterado de lo caro que era. Al sentarnos y consultar el menú, oí a mi familia comentar entre dientes acerca de los precios. Éramos once en el lugar, incluidos los cónyuges de mis hermanos y sus hijos, Francisco y mi madre. Mi padre de nuevo me obsequió con su ausencia. Hacía poco había dejado el alcohol y encontrado la religión, pero para nuestro pesar su iglesia hacía que fuera casi imposible verlo. Cuando lo invitábamos a las fiestas de cumpleaños de sus nietos o a las reuniones en los días feriados, nunca asistía porque tenía que ir a la iglesia, o debía podar el césped del lugar o llevar a cabo algunas reparaciones que su pastor le había pedido que hiciera.

Parecía que sencillamente había sustituido una adicción por otra, así que cuando lo llamé para invitarlo a mi cena de cumpleaños, la excusa que me dio fue su iglesia.

De inmediato lamenté haber escogido este restaurante, pero habría sido humillante levantarnos e irnos, así que nos quedamos. Mis hermanos no ganaban mucho dinero, tenían cuentas que pagar e hijos que mantener, por lo que me sentí culpable por haberlos traído aquí. La comida era deliciosa: platillos mexicanos *gourmet* cuidadosamente preparados. Ni siquiera sabía que existía algo llamado comida mexicana *gourmet*. Pero cuando la cuenta llegó y el mesero se la dejó a Carlos, sus ojos se abrieron sorprendidos. La tomó y le dijo a Mago:

—Ten, paga tú —dándosela.

—¡Ay, chingado! —exclamó mi hermana al leer los números en el papel y se lo aventó a Carlos.

—Paga tú.

Se aventaron la cuenta de ida y vuelta, riéndose y criticando al restaurante por sus precios, mientras yo quería hundirme en mi asiento y desaparecer. Francisco jugaba con su bigote y observaba a mis hermanos, entretenido, pero sabiamente manteniéndose al margen del drama familiar. Me moría de la humillación de que él estuviera presenciando este espectáculo. Mi madre me miraba confundida. Mago y Carlos discutían en inglés y ella sólo entendía a medias lo que estaba ocurriendo, aunque aventarse la cuenta en la mesa como si fuera un balón era bastante obvio. Los otros clientes trataban de no voltear hacia nuestra mesa, pero no podían evitarlo. Quería que mis hermanos pararan. Volteé a ver a Francisco, a Víctor, el marido de Mago, a Norma y a mi madre, suplicándoles con la mirada que hicieran algo. Pero nadie intervino.

—Dénmela —sentencié. Me estiré al otro lado de la mesa y le arrebaté la cuenta a Mago, justo cuando estaba a punto de lanzársela de nuevo a mi hermano—. Yo pago. —Le entregué mi tarjeta de crédito al mesero. La salsa de chile habanero que me comí con los camarones a la veracruzana me estaba quemando la panza y se abría paso hacia el esófago, como un fuego ardiente en ascenso.

—Sólo bromeábamos, Nena —respondió Mago—. Vamos a pagar nuestra parte.

Abrió su bolsa para sacar su dinero, pero me negué. Francisco también me dio su parte, pero no la acepté. Lo único que quería era salir del lugar y terminar con esta cena. Jamás me había sentido tan humillada.

—Yo invito —dije; el enojo no me dejaba ver claramente. Estaba molesta con mis hermanos y su comportamiento, pero más que nada estaba furiosa conmigo misma por no dejar de ser la víctima y no dejar de querer que mi familia estuviera conmigo e insistir en que a ellos les importara. Al pagar por mi propia cena de cumpleaños, estaba pagando por mis errores y les ahorraba a mis hermanos el apuro de tener que desembolsar más de lo que esperaban.

—Eso estuvo bien cabrón —comentó más tarde Francisco, con su típica franqueza. Cuando llegamos a mi apartamento, me aferré a él más que nunca, pues tenía razón. Lo que mis hermanos hicieron fue tan humillante, y nunca me había sentido tan sola como aquella noche.

Después del incidente, me fui cuesta abajo. Con el paso de los meses me sentí cada vez más sola y más insegura que antes. Debería haber recurrido a la escritura en lugar de a un hombre, pero no lo hice, y ese fue mi peor error.

Aun después de descubrir que Francisco me mentía cuando me aseguraba que estaba en el trabajo, cuando en realidad estaba con otra mujer —incluida la que pronto sería su exesposa—, no lo dejé. Me aferré a la fantasía que tenía de él, del azteca danzante, cuya mente y cuerpo estaban en perfecta sintonía con el compás del tambor, entregado por completo a un ritmo tan antiguo como el tiempo mismo. Estaba enamorada del bailarín —con su conexión a lo folklórico—, no del hombre que me mentía, me manipulaba y, en ocasiones, me hacía sentir que no merecía a nadie mejor que a él. Su compañía me dejaba exhausta emocional y físicamente.

Debo reconocer que él nunca fingió ser algo que no era. Fui yo quien se creó todas esas fantasías en la cabeza.

En mis momentos de lucidez, me decía que tenía que dejarlo, que no era el hombre correcto para mí. Pero luego sucedía algo que me mantenía a su lado, como cuando me llevó a una fiesta de quince años y la noche se nos fue bailando. Me sostuvo entre sus brazos fuertes y seguros, me dio vueltas por la pista e impecablemente me llevó en las cumbias, norteñas, pegaditas, quebraditas, la salsa y el merengue. Todos los que nos veían no podían apartar los ojos de nosotros.

De vez en cuando, si tenía tiempo, venía a ayudarme después de clases con mi grupo de baile folklórico. Para mi sorpresa, le tenía paciencia a mis alumnos cuando les enseñaba los pasos, además de que ni una mala palabra salía de su boca estando con ellos.

También me gustaba su espontaneidad, como el día previo a la celebración de Acción de Gracias cuando, de la nada, decidió llevarme al Gran Cañón porque nunca había estado ahí. Nos subimos al coche y condujo durante siete horas seguidas. Llegamos tarde en la noche y, para nuestro pesar, no había habitaciones de hotel disponibles debido a las fechas. Pasamos la noche en el auto, con un clima de veinticinco grados Fahrenheit, abrazándonos en el asiento trasero y viendo cómo nuestro aliento se convertía en hielo en las ventanas; pensé en la locura de este hombre y, sin embargo, en lo emocionante que era estar congelándome el trasero en Arizona, sencillamente porque él quería mostrarme el Gran Cañón.

El lugar era tan impresionante como él me prometió que sería.

# 23

LOS MESES PASARON y no podía quitarme la sensación de soledad que me sofocaba. Cuando pasé por casa de mi cuñada y me dio la noticia de que estaba embarazada de su segunda hija, un pensamiento se plantó en mi mente: "¿Y si lo que necesito es un bebé?".

Intenté sacar aquella loca idea de mi cabeza, pero se ancló en mí desde el instante en que surgió y no me pude librar de ella. Si mi propia familia no quería estar cerca de mí, ¿acaso no podía formar una familia que sí quisiera?

Norma se convirtió en madre a los dieciséis, cuando tuvo a Natalia. A los diecinueve estaba por dar a luz por segunda vez. A pesar de su juventud, había demostrado ser mejor madre que la mayoría de las mujeres que conocía. Si alguien había nacido para la maternidad, esa era Norma. Tomaba clases de crianza de los hijos en la organización de planificación familiar Planned Parenthood, veía videos, leía libros y les pedía consejo a otras mujeres. Jamás había conocido a nadie que pusiera tanto empeño en ser una buena madre.

Natalia, mi sobrina, ahora tenía tres años y se estaba convirtiendo en una niña adorable y bien educada. Cuando entró corriendo a la cocina, pidiendo que Norma la cargara, pude ver la alegría en el rostro de mi cuñada. La maternidad le hizo madurar y le dio sentido a su vida. El amor que le daba a su hija se le devolvía con creces. Natalia estaba completamente entregada a mi cuñada. Nada era más importante en el mundo para ella que la mujer que le había dado la vida.

Cuando Mago empezó con los dolores de parto, me pidió que la acompañara al hospital y presencié el nacimiento de su tercer bebé, mi sobrina Alexa. Pronto olvidé las largas horas de dolor que mi hermana soportó y el hecho de que por poco me desmayo al ver a la pequeña criatura luchando por salir del vientre de mi hermana. La imagen que conservé conmigo fue cuando pusieron a la bebé en los brazos de Mago y sus ojitos se abrieron; la manera en que miró a mi hermana fue absolutamente hermosa. Era la forma más pura del amor.

"Ser amada de ese modo", pensé, sentada en la cocina de Norma, viendo cómo abrazaba a su niñita. De pronto envidié a la hija de mi cuñada, a los tres hijos de Mago y al niño de Betty.

"La maternidad es exactamente lo que necesitas", insistió la pequeña voz dentro de mí. "Un bebé te amaría como nadie más lo ha hecho. Con un bebé podrías formar una familia y dejarías de estar sola".

Luego otro pensamiento, aún más aterrador, llegó a mi mente. Francisco era el candidato perfecto para este trabajo. Nunca pelearía conmigo por quedarse con el niño, tal como no había luchado por los que había tenido con las otras mujeres. Tendría a un bebé que sería sólo para mí y para nadie más.

Las locas ideas acerca de tener un bebé me asustaron y sabía que ésa no era la solución. Eran puras pendejadas. Lo que de verdad tenía que hacer, pensé, era viajar para salir de mi depresión y recordarme que era joven y libre. Fuera de mi empleo, no tenía más responsabilidades, por lo que debía seguir así para poder escribir de nuevo y perseguir mi sueño sin nada que me lo impidiera.

Hablé con mi amiga Delia, a quien conocí en Pasadena cuando

estuvimos en la banda de música, y decidimos viajar juntas a Europa. Ella también se había convertido en maestra de secundaria, no lejos de mi escuela, sólo que como directora de la banda su experiencia había sido mejor que la mía. Estaba buscando pasar tiempo con una amiga de mi edad, alejarme de Francisco, reconsiderar nuestra relación y, quizá, ponerle fin de una vez por todas.

Fuera de México y los Estados Unidos, nunca había estado en otros países y me emocionaba por fin tener la oportunidad de conocer algo nuevo y entrar en contacto con otras culturas y formas de vida. Pero a última hora, debido a complicaciones con su pasaporte, Delia no me pudo acompañar. Francisco se ofreció con entusiasmo a ocupar su lugar. Como no quería ir sola, y nadie más podía ir, acepté. Compró su boleto y no hubo vuelta atrás.

A Norma le dejé encargado a Saudade, y Francisco y yo volamos rumbo a Madrid, que era la primera de muchas ciudades que planeábamos visitar. Me quedé sorprendida cuando, por un instante, creí que habíamos aterrizado en México. Con su hermosa arquitectura española, sus estrechas calles empedradas y la imponente catedral católica, Madrid me recordó a Taxco, el pueblo minero de plata que se encontraba a una hora de Iguala. Como de costumbre, en realidad no tenía planeado a dónde ir ni qué visitar, tampoco Francisco. Lo único que teníamos en común era el espíritu aventurero, así que caminamos por las calles de la ciudad para ver qué encontrábamos. Y vimos bastante: arte, arquitectura, flamenco; pero lo que siempre recordaré de aquel viaje será lo que él hizo.

Dos días después de que llegáramos, cuando estábamos a punto de dividirnos la cuenta de la cena, se palmeó los bolsillos como si buscara algo.

—Ay, cabrón, creo que me robaron la cartera.

—Qué mala suerte —respondí, de verdad queriendo creerle, aunque en realidad sospechaba, "¿Y si está mintiendo?". Recordé el fiasco que resultó la cena de mi cumpleaños y me pregunté si de nuevo sería la idiota que tendría que pagar la cuenta.

—Te pago cuando regresemos a Los Ángeles —prometió. A pesar de que llamó a la compañía de la tarjeta de crédito desde un teléfono público para reportarla, la desconfianza me seguía carcomiendo.

Después de eso, el viaje dio un giro desagradable. Yo pagué cada comida, habitación de hotel, boleto de tren y entretenimiento. En Sevilla vimos una función de flamenco, pero en lugar de apreciar la influencia del baile español en nuestros bailes folklóricos, lo único en lo que podía pensar era en el costo de la entrada y el de las botellas de vino y de las tapas que Francisco había ordenado. Dormimos por la noche en el tren para ahorrarnos lo del hotel y llegamos a Barcelona completamente exhaustos. Tal vez fuera por mi aturdimiento, pero la iglesia de la Sagrada Familia, de Gaudí, me pareció un pastel de nieve dejado a derretir bajo el sol. En Venecia encontramos los lugares más baratos para comer y nos quedamos en una posada deteriorada y mohosa. En vez de apreciar la magia de la ciudad y sus canales, sus lanchas taxi y góndolas, pensaba en cómo se iba consumiendo mi cuenta del banco. Tomamos un tren a Roma, paseamos dentro del Coliseo y deseé que los espectáculos de gladiadores continuaran existiendo sólo para poder arrojar a este hombre a los leones. Nos dirigimos a Pisa para ver su torre inclinada, aunque para entonces me importaba un carajo por qué se estaba ladeando. Nuestra última parada fue París, donde no me sentí especialmente enamorada de *mon amour* y la Torre Eiffel sólo me resultó un gran pedazo de metal. Por si fuera poco, me robaron la cámara y la mayoría de mis rollos de fotos en la estación de trenes. En cierto sentido me sentí agradecida de que ocurriera, porque una parte de mí no quería recordar nada del viaje. A esas alturas, mi cuenta bancaria había quedado completamente vacía y estaba pagándolo todo con la tarjeta de crédito.

Cuando regresamos del viaje, decidí dar por terminada esa relación. Y si no hubiera sido por mi gato, así habría quedado.

*Reyna en una lancha taxi, Venecia, 2001*

Pocas semanas después de haber terminado con Francisco, mi gato se perdió. La ventana de mi habitación estaba ligeramente entreabierta, pero la abertura no era lo suficientemente amplia como para que Saudade se hubiera escapado por ahí. A pesar de la extensa búsqueda que realicé en mi apartamento, tuve que resignarme al hecho de que mi mascota no estaba. Los siguientes dos días lo busqué en las calles y no lo hallé. Saudade no tenía garras y me preocupaba que no durara ni una semana afuera con los gatos callejeros que vivían en los alrededores. Por las tardes recorrí a pie el vecindario llamándolo por su nombre, mas no tuve suerte.

La tercera noche, cuando estaba por salir a buscarlo, Francisco me llamó para preguntarme cómo me encontraba, y cuando le conté acerca de mi mascota extraviada, se ofreció a venir para ayudarme a buscarlo. Para entonces ya estaba demasiado desesperada como para negarme. Nos aventuramos más lejos de lo que yo había recorrido antes. La segunda noche de recorrer Boyle Heights junto a Francisco, me sorprendió —y sospeché— cuando creí reconocer a Saudade corriendo por un callejón detrás del edificio de apartamentos donde vivía Francisco, el cual se hallaba a una milla del mío.

—No puede ser mi gato —dije. Pero de alguna manera sabía que sí era—. ¿Cómo carajo llegó hasta aquí? —le pregunté a Francisco, mientras lo perseguíamos por el callejón hasta acorralarlo detrás de unos botes de basura. Francisco tomó al gato y lo estrechó contra él; Saudade maullaba ruidosamente y él me lo entregó. Mi mascota estaba sucia y parecía estar a punto de morir de hambre. Cuando lo tomé en mis brazos no pude creer que realmente se tratara de él. Pero así era. La falta de garras lo demostraba. Al abrazarlo con fuerza pude sentir cómo se asomaban sus costillas.

—Gato zonzo —le dije—. ¿Cómo fue que terminaste aquí? —giré a ver a Francisco y mis sospechas crecían. Nunca le pedí que me regresara la llave de mi apartamento cuando terminé con él.

—Los gatos pueden viajar lejos —aseguró.

—Qué coincidencia que terminara aquí, detrás de tu apartamento. ¿No crees?

—No estarás pensando que me robé a tu gato, ¿o sí? —preguntó, notando el gesto acusador en mis ojos. Negó incrédulamente con la cabeza—. No puedo creer que me culpes por esto. Los gatos son buenos para escaparse. Está en su naturaleza. No puedes tenerlo encerrado todo el día, ¿lo sabías?

Si fue culpable o no, jamás lo sabré.

La noche en que rescaté a mi mascota me acosté con Francisco, ya fuera por la culpa de haberlo acusado injustamente de haber secuestrado a mi gato o en agradecimiento por haberme ayudado a encontrar a Saudade, o porque era la reina de las tontas. Luego de acostarme con él una segunda vez y después una tercera, me quedaba claro que era una pendeja.

Pero en lugar de culpar a mi propia estupidez, fue más fácil echarle la culpa a mi gato.

Poco después descubrí que estaba embarazada, y cuando asimilé lo que estaba por venir, supe que era imperdonable lo que le había hecho a mi bebé. La verdad era que mi pequeño "accidente" fue a propósito.

Cuando terminé con Francisco, dejé de tomar las pastillas anticonceptivas. Las noches en que me acosté con él fui consciente del riesgo. Sabía exactamente lo que estaba haciendo.

En algún momento creí necesitar un bebé. Pero al sostener los resultados de la prueba en mi mano, me pregunté cómo podía traer a un niño a este mundo por las razones equivocadas. Esperar tanto de un bebé: que viniera a rescatar a su madre de ella misma, que la ayudara a encontrar su camino en este mundo, que le diera raíces y un sentido a su vida porque ella no era lo bastante fuerte ni madura como para hacerlo por sí misma. Eso era lo que le había hecho a mi bebé.

Peor aún, le había dado un padre al que sólo le gustaba hacer hijos, pero no criarlos, que no estaría ahí para guiarlo, amarlo y enseñarle a convertirse en un buen ser humano. Había estafado a mi bebé, quitándole la posibilidad de tener un padre cariñoso, amoroso y responsable, porque fui demasiado egoísta y pensé únicamente en mis propias necesidades.

Me decía que a mi bebé no le faltaría nada siempre que me tuviera a mí. Sin embargo, ¿acaso no sabía en carne propia lo que puede provocarle a alguien tener un padre ausente? Sabía muy bien que su ausencia puede perseguirte cada día de tu vida. Sabía cómo eso puede trastornar tu mente y afectar las relaciones que tienes con otras personas, porque todo lo que haces, piensas o sientes brota del oscuro y hondo dolor que la ausencia de esa figura ha dejado en tu vida. ¿Cómo podía hacerle eso a mi hijo?

—Puedes abortar —me dijo Mago cuando le di la noticia—. Cometiste un error, cierto, pero aún tienes una opción, Nena. De todas formas, ¿por qué querrías tener al bebé de ese hombre? ¿Y por qué le darías a tu hijo un padre como él?

Acostada en mi habitación, pensé en lo que mi hermana me había dicho. Cierto, tenía una opción, pero la culpa pesaba en mí. Había sido mi error. Además, ¿qué excusa podía dar para no tener a este bebé? Tenía trabajo, así que podía mantenerlo. Tenía veinticinco años.

Betty se convirtió en madre a los diecisiete; Norma a los dieciséis; Mago a los veintiuno; Cindy, mi hermanastra, dio a luz a gemelos a los diecinueve. Estaba rodeada de madres jóvenes. ¿Qué excusa tenía, salvo que me había hecho esto a mí misma y ahora me daba miedo tener un hijo por las razones equivocadas?

Cuando estaba en el PCC, tomé una clase de Biología y descubrí un cuarto en el edificio de Ciencias donde guardaban fetos en frascos. Fue la cosa más horrenda que hubiese visto en mi vida y, al mismo tiempo, la más asombrosa. Jamás hubiera imaginado que algo así era posible: poner a bebés en frascos y exhibirlos en estantes, donde pasarían el resto de la eternidad existiendo sin existir. Regresaba, una y otra vez, a pasar horas en aquel cuarto, yendo de un frasco al otro con un feto de cada etapa del desarrollo. Me fascinaba contemplar el aspecto que tenían los bebés de dos, tres y cinco meses luego de la concepción. Me imaginaba que así era como yo lucía dentro del vientre de mi madre y, de alguna manera, eso hacía que me sintiera conectada con ella como nunca antes. Fue en su vientre que llegué a la existencia y donde fui más vulnerable.

Pero el feto que más me maravillaba era el de los seis meses. Tenía cejas, pestañas y parecía como si solamente estuviera dormido. Sentía que, si me paraba ahí durante suficiente tiempo, abriría los ojos. Después recordaba que estaba muerto. Que todos lo estaban. De un cartel pegado en la pared me enteré que aquellos bebés provenían de abortos espontáneos y se me partió el corazón pensar en ellos, por las vidas que nunca llegaron a vivir. Por todo lo que se perdieron. Por lo sueños que nunca soñarían.

El recordar a los bebés metidos en aquellos frascos me hizo afligirme por el mío. Tenía dos meses de embarazo. Sabía el aspecto que tenía el bebé que traía en mi vientre. Así que decidí que, a diferencia de esos bebés, el mío tendría una vida y sueños por alcanzar. Me quedaría con mi bebé e iniciaría mi propia familia, sólo con nosotros dos.

Cuando le di la noticia a Francisco, terminé con él definitivamente.

# 24

*Reyna y su asistente*

LOS ADMINISTRADORES DE la escuela mostraron un poco de misericordia cuando me dieron la materia de Inglés como Segundo idioma para impartirla al grupo de sexto grado en el nuevo año escolar. Pronto me di cuenta de cuánto prefería a los vivaces chicos de sexto que a los de octavo, con quienes me costó mucho trabajo conectarme. En primer lugar, los de sexto eran pequeños, así que por primera vez no me importó tanto ser chaparrita. Tampoco habían perdido las ganas ni el entusiasmo por aprender y no se atrevían a llamarme de otro modo que no fuera señorita Grande. Las niñas de sexto grado, a diferencia de las chicas mayores, me admiraban y respetaban. Aún no desarrollaban el cinismo hacia la autoridad del adulto, como algunos de sus compañeros de más edad.

Lo que me hizo conectarme con estos niños fue que la mayoría de ellos eran inmigrantes recién llegados de México o Centroamérica. Sabía que muchos de ellos eran indocumentados, aunque nunca se los pregunté. No hablaban inglés, pero en sus ojos podía ver el deseo de encontrar un lugar al cual pertenecer, un sitio donde pudieran sentirse seguros. Sus historias eran muy similares a la mía. Provenían de hogares rotos, de familias desintegradas; ese era el precio que todos debíamos pagar por una oportunidad para alcanzar el sueño americano.

Mis chicos de sexto me recordaban a mí misma a su edad, en especial las niñas. Cuando llegué a los Estados Unidos tenía un año menos que ellas, y desconocía el estilo de vida, el idioma y la cultura. Mi trabajo consistía en enseñarles inglés, pero también sabía que necesitaban una maestra paciente y amorosa que entendiera que sus necesidades iban más allá del aprendizaje de una lengua. Primero debían sanar de sus traumas, pues no los dejaban en la puerta. El trauma entraba al salón de clases con ellos, como un fantasma que los perseguía día y noche. Al pararme frente a mis alumnos para darles la bienvenida a la clase, me pregunté cuántos de ellos vivían con padres que les resultaban unos desconocidos. Les dije lo que hubiera deseado que mi propia profesora de primaria me hubiera dicho.

—Lo primero que necesitan para aprender inglés es paciencia —les dije a mis estudiantes en su primer día—. Toma tiempo adaptarse a un nuevo país, aprender un nuevo idioma, una nueva cultura. Lo van a lograr. Ahora tal vez no lo parezca, pero algún día se sentirán tan cómodos hablando en inglés como lo hacen en español. Pero pase lo que pase, nunca olviden de dónde vienen y jamás sientan vergüenza de quiénes son.

—Sí, señorita Grande —respondieron, sentados en silencio y viéndome como si lo supiera todo. Por fin me sentía segura como maestra. Con este grupo de chicos de sexto grado, las calcomanías y los lápices, las fiestas con pizza, las palomitas y las películas, sí funcionaban. Hasta los dejaba que pusieran su música favorita cuando teníamos fiesta, y yo bailaba "Mambo No. 5" con ellos.

Cuando me fue imposible ocultar mi panza de embarazada, las niñas gritaron emocionadas por el bebé y me hicieron un millón de preguntas. ¿Ya había escogido un nombre? ¿Era niño o niña? ¿Podían organizarme una fiesta de *baby shower* cuando llegara el momento? ¿Les daría fotos del bebé? ¿Vendría a presentarles a mi bebé cuando naciera?

Me sentí incómoda al confesarles que no estaba casada y que mi bebé no tendría un padre. No era el ejemplo que les quería poner y, en ocasiones, me sentía avergonzada. Pero nunca me juzgaban. Me repetía que era perfectamente capaz de ser madre y que el no tener a un hombre a mi lado no era el fin del mundo. Había tomado una decisión e iba a hacer todo lo que estuviera en mis manos para ser la mejor madre posible. Esa era la lección que quería que mis alumnos se llevaran: honrar las responsabilidades y hacer lo correcto.

Compartí las primeras imágenes de mi ultrasonido con mis estudiantes, y cuando me enteré de que esperaba un niño, me ayudaron a escoger algunos nombres: Sebastián, Fernando, Adrián.

Cuando mis niñas se quejaron conmigo de cómo los otros estudiantes las molestaban en el patio durante el descanso y el almuerzo, les abrí mi salón y ellas venían a pasar el rato conmigo durante el receso, lejos de los alumnos de octavo grado que las asustaban. Pronto, incluso los chicos comenzaron a venir. Jugaban, escuchaban música, me contaban acerca de sus vidas y sus familias, hacían tarea, limpiaban y organizaban el aula, me ayudaban a calificar los trabajos mientras yo reposaba mis pies hinchados. Varios de ellos se integraron al grupo de baile folklórico, así que también los veía después de clases. Llegué a apegarme tanto a estos chicos que cuando llegó el momento de tomar mi descanso de maternidad, verdaderamente me entristeció tener que despedirme de ellos y esperaba con impaciencia poder regresar con ellos.

Hubo muchos momentos en los que sentí incertidumbre y pavor al convertirme en una madre soltera. Era el miedo más grande que había sentido en mi vida. Sin embargo, me enfrenté a esos temores y conseguí hacer algo fantástico: nos compré a mi hijo y a mí una casa. De haber podido, la habría construido con mis propias manos. En lugar de eso, hice algo mejor, ¡encontré una oportunidad maravillosa!

Unos meses antes de tomar mi descanso de maternidad, escuché de un programa que ofrecía el Departamento de Vivienda y Desarrollo Urbano (HUD, por sus siglas en inglés) llamado "The Teacher Next Door" (El profesor de al lado). Las propiedades que ofrecía el programa eran viviendas embargadas que se vendían por sorteo a mitad del precio de mercado. El único requisito era vivir en la casa por tres años, momento en el que estaba permitido venderla por su valor total.

En el transcurso de las semanas revisé diligentemente la lista de casas y dediqué horas después de la escuela y de los fines de semana a ir a ver las viviendas, para luego registrarme en el sorteo de las que me gustaban. A pesar de que terminaba decepcionada al final de la semana cuando mi nombre no aparecía en la lista de ganadores, persistí. Varias semanas después, justo antes del Día de Acción de Gracias, mi tenacidad y resistencia dieron sus frutos cuando, finalmente, mi nombre apareció. Era la afortunada ganadora de una casa de dos habitaciones. No había ido a ver la vivienda por falta de tiempo, pero me inscribí en el sorteo por impulso. Ahora sé que se trató de intuición.

El único inconveniente era que todas las casas ofrecidas se encontraban en barrios muy feos. El propósito de los programas "El profesor de al lado" y "El oficial de al lado" era llevar a maestros y policías a las zonas violentas que necesitaban ser mejoradas. Me preocupaba mudarme a la zona de South Central, donde se ubicaba mi nueva vivienda, a diez minutos del trabajo. Se trataba de un área de mala reputación debido a los crímenes y la violencia de las pandillas, como los infames Crips y Bloods; debido también a su historia turbulenta, como los disturbios de Watts de 1965 y, en fechas recientes, la revuelta de 1992 provocada por la golpiza que le propinaron a Rodney King unos policías blancos que no rindieron cuentas por lo que hicieron. Recuerdo que cuando estaba en la preparatoria, me asomé afuera con mis compañeros para ver a la distancia el humo que se elevaba sobre la ciudad tras el estallido de los disturbios.

Ahora aquí estaba, a punto de mudarme al epicentro de una de las zonas más violentas de Los Ángeles. Me dije que sólo sería por tres años. Después de eso, con el dinero que obtuviera de la venta por el valor total de la casa, podría irme con mi hijo a cualquier lado; incluso regresar a Santa Cruz. Lo que más quería era volver a sentirme parte de una comunidad. Quería árboles, cielo azul y aire limpio. Quería rodearme de personas que amaran la naturaleza y que fueran conscientes de nuestro impacto en el medio ambiente. Pero el principal motivo para querer irme, era que me sentía pequeña viviendo en esta gran ciudad; apenas una entre millones tratando de sobrevivir.

Cuando recibí las llaves tres semanas antes de mi día de parto, tuve que llamar a la policía para que desalojaran a los ocupantes que habían tomado la casa ilegalmente mientras estuvo vacía. El agua se suspendió durante el tiempo que la casa permaneció en venta, por lo que la taza de baño estaba asquerosa. El lugar apestaba a marihuana, orines y caca. Habían arrancado de las paredes los gabinetes de la cocina y sólo quedaban unos tremendos agujeros. En la habitación principal se extendía una quemadura en el piso de madera, como si alguien hubiera encendido una hoguera pensando que se encontraba en la playa. El exterior no estaba en mejores condiciones. El patio delantero no era más que tierra llena de hoyos dejados por las docenas de topos que vivían bajo el suelo. Había un vendedor de fruta en la esquina, justo afuera de la cerca alambrada, y la vista que yo tenía desde el ventanal de la sala era de su sombrilla de rayas azules, de las cajas de plástico negras y del hombre mismo que reorganizaba su mercancía para que luciera presentable.

La vivienda se ubicaba directamente en la trayectoria de vuelo del aeropuerto de Los Ángeles y a cada rato un avión volaba sobre nosotros. Para colmo de males, la casa se situaba en la esquina de una calle muy transitada. Había una parada de autobús y una señal de alto justo enfrente del patio. Aviones, disparos, coches, helicópteros, sirenas policiacas y de ambulancias... esa sería la desagradable cacofonía de sonidos que escucharía cada noche desde el primer día de mi llegada.

Pensé que era de lo más gracioso —una broma de la vida— terminar en el lugar opuesto a la casa de mis sueños con la que había fantaseado. Sin embargo, con inmenso orgullo me paré en el patio trasero, deslizando mi mano por mi enorme panza, sin poder creer que tenía veintiséis y ¡ahora era dueña de una casa! No sospechaba que quince años más tarde vendería este lugar por cinco veces el precio que pagué por él y que ese dinero me permitiría comprar la verdadera casa de mis sueños. No lo sabía, pero lo presentía. En mi corazón intuía que esta vivienda era el equivalente al primer borrador de una novela. Y como todo buen escritor sabe, el primer borrador siempre es una mierda.

Lo único que me gustaba de esta casa era que tenía dos enormes árboles de aguacate en el patio trasero, que brindaban sombra abundante y una buena cosecha. Tendría para preparar tanto guacamole como quisiera. Parada bajo el árbol, sentí que alguien me observaba; al voltear, vi que un hombre me miraba desde el patio vecino a través de la cerca alambrada que dividía ambas propiedades. Había montado una carpa en su jardín y empezaba a encender el fuego para cocinar. Si mi hijo y yo queríamos salir al patio de atrás sin que nos vieran, tendría que resolver el asunto de la cerca.

En un libro sobre el embarazo leí acerca del periodo de anidación en el que, como a los pájaros, a la futura mamá le nace el instinto de preparar un hogar para su bebé. En ese momento mi instinto se activó y, llena de emoción, regresé adentro para entregarme por completo a convertir esta casa en un hogar para mi hijo y para mí.

25

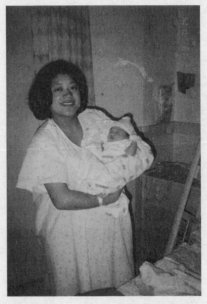

*Madre e hijo*

UNA DE LAS veces en que verdaderamente necesité que mi mamá estuviera conmigo fue cuando me convertí en madre. Pero ella no estuvo presente. Y no debí esperar que lo estuviera. Mago, que fue la única madre que tuve de niña, apareció en la sala de partos del Centro Médico Kaiser en el oeste de Los Ángeles y se quedó a mi lado, guiándome, tranquilizándome, alentándome en aquellas ocasiones en las que me sentía demasiado débil para pujar.

—¡Nena, te van a tener que cortar si no pujas! —me regañó al oído.

—No puedo hacerlo —grité—. No puedo. —El dolor atroz hacía que me retorciera. Era como si una mano invisible me estrujara la base de la espina dorsal una y otra vez. Sentía que literalmente me estaban destrozando por dentro. El doctor me dijo que el parto de riñones era el más doloroso.

Mago se paró a mi lado y me dio fuerza.

—Sí puedes pujar. Tienes que hacerlo.

El anestesiólogo nunca apareció, a pesar de que pregunté en repetidas ocasiones por él. Las enfermeras respondían que estaba ocupado con una cesárea y que no podía venir a darme anestesia epidural. No tuve de otra más que soportar cada espasmo de dolor, cada retortijón y calambre, sin la esperanza de que llegara la inyección que se llevara todo ese sufrimiento. Me pregunté si estaba siendo castigada por ser tan irresponsable. "¿Querías un bebé? Pues ahora chíngate".

Llamé a mi hijo Nathaniel, una variante del nombre de mi padre, Natalio. Su segundo nombre, Khalil, era el de uno de mis escritores favoritos, Kahlil Gibran, cuyo verdadero nombre, Khalil, escribieron mal en la escuela cuando emigró de niño a los Estados Unidos. Hacía seis años que había descubierto *El profeta*, cuando estaba en Pasadena. Fue un libro que alivió mi alma con su lirismo, espiritualidad y palabras poderosas en temas como el amor, el matrimonio y los hijos. Pero el poema que más me impactó tenía que ver con la alegría y el dolor.

Mientras más hondo cale la pena en tu ser, más alegría
    podrás contener.
¿No es la copa que guarda tu vino, la misma que se coció
    en el horno del alfarero?
¿Y el laúd que conforta tu espíritu, acaso no viene de la misma
    madera que fue ahuecada con cuchillos?

Las palabras de Gibran me ayudaron a ver mi dolor de un modo distinto. Había conocido el dolor la mayor parte de mi vida, y lo había resentido. La vida no sólo me había dado limones, sino que me dio el limonero completo. Pero las palabras del poeta me ayudaron a pensar en mi cuerpo como si fuera una vasija que el dolor ahuecó para que un día lo pudiera llenar con una gran cantidad de alegría.

Ese día de enero del año 2002, cuando sostuve por primera vez a mi bebé en mis brazos, sentí que algo puro y hermoso comenzaba a emerger del manantial subterráneo de mi alma. Cuando cada rincón y grieta de mi cuerpo se llenaron de una increíble alegría al ver que los ojitos de mi hijo me veían, por fin entendí lo que querían decir las palabras de Gibran.

Como aún no concluían las reparaciones de mi casa, me fui a quedar con Carlos durante la convalecencia, y Norma, quien había dado a luz a su segunda hija tres meses atrás, me ayudó a recuperarme. Mi madre tardó cuatro días para finalmente venir a conocer a su nuevo nieto, y eso sólo después de que le dije por teléfono lo que pensaba de ella.

"Estabas sólo a veinte minutos del hospital, ¿y no te molestaste en venir?", le reclamé. Más que nada, estaba molesta conmigo misma. Me sentía furiosa por desear que ella estuviera a mi lado, por seguir esperando que hiciera lo correcto, a pesar de que no lo había hecho en todos estos años. Cuando la vi cargando a mi bebé por primera vez, me juré que nunca sería esa clase de madre. Estaría presente cuando mi hijo me necesitara y aun cuando no fuera así.

Francisco acudió al hospital cuando Nathan nació, y reconozco que hizo lo mejor que pudo para estar al tanto de nosotros periódicamente. Pero justo como pensé que actuaría, con el tiempo se hizo a un lado y me dejó a cargo del cuidado y la crianza del bebé. Venía de visita de vez en cuando, pero luego desaparecía durante meses, hasta que un día cualquiera me llamaba de repente para preguntar por nuestro hijo. Nunca lo culpé. Sabía lo que iba a ocurrir, pero la culpa me carcomía al preguntarme cómo le afectaría a mi hijo tener un padre ausente. ¿Crecería con ese hueco en su corazón como me ocurrió a mí? ¿O le bastaría con mi amor?

Mi nueva identidad era la de una madre soltera. Mi hijo iba a depender de mí para todo, así que pondría lo mejor de mi parte para atender mi responsabilidad materna, del tipo que Kahlil Gibran describió en *El profeta*:

> Ustedes son el arco del cual sus hijos salen proyectados
> como flechas vivientes.
> El arquero ve el blanco en el sendero del infinito,
> y los curva con su poder
> para que sus flechas vayan rápidas y lejanas.
> Permitan que esa curva en manos del arquero sea de alegría;
> pues aunque Él ama la flecha que vuela,
> también adora el arco que es estable.

Lo que más quería era darle a mi hijo lo que a mí no me dieron mis padres: un hogar lleno de amor, estabilidad y alegría. Para conseguirlo, tendría que ser tan fuerte y estable como el arco del arquero, y aprender a doblarme sin quebrarme.

Poco después de que me mudé a mi propia casa, Mago me llamó.

—Vamos a Fidel's por unos sándwiches de jamón.

Como rara vez la veía, pues estaba muy ocupada criando a sus tres hijos, trabajando y lidiando con sus asuntos matrimoniales, y yo estaba atareada como mamá soltera y enseñando de tiempo completo, me entusiasmó recibir su llamada.

Nos encontramos en Highland Park en Fidel's Pizza, un pequeño restaurante donde vendían nuestros sándwiches favoritos de jamón con queso, que hacían con *baguettes* francesas. Crecimos con el antojo de la comida que servían en este lugar, ubicado justo en la calle donde se hallaba la casa de nuestra infancia. Le suplicábamos a nuestro padre que nos llevara, pero nunca lo hizo. En ocasiones, cuando estaba de buen humor, nos daba un dólar a cada uno, y Carlos, Mago y yo juntábamos nuestro dinero para comprar uno de esos sándwiches y lo dividíamos en tres. Siempre nos quedábamos con el antojo de uno entero para cada quien.

De adultos seguíamos deseando esos sándwiches pero ahora teníamos suficiente dinero para comprar uno entero sin tener que compartirlo.

Después de terminar de comer, Mago me preguntó:

—¿Quieres ir a verlo?

Nuestro papá vivía en esa calle, a apenas cinco minutos caminando. Realmente sería muy fácil ir a verlo. ¿Acaso no era lo que hacían las hijas normales? ¿No llegaban de sorpresa a visitar a su padre? Lo que no sabíamos era si eso le agradaría tanto a él como a nuestra madrastra.

—Bueno, ¿qué dices? —me preguntó Mago, esperando a que me decidiera.

Ansiaba que mi hijo tuviera una relación con su abuelo. Mi hermana quería lo mismo para los suyos, y si ella, que incluso se aferraba a su enojo más que yo, estaba dispuesta a ir a verlo y hacer el esfuerzo de conectarse con él, entonces yo también podía.

—Vamos —respondí.

Acompañadas de nuestros cuatro hijos, llegamos a casa de nuestro padre. Mila había ido al mercado, así que estaba solo. Lo saludamos con una gran sonrisa. Quería abrazarlo, pero ninguna de las dos tenía ese tipo de relación con él. Llegamos con una actitud positiva, pero no había pasado ni un minuto cuando él le preguntó a Mago:

—¿Cómo se llaman tus hijos?

Y eso bastó para disparar el mal genio de mi hermana.

—Aidan, Nadia y Alexa —respondió a regañadientes—. ¿Es tan difícil recordar los nombres de tus nietos?

—¿Por qué le pusiste a tus hijos nombres tan difíciles de recordar? —se justificó.

—Los nombres bíblicos son más complicados y, sin embargo, te las arreglas para memorizarlos perfectamente —replicó Mago. Las pocas ocasiones que lo vimos en fechas recientes, de lo único de lo que hablaba era de su religión, e incluso había intentado convertirnos. Resultaba un tema delicado.

Como no quería averiguar si mi padre recordaba el nombre de mi hijo, rápidamente intervine.

—Y él es Nathaniel.

Mago estaba que echaba humo, y pude adivinar que se quería ir. Por su parte, mi padre no se entusiasmó por mi bebé. Lo único que hizo fue señalar lo evidente:

—Está chiquito. —Sin embargo, no me preguntó si podía cargarlo. Ni siquiera estiró la mano para pellizcarle una mejilla, tocarle el cabello, palmearle la cabeza o sostener su manita, que eran gestos que hasta los desconocidos del supermercado o del centro comercial querían hacer con mi bebé.

Traté de que no me importara. Estaba aquí, con mi padre, y no me iba a marchar sin por lo menos compartir lo que estaba ocurriendo en mi vida, le importara o no.

—Compré una casa, Pa.

Mi padre volteó a verme sorprendido, luego su duda se transformó en entusiasmo cuando se dio cuenta de que hablaba en serio.

—¿De verdad, Chata? Esa es una gran noticia.

Finalmente había hecho algo bien. Después, como no podía parar, también le di la otra noticia que me moría por contarle.

—Y por fin voy a conseguir mi ciudadanía.

El pasado septiembre, el día infame que sería conocido como 9/11, fui al edificio federal ubicado en el centro para que me tomaran mis huellas digitales y así solicitar mi ciudadanía estadounidense. Esa mañana no escuché las noticias, por lo que no me enteré de lo que estaba sucediendo en Nueva York. Mago me llamó para contarme y suplicarme que saliera del edificio, porque el centro de Los Ángeles podía ser atacado. Pero no me marché. Me había costado años llegar hasta este punto y no iba a perder mi lugar en la fila sin concluir el proceso. Envíe mi solicitud cuando estaba en Santa Cruz, pero por alguna razón la correspondencia del Servicio de Inmigración y Naturalización se extravió en el correo del campus. El trámite se volvió tres veces más complicado cuando me mudé a Los Ángeles, y más correspondencia se perdió. Tuve que abrir de nuevo mi caso y pagar más tarifas. Esperaba que no evacuaran el edificio antes de que terminaran de procesar mis huellas digitales. La ciudadanía estadounidense era otro de los sueños de mi padre para nosotros. En dos meses tenía programada la ceremonia de juramento y, por el bien de mi hijo, esperaba que mi certificado de ciudadanía por fin nos diera el derecho de reclamar este país como nuestro.

La mirada de admiración que ahora me dirigía mi padre me decía que me había redimido con él. Cierto, era madre soltera y tuve a mi hijo fuera del matrimonio, cosas que él desaprobaba. Pero ahora era dueña de una casa y pronto sería ciudadana estadounidense. Tenía un título universitario y era toda una profesional con un buen trabajo. El ser maestra para el Distrito Escolar Unificado de Los Ángeles significaba mucho para mi padre. En su momento, no se mostró muy impresionado cuando le conté que iba a estudiar para ser escritora.

—¿Qué te parece tu nueva casa? —me preguntó.

—La casa no está mal. Sólo que no me gusta mucho el vecindario. —Le conté de las dos veces que entraron en mi garaje y la ocasión en la que estaba en el trabajo y alguien cortó los barrotes de la ventana de la habitación para meterse. Tuve que llamar a un soldador para que los reparara. Omití el asunto de los incontables aviones que volaban sobre mi casa, los disparos que se oían a la distancia, el rechinido de llantas de los autos que iban volando y apenas lograban frenar al pasar por la señal de alto que había frente a la casa. Pero sí le platiqué sobre lo que más me preocupaba.

—El vecino está dejando que un amigo se quede a dormir en una carpa que instaló en su patio, y todo el día puede ver mi propiedad por la cerca de alambre. Cocina con lumbre al aire libre, fuma y bebe, y hasta se orina en el jardín.

—Mmm, no es seguro para ti y el bebé —comentó mi padre, con un gesto de gran preocupación. Por primera vez, verdaderamente miró a Nathan, y no apartó los ojos de su nieto cuando agregó—: Iré a construirte una cerca mejor.

Cumpliendo con su palabra, llegó los siguientes dos domingos y se dedicó todo el día a erigir una cerca de madera que rodeara la propiedad. Era la primera vez que volvía a conectarme con él de un modo que no había ocurrido desde que fuimos al restaurante tailandés en Santa Cruz. Salí con un vaso de agua para él y me senté a unos pies de distancia para verlo trabajar. Al principio, ninguno de los dos hablaba. En mis brazos cargaba a Nathan, ese bultito que sostenía contra mi pecho me ayudaba a ser valiente en presencia de mi padre. Cada vez que lo veía, retomaba mi antigua forma de ser. Me cohibía y me sentía nerviosa cerca de él. No sabía de qué platicar o cómo lograr que participara en una conversación. Era un hombre reservado y no le gustaba compartir nada acerca de sí mismo, en especial con sus hijos. Mi padre me resultaba un misterio, un rompecabezas con demasiadas piezas faltantes que deseaba encontrar para poder completarlo y por fin lograr entender plenamente al hombre cuya sangre corría por mis venas.

Mientras mi padre trabajaba, lo miraba haciendo lo que mejor sabía. Era tan bueno construyendo cosas, así como destruyéndolas. Observaba sus manos, tan morenas y fuertes, modeladas igual que las mías. Admiraba su habilidad para medir y cortar, para martillar y perforar. El amigo del vecino, un hombre flaco de unos cincuenta años, vestido con una camiseta sucia y *jeans* que claramente le quedaban grandes, se sentaba en una cubeta volteada afuera de su carpa, fumándose un porro de marihuana, y contemplaba cómo mi padre construía la cerca. Una por una, las tablas de madera se levantaban y mi papá las iba taladrando para sujetarlas en su sitio.

Un helicóptero pasó volando y el sonido me llevó de regreso a la frontera, recordándome el cruce que dividió mi vida en un antes y un después.

Recordé muy vívidamente el momento cuando intentamos atravesar, el miedo de que la migra nos capturara, de que nos enviaran a México y de perder la oportunidad de tener a mi padre de regreso en mi vida. Recordé que él tenía razón, pues a los nueve años y medio era muy pequeña para cruzar y los puse a todos en peligro de ser capturados. Efectivamente, la migra nos atrapó y nos mandó dos veces de regreso a Tijuana. Fue un milagro que lo consiguiéramos en el tercer intento, aunque mi padre tuvo que cargarme en su espalda la mayor parte del camino.

Fue ahí, en la frontera con los Estados Unidos, que él me cargó de caballito por primera vez.

—¿Recuerdas cuando cruzamos? —le pregunté.

—No —respondió—. He tratado de olvidarlo —luego bajó su taladro y me miró—. No deberías pensar en eso, Chata. Lo que ocurrió, ya está en el pasado. Déjalo ahí. Olvídalo. Continúa con tu vida —volteó hacia la cerca y reanudó el trabajo.

No le confesé que no podía olvidar. La única manera de seguir adelante era recordar mi pasado para intentar encontrarle sentido. Solamente entendiendo y aceptando la vida que había tenido, podría liberarme de los traumas que aún me perseguían y me tenían prisionera. Ese era el motivo por el que necesitaba regresar a mi escritura. Era la única forma en la que sería libre.

Mi padre, por otro lado, ahogó sus traumas de inmigrante en una lata de cerveza. Aunque su religión recién adquirida lo ayudó a dejar de beber, al final retomó el vicio. Nueve años después fallecería de cáncer de hígado, aún siendo prisionero de sus traumas.

—¿Te arrepientes de haber migrado? —le pregunté cuando apagó el taladro para tomar más tornillos de la cubeta que estaba en el suelo.

Me miró durante un largo rato, como escogiendo sus palabras con mucho cuidado.

—Chata, muchas personas en este mundo viven llenas de remordimientos. En la iglesia he aprendido que hay una mejor forma de vivir: en Jesucristo. ¿Crees que Él se arrepiente de haber muerto por nuestros pecados?

Bajé la mirada al piso. Desconocía si Jesús lamentaba algo; lo único que sabía era que yo sí. Sin duda, me arrepentía de mi pregunta, pero mi padre continuó.

—Jesús murió para salvarte, Chata. Y moriría de nuevo por ti si tuviera que hacerlo. Igual que yo volvería a migrar por ti, si no hubiera de otra —volteó a ver a Nathan—. Eres madre y tal vez ahora me entenderás.

Regresó a su taladro y no volteó a verme de nuevo. Nathan despertó de su siesta y lo llevé adentro para cambiarle el pañal, mientras reflexionaba sobre las palabras de mi padre. Posé mi nariz en el pequeño cuello de mi hijo e inhalé el dulce aroma del talco de bebé.

—Chiquito mío, te prometo que nunca te dejaré.

Mientras cargaba a mi hijo, comencé a entender la paradoja de nuestra experiencia como inmigrantes. A pesar del trauma que sufrí por la decisión de mi padre de migrar, esa misma decisión me permitiría hacer lo que él nunca pudo hacer por mí. Yo iba a ver crecer a mi hijo. Iba a poder celebrar los cumpleaños y las fiestas con él. Nunca tendría que apartarme de mi hijo para irme a otro país en busca de una mejor vida para él. Salvaría a mi niño de la pena de tener que cruzar la frontera.

Cuando mi padre terminó la cerca y se marchó, salí al patio y pasé mis manos por la superficie, admirando su trabajo, sintiendo la dureza y aspereza de las tablas, semejante a la de sus manos.

Mi padre creía en el regalo que Jesús nos dio. Yo creía en el regalo que mi papá me dio: esta cerca y el tiempo que pude pasar con él mientras la construía. Pero estando ahí, con Nathan en mis brazos, me di cuenta de que había algo más que me había dado: el mayor regalo que mi padre me dio era poder ser una madre que se queda con su hijo.

*Reyna y Nathaniel de bebé*

# 26

LUEGO DE TRABAJAR dos años y medio en la secundaria, descubrí que uno de mis mayores problemas como maestra era que la escuela siempre estaba cambiando los libros de texto. Justo cuando creía estar hallándole el modo a un libro, el siguiente ciclo escolar lo sustituían, y nos enviaban a otro entrenamiento para aprender a usar el nuevo texto. Otro problema era que constantemente me cambiaban el grado y los temas que enseñaba, por lo cual sentía que no podía desarrollar mi experiencia ni en los cursos ni en los temas. En julio de 2002, cuando inició el nuevo ciclo escolar para aquellos que estábamos en el itinerario B, me asignaron la materia de Inglés para octavo grado. A pesar de que había solicitado que me dieran la materia de Inglés como Segundo Idioma para principiantes en sexto grado, que era el nivel y el tema con los que me sentía más cómoda, mi director me dijo que no había nada que se pudiera hacer al respecto. Lo peor era que para resolver el problema de la sobrepoblación de las escuelas secundarias, el distrito implementó la política de pasar a todos los alumnos de octavo grado a noveno siempre que obtuvieran calificaciones de D, el equivalente de un 6, en Matemáticas e Inglés. Todas las demás materias podían reprobarlas. Me quedé atónita. En México tenías que ganarte tu lugar en el siguiente grado y demostrar que estabas lista, que fue la razón por la cual mi madre no se graduó de la primaria hasta los diecisiete años.

—Den su mejor esfuerzo —animaba a mis alumnos durante la clase—. Siéntanse orgullosos de su trabajo. ¡Su futuro depende de su educación! ¡La educación lo es todo! —me escuchaba como mi padre, y deseaba que él estuviera aquí para ayudarme a convencer a estos chicos de la importancia de pensar en su futuro.

—No tenemos que esforzarnos tanto —me respondían mis alumnos, negando con la cabeza ante mi entusiasmo y apasionamiento—. ¿Acaso no sabe que lo único que necesitamos es sacar una D en su clase para pasar?

Dejaban de prestarme atención y regresaban a su apatía y sus travesuras. Debido a las bajas expectativas del distrito, la mayoría de los estudiantes rápidamente le sacaban provecho de la situación, y sus calificaciones dejaban de importarles en cuanto entraban a octavo grado.

Leo, mi medio hermano, se convirtió en una víctima de estas medidas absurdas. Se abrió camino en la escuela sacando únicamente la calificación obligatoria de D en Matemáticas e Inglés, lo cual lo condujo al fracaso. Cuando llegó a la preparatoria, no pudo manejar las exigencias de la escuela y la abandonó. A diferencia de Betty, él nunca regresó.

La apatía de mis alumnos era una cosa, otra muy distinta era su mal comportamiento y su falta de respeto. Había algunos que se pasaban por completo de la raya, y cuando telefoneaba a sus padres, muchos no me regresaban la llamada. Recordé el consejo de la profesora Hoang de hacer visitas inesperadas a sus casas. Así que comencé a aparecerme en los hogares de mis alumnos más problemáticos para pedir el apoyo de los padres.

—No lo soporto más —me respondió uno de los padres al escuchar mi informe sobre su hijo, quien usó unas tijeras para destrozar todos los audífonos de mi centro audiovisual—. ¿Me puede ayudar?

¿Conoce algún lugar al que pueda llamar para que me lo quiten de encima?

Me quedé sentada pensando, "Vine a pedirle su ayuda y ¿es usted quien me pide que lo ayude a deshacerse de su hijo?". Me sentí impotente al ver a ese padre tan desesperado. No sabía qué decirle. Ignoraba los detalles de sus vidas, desconocía qué era lo que los había llevado hasta este punto, y me sentí incapaz de brindarle algún consejo. Recordé a mi madre y los problemas que tuvo con Betty. Si bien era cierto que mi hermana tenía problemas de conducta, fue por la falta de amor y apoyo que vivía en casa. Sin embargo, ¿cómo podía explicarme su comportamiento cuando la llevé a vivir conmigo y lo único que hice fue amarla y apoyarla? Alguna vez me dijo: "No es nada fácil empezar en un lugar nuevo con la antigua Betty aún dentro de mí". Aunque fue difícil romper con sus hábitos y le tomó algún tiempo, Betty consiguió liberarse de su pasado, encontró su camino y logró tomar el control de su vida.

Todavía no tenía le experiencia para entender la dinámica entre padres e hijos y, por ello, fui incapaz de brindarle consuelo a ese hombre.

—No se dé por vencido con su hijo —fue lo único que atiné a decirle—. Él necesita que usted sea fuerte y que confíe en él. Está tratando de descubrir quién es.

—Sí, está bien, maestra. Gracias —respondió, tras asentir con la cabeza.

Otro día, le pedí a una chica que tirara su chicle.

—Es una regla estúpida —me respondió. Hizo una enorme bomba rosada con su chicle hasta que la explotó ruidosamente. Los alumnos estallaron en risas.

—Lamento que no estés de acuerdo con las reglas de la clase, pero tienes que seguirlas —dije, señalando el bote de basura que había junto a mi escritorio.

Caminó hacia el bote, escupió el chicle y volteó a verme.

—Eres una puta.

La mandé a la dirección y, cuando la clase terminó, llamé a su padre para programar una cita al día siguiente, después de la escuela, para discutir el comportamiento de su hija.

En lugar de eso, el hombre irrumpió en mi salón a la mañana siguiente durante el primer periodo. No se registró en la dirección, como se requería para los visitantes. Acudió directamente al aula para gritarme enfrente de mis alumnos.

—Es su culpa que mi hija le haya dicho lo que le dijo. Sólo se estaba defendiendo. Me contó que todo el tiempo la castiga por cualquier cosa que hace. Ella no es el problema, sino usted. Voy a ir con el director a pedirle una mejor maestra para mi hija.

Estaba tan sorprendida que no pude pronunciar palabra para defenderme. Salió como endemoniado del salón y me quedé paralizada, mientras mis alumnos me veían y eran testigos de mi humillación. Estaba a punto de romper en llanto justo frente a ellos. Afortunadamente, sonó la campana, se levantaron de un salto de sus escritorios y salieron corriendo del salón, dejándome a solas con mi vergüenza.

Esa noche desperté empapada en sudor y con el corazón acelerado. Tuve una pesadilla en la que huía de una enorme ola; pero sin importar qué tan rápido corriera, una profunda y aterradora oscuridad terminaba envolviéndome, como un vacío sin fondo del que no podía escapar. Sentí que una increíble desesperación me invadía, ahogándome, exprimiéndome hasta el último soplo de aliento y de esperanza.

Me senté en la cama, con la luz de la luna penetrando por la ventana y el aroma a jazmín que entraba flotando desde el patio. Entendí que este sueño era una señal. Estaba manteniéndome a flote y necesitaba hacer lo que fuera para evitar hundirme. La verdad era que me estaba quedando sin fuerzas.

"¿Cómo llegó mi vida hasta aquí?", me pregunté. Mi sueño no era ser maestra de secundaria, y mientras más tiempo pasaba, más se convertía en una pesadilla. Abrí el cajón de mi escritorio, donde guardaba mi novela incompleta. Habían pasado casi tres años desde la última vez que la había tocado. Saqué las páginas y las hojeé, pensando en la otra yo que en algún momento adoró escribir. Desde que tenía trece años, la escritura había sido mi salvavidas. Era a lo que me aferraba cuando me sentía más indefensa. En algún momento fue mi sueño, pero lo había traicionado. Al darle la espalda, perdí el rumbo.

Ahora tenía veintiséis y ya podía sentir los años vividos, las decisiones que había tomado o no tomado, agobiándome, sofocándome, haciéndome sentir vieja y cansada. Cerré los ojos y pensé en el sueño que me ayudó a completar la universidad: el sueño de ser escritora. ¿Había dejado que muriera al dejar de procurarlo? Miré dentro de mí y lo busqué en el hueco más profundo de mi alma, hasta que hallé su palpitar, lento y apenas perceptible.

Nathan se despertó llorando. Tal vez presintió mi aflicción. Lo levanté de su cuna y me senté en la mecedora para calmarlo.

—Había una vez —comencé a contarle a mi niño, mientras él se chupaba el dedo y se calmaba hasta irse quedando dormido— una niñita inmigrante con un gran sueño, que luego perdió el rumbo…

Nathan comenzó a llorar, como si protestara.

—¿No te gusta esa historia? —le pregunté—. Bueno, pues a mí tampoco.

Contemplé el rostro de mi hijo, sus ojos entreabiertos, su boquita en forma de O, conforme iba relajando su pulgar. Deseaba saber qué le deparaba el futuro. ¿En qué tipo de ser humano se iba a convertir? ¿Qué clase de sueños tendría? Entonces me di cuenta de que jamás podría alentar a mi niño para que persiguiera sus sueños si yo misma no lo hacía. Cuando Nathan fuera mayor, ¿con qué cara me atrevería a mirarlo y decirle que creyera en sus sueños, que trabajara duro por conseguirlos y que nunca los soltara, si yo había dejado ir los míos simplemente porque ser adulta había resultado ser muy difícil? Pero no, mi sueño continuaba vivo. A duras penas, pero seguía con vida. No era demasiado tarde para mí. Para nosotros.

—Basta con esta historia, Nathan. Vamos a escribir una nueva.

*Diana y Reyna*

Llamé a Diana al siguiente día y le conté acerca de mi humillante experiencia en el salón de clases, de mi desencanto al saber que, a pesar de haber dado mi mayor esfuerzo, me sentía como una fracasada.

—Reynita, tienes que pedir que te transfieran a la escuela para adultos. La diferencia es como la noche y el día. La escuela secundaria no es para ti. Además, todas esas responsabilidades y el estrés de verdad han afectado tu escritura. No puedes permitir que siga pasando. Hazme caso, te va a encantar la enseñanza de adultos.

Antes de comenzar a dar clases en Pasadena, Diana estuvo varios años en una escuela para adultos enseñándoles a los inmigrantes.

—Me encantó ese trabajo —me dijo—. Esos alumnos eran los más comprometidos que he tenido. La diferencia es que son adultos responsables y quieren estar ahí. Y no hay tarea que calificar, entonces tendrás tiempo de escribir. Reynita, tienes que pensar en ti y en tu bebé. Si no tomas los pasos necesarios para cambiar la situación en la que estás, te quedarás atrapada ahí para siempre. No pierdas de vista tu escritura.

Siguiendo el consejo de Diana, busqué un programa rápido de acreditación de maestros. Era urgente que cambiara mi credencial de emergencia por una permanente. En un año, en cuanto me dieran la credencial, podría transferirme a la escuela local para adultos.

Por otro lado, al buscar clases de escritura, di con el Programa para Escritores de la UCLA Extension. Ofrecían cursos de diez semanas y clases en fines de semana. Como no había escrito nada en tres años, decidí empezar poco a poco. Me inscribí a una clase de fin de semana llamada "Hallando tu voz única", impartida por María Amparo Escandón, autora del libro *Santitos*. Jamás había tomado clase con una escritora mexicana y me llenó de entusiasmo.

—¿Por qué estás haciendo esto? —me preguntó Mago cuando le conté que iba a regresar a la escuela—. Tienes un hijo. No puedes tomar clases. Ahora eres madre. Tienes que cuidarlo y estar con él.

—Lo estoy haciendo por los dos.

—¿Cuánto tiempo te va a quedar para Nathan entre el trabajo y la escuela? —preguntó. Y aunque estábamos al teléfono, podía sentir su mirada de reprobación lanzándome sus dardos.

No mucho admití. Su interrogatorio hizo que regresara la culpa. Como trabajaba tiempo completo en la escuela, tenía que dejar a Nathan con una niñera de 6:45 a.m. a 4:00 p.m. Y ahora que debía tomar las clases de acreditación, llegaría a casa a las 10:00 p.m. tres noches a la semana, y pasaría los fines en mi curso de escritura. Pero si no lo hacía mientras él era un bebé, sería mucho más difícil cuando fuera mayor. "¿Cuándo es el momento adecuado para que persiga mis sueños?", quería preguntarle a Mago. "¿Cuando él crezca y se vaya?". No creía poder sobrevivir a esos largos años de espera, anhelando pegar los trozos de mis sueños rotos. ¿Qué clase de arco sería para Nathan, si estaba hueca y podrida por dentro?

Cuando colgué con mi hermana, pensé en cómo la maternidad había resultado ser lo más difícil que jamás había hecho. Al convertirme en maestra, por lo menos tuve una semana de entrenamiento. Cuando me dieron de alta en el hospital, Mago me sacó en una silla de ruedas, con aquel bultito de alegría en mis brazos y una pañalera llena de miedo e inseguridad en mi regazo. Ella regresó a su vida y a sus hijos, y me dejó que averiguara las cosas por mi cuenta.

No podía acudir a mi madre en busca de apoyo o consejos. Norma, mi cuñada, era la mujer que más admiraba cuando se trataba de crianza de los hijos. Resultaba irónico que una madre adolescente fuera mi modelo a seguir; sin embargo, ella tenía un asombroso entendimiento de las complejidades de la maternidad. También poseía algo que a mí se me estaba dificultando; a diferencia de mí, Norma no dudaba en que sus hijas siempre debían venir primero, por lo que aceptaba y adoptaba la maternidad como su primer y único deber. Para Norma, sus hijas eran sus sueños. Cada vez que la animaba para que regresara a la escuela y obtuviera el certificado de preparatoria GED, y que siguiera una carrera, me respondía: "Ahora no, mis niñas me necesitan".

Cuando enseñaba inglés para principiantes, solicité libros ilustrados para mis alumnos pues, a pesar de que estaban en la secundaria, no leían lo suficiente en el idioma como para manejar libros por capítulos. Una de las obras que otros profesores me recomendaban mucho se llamaba *The Giving Tree* (*El árbol generoso*), escrito por Shel Silverstein.

Al acomodar mis libros nuevos en los estantes, me senté a leer dicho libro, el cual me dejó con un horrible sabor en la boca. La historia trataba sobre un árbol de manzanas que jugaba con un niño pequeño; se adoraban el uno al otro, y la vida era perfecta. Después el niño se convierte en joven y deja de querer jugar. Primero, desea dinero, luego una casa para su familia, más tarde quiere huir de sus problemas. El árbol le da sus manzanas, sus ramas, hasta su tronco, pero nada lo satisface. Años después regresa convertido en un anciano —igual de miserable que siempre— y el árbol no es más que un pedazo de tronco que no tiene nada más por dar. El viejo dice, "No necesito nada más que un lugar para sentarme". Así que él arbol le ofrece su base para que se siente.

Cuando terminé de leer la historia, quería arrojar el libro por la ventana y nunca permitir que mis alumnos lo leyeran, especialmente mis niñas. Me negaba a creer que para ser una buena madre tendría que darlo y sacrificarlo todo, hasta que lo único que quedara de mí fuera un tronco muerto.

Así que tomé una decisión. Regresaría a la escuela porque amar a mi hijo no significaba que debía destruirme a mí misma.

# 27

*Reyna y María Amparo*

Q UÉ ES LA VOZ? —preguntó mi nueva profesora de escritura, mientras revisábamos los objetivos del curso para su taller de fin de semana—. La voz es su forma única de comunicarse con ustedes mismos y con el mundo exterior. Es como su huella digital hablada y escrita. Hay cientos de variables que determinan su voz desde el momento en que son concebidos. Nadie en el mundo se comunica como ustedes, y lo que hace que su voz sea única es que su experiencia de vida también lo es.

Esta era la primera vez que consideraba que mis experiencias podían ser algo digno de celebrarse, en lugar de un motivo de vergüenza.

¿Podía ser posible que todo aquello por lo que había pasado me hubiese moldeado para convertirme en una persona singular, dueña de una voz única?

María Amparo resultó ser una profesora generosa, y nuestro país en común, cultura y herencia me hicieron sentirme conectada con ella. A pesar de que nacimos en clases sociales distintas —ella, en la alta sociedad mexicana, y yo, bueno, digamos que, si mi padre no me hubiera traído a los Estados Unidos, probablemente sería su criada—, ambas nos encontrábamos en una ciudad alejada de nuestra tierra natal; inmigrantes mexicanas, unidas por nuestro amor por los libros y a las letras.

En su clase exploramos la meta de afinar nuestra voz como autores.

—Así que, si todos los escritores tienen una voz definida e identificable, ¿por qué es tan complicado encontrar la nuestra? —preguntó—. Esa voz como escritores corresponde a nuestra propia verdad. Es el pozo que todos llevamos dentro y que está lleno de todos los momentos de nuestras vidas. A menudo es un lugar aterrador. Nos da miedo sumergir nuestros baldes en las aguas oscuras de ese pozo porque saldrán recuerdos dolorosos. Los temores personales son los que impiden que surja nuestra verdadera voz.

Durante los descansos, María Amparo me buscaba y platicábamos acerca de México. Ella era de Veracruz, el estado oriental que linda con el Golfo de México. Cuenta con una de las tradiciones dancísticas y musicales más hermosas, la cual refleja sus raíces europeas, indígenas y africanas. Mi actriz favorita mexicana, Salma Hayek, también viene de ahí.

—¿Alguna vez has ido a Veracruz? —me preguntó.

Me apenaba tener que confesarle que no conocía bien el país.

—Bueno, sólo he pasado por tu ciudad de camino a Acapulco, así que yo tampoco conozco esa parte de México —comentó—. Pero quizá algún día tengas la oportunidad de visitar mi estado.

—Me encantan sus bailes. ¡Y los sones jarochos! —Una de mis fantasías era ejecutar los bailables de Veracruz y poder vestir su exquisito traje típico elaborado con yardas de organza blanca y encaje, que, en las manos de las bailarinas, lucen como la espuma del mar.

Para mi deleite, la lectura que María Amparo nos compartió era de autores latinos cuyo trabajo conocía bien, y celebrar las voces únicas de aquellos escritores hizo que la clase fuera aún más significativa para mí: *Cien años de soledad* de Gabriel García Márquez; esa joyita de cuento que era "Salvador Late or Early" (Salvador tarde o temprano) de Sandra Cisneros; y *Pedro Páramo* de Juan Rulfo, el autor mexicano cuyo trabajo Marta, mi profesora de español, comparó con mi forma de escribir. Su novela trata sobre un hombre que viaja al pueblo natal de su madre para encontrar a su padre, a quien nunca ha conocido. Descubre que éste falleció hacía varios años y el pueblo resulta ser, literalmente, un pueblo fantasma habitado por los espíritus de sus pobladores muertos. Los temas del libro —la esperanza y la desesperación— los conocía bien por mi propia vida.

María Amparo nos encargó un ejercicio sencillo, sin embargo, difícil de ejecutar. Puso en la pizarra: "Escriban como si sus padres hubieran muerto".

Uno de mis mayores temores de niña era que mis padres murieran mientras estaban en los Estados Unidos. A lo largo de los años, a menudo me he preguntado ¿qué habría sido de mi vida si mi padre hubiera muerto y nunca hubiese regresado por mí? La muerte es la frontera que sólo podemos cruzar una vez, sin retorno.

Sabía que ésta era la pregunta que tenía que explorar en el ejercicio de escritura. Pero después de casi tres años sin escribir, encaré el ejercicio con inseguridad. ¿Y si había olvidado cómo hacerlo? Mi temor me apartó de la tarea en cuestión y comencé a pensar en otras cosas. ¿Nathan estaba bien? ¿Me extrañaba? ¿La niñera le prestaba suficiente atención? ¿Tenía razón Mago? ¿Era una mala madre por estar en clase, en lugar de con mi hijo? ¿Debería llamar a la niñera para ver cómo estaba Nathan?

María Amparo volteó hacia donde me encontraba; me avergonzaba que, mientras los demás rápidamente se ponían a escribir a mano o a teclear en sus *laptops*, yo tenía la mirada perdida, a punto de sufrir una minicrisis nerviosa. Me sonrió de modo alentador; respiré profundamente y abrí mi computadora. "Concéntrate y escribe", me dije. "Sólo hazlo". En cuanto mis dedos tocaron el teclado, la escritura regresó a mí.

El curso concluyó demasiado pronto. María Amparo me ayudó a recuperar y celebrar mi voz. Cuando se despidió de nosotros, tuve una renovada sensación de entusiasmo por mi novela incompleta. En ese momento supe que había tomado la decisión correcta.

Le agradecí por el curso, y justo cuando estaba por marcharme, me dijo:

—Reyna, ¿has escuchado de *Emerging Voices*? —negué con la cabeza, y ella continuó—. Es un programa que ofrece el PEN Center USA para personas de color que aspiran a ser escritores profesionales. Deberías solicitar. Soy una de las mentoras del programa.

Me explicó que *Emerging Voices* (*Voces Emergentes*) era un programa de siete meses que me podía abrir las puertas a la comunidad literaria no sólo de Los Ángeles, sino nacionalmente. Los participantes elegidos, o miembros, como los llamaban, se reunen para discutir su trabajo entre ellos y con un maestro. Cada uno recibe un mentor y clases gratuitas en la UCLA Extension, y se reunen con autores publicados, editores y agentes para discutir el material y recibir consejos para publicar.

Parecía exactamente lo que estaba buscando: una comunidad de escritores. María Amparo era la única autora que conocía de Los Ángeles. Si me aceptaban en el programa, dejaría de sentirme sola y aislada en mi pasión por la escritura.

—El único problema es que la fecha límite es este viernes —me dijo muy preocupada—, así que tienes cinco días para armar tu paquete de solicitud y entregarlo.

—Va a ser complicado —respondí—. Pero no tengo nada que perder, ¿cierto?

Sonrió al ver mi entusiasmo y me deseó suerte.

—Espero que te acepten —señaló, abrazándome, y nos despedimos con un "hasta luego", no con un "adiós", porque ambas deseábamos que nuestros caminos pronto se cruzaran de nuevo.

Ese domingo por la noche telefoneé a Diana y a Micah Perks para preguntarles si me podían escribir unas cartas de recomendación.

—¡Sólo tengo cinco días para entregarlo todo! —exclamé.

—No te preocupes —me respondieron.

Dediqué los siguientes días a la solicitud. Consistía en varias preguntas que tenía que responder acerca de mi escritura: ¿por qué estás aplicando para *Emerging Voices*? ¿Cuáles son tus objetivos como escritora? Enumera los compromisos (cursos, empleo, responsabilidades personales) que podrían interferir con tu participación en la beca. ¿De qué forma estás excluida del mundo literario? Asimismo, debía agregar mi currículum y preparar veinte páginas con una muestra de mi escritura.

El jueves, justo cuando estaba dando los toques finales a mi solicitud, llegó la carta de Micah. El viernes, el día que debía sellarse la solicitud, conduje hacia Pasadena y me encontré con Diana en la oficina de correos ubicada cerca del *community college*. Subió corriendo las escaleras, con la carta en la mano y, tras darnos un fuerte abrazo, le entregué a Nathan para que lo cargara mientras yo metía el documento en el paquete. Lo cerré, lo sellé y lo vi entrar en el carrito del correo con el resto de la correspondencia.

—Esto te cambiará la vida —me aseguró Diana cuando salimos de la oficina.

—No quiero hacerme ilusiones —respondí—. No quiero que esto me rompa el corazón.

Diana siempre había tenido una fe inquebrantable en mí y en mi futuro. Sin rastro de duda en la voz, me dijo:

—Lo vas a conseguir, Reynita. Sólo espera y verás.

# 28

*Abuelita Chinta y la prima Diana*

CADA VEZ QUE sonaba el teléfono, esperaba que fuera del programa de *Emerging Voices*, pero no era así. En lugar de eso, quien llamó fue mi madre para darme la peor de las noticias.

—Se está muriendo tu abuelita. —Su voz sonaba débil y distante en la bocina, con un aire vulnerable que me resultaba desconocido.

—¿Qué pasó? —pregunté, apretando el teléfono.

Un alacrán le picó la mano. Mi abuelita Chinta no se lo dijo a nadie. En vez de eso, hizo lo que todos en mi ciudad natal: se frotó alcohol con cebolla en la picadura y se comió un huevo crudo para contrarrestar el veneno. Evidentemente, los remedios caseros no funcionaron. Dos días después, mi abuelita terminó en el hospital, sufriendo dolores de pecho, fiebre y coágulos sanguíneos.

—Tenemos que ir a México. ¿Me puedes ayudar con el pasaje de avión? Necesito ir a ver a mi mamá.

—No te preocupes, Ma. Yo te compro los boletos.

Adquirirlos en el último momento costó más de lo que imaginaba. Los cargué a la tarjeta de crédito, horrorizada. Pedí unos días en el trabajo y en la escuela; y Mago, mi mamá, Leo, Nathan y yo partimos rumbo a México al siguiente día.

Todo el tiempo mi madre estuvo al borde del llanto. Veía sus ojos rojos e hinchados, y por primera vez la abracé para consolarla. Esa intimidad me resultaba nueva. No era la clase de madre que dijera cosas cariñosas, y yo no era el tipo de hija que supiera cómo reconfortarla. Si acaso, cuando la veía, nunca dejaba de recordarle sus faltas, sus errores, las distintas formas en las que me había decepcionado con el paso de los años. Esa mañana de octubre, mientras la abrazaba en el aeropuerto, ambas nos sentimos incómodas, sin embargo, el dolor mutuo nos ayudó a superarlo.

En lo que esperábamos para abordar, platicamos acerca de mi abuelita. Mago y yo compartimos nuestros recuerdos favoritos de ella, lo tierna y cariñosa que había sido cuando vivimos en su casa.

—Debí haber ido más seguido a México a verla —le dije a mi hermana, llevando a Nathan en mis brazos. Él dormía profundamente, chupándose el dedo—. Cada vez que me dieron vacaciones en el trabajo, pude haber ido a visitarla.

—Yo también —confesó Mago.

—Y debí enviarle dinero —continué. Eso era lo que más me carcomía por dentro. Mi salario como maestra era más que suficiente para mandarle algo mensualmente a mi abuelita. Si mi madre, que ganaba el mínimo, podía hacerlo, ¿por qué yo no?

En lugar de eso, gastaba mi sueldo en frivolidades, como en un par de zapatos de la marca Carlos Santana de 100 dólares, en rayitos para mi cabello de 120 dólares, en costales de piedras de río de 150 dólares para decorar mi jardín. Me gasté el dinero en unas estúpidas piedras, en lugar de enviárselo a la mujer que me había dado tanto amor de niña. Me dolió muchísimo darme cuenta de que había olvidado la promesa que hice cuatro años atrás, que en cuanto terminara la universidad y consiguiera un buen trabajo, empezaría a mandarle ayuda.

—¿Cómo fue que mis problemas de adulta me consumieron tanto que olvidé mi promesa? —le pregunté a mi hermana.

No me respondió. Ella misma estaba lidiando con su propia culpa. Resultamos ser unas nietas ingratas que permitieron que el materialismo estadounidense nos infectara y nos hiciera olvidarnos de nuestra familia en México, que con trabajos tenía lo suficiente para comer.

—Es una de las mujeres más dulces y cariñosas que haya conocido —señalé—. La mejor abuelita que alguien pudiera pedir. Cuando se recupere de esto, voy a ver cómo traerla a los Estados Unidos.

Sabía que en realidad ella no quería venir. A lo largo de los años mi madre se lo pidió varias veces, pero mi abuelita se negó. No quería dejar su casa ni morir en un país extraño, lejos del lugar donde nació. Pero quizá en esta ocasión se daría cuenta de que era mejor que viniera a vivir con nosotros. Podríamos cuidarla mejor; además, le diría, ¡donde vivimos no hay alacranes!

Mi madre permanecía callada y solo escuchaba la conversación entre Mago y yo, pero luego interrumpió para decir:

—Su abuela no fue así conmigo, ¿saben?

—¿Qué quieres decir? —le pregunté.

Adiviné que dudaba si contarnos más, y de pronto, tal vez porque aún teníamos una hora para abordar, se acercó más a nosotras y nos confesó:

—Ella fue muy cruel cuando yo era chica. Nunca supe por qué. Solo estaba enojada y amargada, resentida, pero no sé qué lo provocaba. A lo mejor era la pobreza en la que vivíamos. Quizá fue la vida que mi padre le dio. Se le iba el sueldo en beber, y hubo muchas veces en las que no teníamos nada que comer. Me pegaba todo el tiempo. De sus cinco hijos, fue más dura conmigo.

Negué con la cabeza; quería pedirle que ya no siguiera, que no le creía. Pero había algo en su voz que me decía que me callara y escuchara. Entendí que era un regalo poco común el que mi madre nos estaba dando al contarnos de su pasado, dejándonos conocer a la niña que alguna vez fue.

—Cuando no teníamos nada de comer, iba con doña Caro y le rogaba que me prestara —continuó mi madre. Doña Caro era la única mujer de la cuadra que tenía refrigerador y una casa de verdad, construida con ladrillo y concreto. Su esposo era soldador y ganaba buen dinero. Recordé que Mago, en algún momento, también le fue a pedir prestado—. Su abuelita se enojaba conmigo por ir con la vecina. Me decía, "¿No tienes orgullo?". Y yo le respondía, "Amá, no podemos comer orgullo". Así que tomaba los pesos que tenía en la mano y se iba al molino a comprar masa para las tortillas. Un día trató de enseñarme a hacer tortillas, pero no era una maestra paciente.

Mientras nos contaba la historia, me imaginaba a mi madre a los ocho años sentada cerca del comal caliente, amasando lo más fuerte que podía con sus manitas y formando algo parecido a una ameba, en lugar de un círculo perfecto. Por más que lo intentaba, no conseguía que la masa tuviera la forma deseada. Mi abuelita le gritó: "¡Estás echando a perder las tortillas, pendeja!". Una vez, mi abuelita se frustró tanto que tomó las manos de mi mamá y las azotó contra el comal caliente para castigarla.

—Las manos me quedaron cubiertas de ampollas —nos dijo, mirándoselas con una expresión como si aún le lastimaran—. Fue muy doloroso hacer mis quehaceres toda la semana.

Cuando mi madre se convirtió en una joven y los chicos comenzaron a prestarle atención, mi abuelita comenzó a vigilarla. Una vez sorprendió a mi mamá regresando de la tienda con un chico del vecindario, así que recogió piedras del camino y se las arrojó al muchacho, ahuyentándolo. "No te quiero volver a ver cerca de mi hija", le gritó.

En otra ocasión, se quitó la chancla y persiguió a otro chico, pegándole en el trasero con ella.

—Nunca me dejó tener novio y espantaba a todos los muchachos —nos dijo mi mamá.

—¿Y mi papá? —le pregunté. Evidentemente, hubo un hombre al que mi abuelita no logró ahuyentar. Me preguntaba si mi padre había sido tan apuesto y encantador que se la supo ganar. Me imaginé una historia de amor salida directamente de una novela romántica de la editorial Harlequin. Pero mi madre señaló con resentimiento:

—Fue su culpa que terminara viviendo con él.

Nos contó que conoció a mi padre en la tortillería donde ella trabajaba, frente a la estación de trenes. Mi papá laboraba en una construcción e iba allí todos los días a comprar tortillas para su almuerzo.

Comenzaron a verse en secreto. Luego, un día, él la invitó a un baile que habría en un pueblo a una hora de distancia. Ella le mintió a mi abuela diciéndole que iba a trabajar, pero en realidad se encontró con él en la estación de autobuses. Tomaron el camión por la mañana, pero en la tarde perdieron el transporte de regreso y no tuvieron más opción que pasar la noche en un motel.

—No me tocó —comentó mi madre—. Fue muy respetuoso. No se aprovechó de mí esa noche.

Aun así, cuando regresó a casa al día siguiente, mi abuelita la estaba esperando. Ya se había enterado de que mi madre no había ido a trabajar, porque mi tía fue a buscarla a la tortillería. Sin aceptar sus explicaciones ni sus súplicas, mi abuelita le propinó a mi madre la mayor paliza de su vida.

—Eres una desgracia para la familia —le reclamó mi abuelita—. Largo de aquí. No te queremos más en esta casa. Vete a vivir con ese hombre que fue tu perdición.

—Pero no me tocó —se defendió mi madre.

—Eres una mentirosa. ¿Crees que nací ayer? ¡Vete de aquí!

Así que mi madre se arregló lo mejor que pudo, tomó sus pertenencias y caminó todo el trayecto hasta La Guadalupe, donde mi papá vivía con sus padres. Apareció con el cuerpo golpeado y el corazón hecho pedazos.

—Yendo contra los deseos de su abuela Evila, él dejó que me quedara —nos dijo—. Y así fue como me junté con su padre.

Mago y yo nos volteamos a ver. No quería creerle a nuestra madre y, sin embargo, sabía que no estaba mintiendo. Mis hermanos y yo no fuimos producto del amor, sino del abuso de mi abuelita, de su desconfianza y traición.

Recordé la historia que mi abuelita me contó tres años atrás, cuando Eddie me rompió el corazón, acerca del joven a quien ella amó y cómo su familia no le permitió quedarse con él. La condenaron a pasar su vida con un hombre al que no amaba. ¿Fue eso lo que la amargó? ¿Fue por eso que echó a mi madre, condenándola a sufrir el mismo destino?

—Pero fue tan cariñosa con nosotros —le dije—. Nunca nos pegó ni nos gritó. Ni siquiera una vez.

Mi madre asintió con la cabeza.

—Fueron sus primeros nietos. Cuando ustedes nacieron, las cosas mejoraron entre nosotras. Se arrepintió de la forma en la que me trató y por obligarme a irme a vivir con su padre, en especial al ver el tipo de vida que él me estaba dando. Él acostumbraba pegarme porque su madre —su abuela Evila— siempre le decía que yo no lo merecía. Que era mala cocinera, una mala ama de casa, una mala madre. A veces mi madre venía a visitarme y se quedaba sin aliento al verme la cara, con el ojo morado o el labio hinchado. Entonces se echaba a llorar y me pedía que la perdonara. Y lo hice.

Sabía que mi madre había perdonado a mi abuelita. En todos los años que llevaba en los Estados Unidos, siempre le enviaba dinero a su mamá, así como a mi tía. A pesar de que mi madre vivía en la pobreza, en un apartamento de una habitación infestado de cucarachas, mandaba la mitad de su sueldo a México. Un año antes, hasta le mandó a construir a mi abuelia una casa de tabicón de una habitación, para sustituir la choza de cañas de carrizo y cartón en la que vivió la mayor parte de su vida.

Mi mamá no fue buena con nosotros, pero nadie podía decir que era una mala hija o hermana. Siempre supuse que se debía a que mi abuelita había sido una madre cariñosa y amorosa. Pero ahora que sabía lo contrario, me sorprendía que a pesar de la crueldad de su propia madre, la mía no le guardara rencor o resentimiento. La miré y me pregunté si el legado de las mujeres en mi familia era ser abusadas para luego convertirse en abusadoras. Mi madre repitió conmigo y mis hermanos algunas de las mismas conductas que mi abuelita tuvo con ella. ¿Acaso ella esperaba que yo la perdonaría y la cuidaría cuando fuera anciana, actuando como si nunca me hubiera lastimado? No sabía si podía ser ese tipo de hija.

Miré a Nathan, quien dormía profundamente en su carrito. ¿Continuaría la herencia de las mujeres de mi familia y pasaría de ser la víctima a ser la victimaria? Mientras aguardábamos para abordar nuestro avión me dije que, puesto que ya había roto un ciclo, tal vez era posible romper otro más.

# 29

DOCE HORAS DESPUÉS, al llegar a la casa de mi tía, una ambulancia se alejaba, con su luz roja penetrando la oscuridad. Al escuchar nuestro taxi, mi tía, su esposo, mis primos y mi tío Gary salieron corriendo por la reja. Mi madre se soltó a llorar al ver a sus hermanos.

—Ya llegamos —dijo—. ¿Cómo está mi amá? ¿Está aquí? Vimos la ambulancia.

La tía Güera comenzó a llorar y no pudo hablar. Mi tío miró a Mago, a mí y finalmente a mi mamá. Negó con la cabeza.

—Se fue, Juana. A nuestra madre le dio un paro cardiaco hace tres horas. La ambulancia vino a dejar el cuerpo.

Al ver a mi madre abrazando a sus hermanos, recordé que tres horas atrás habíamos estado en la Ciudad de México, esperando para tomar el autobús. Tres horas antes estuvimos hablando sobre todo lo que íbamos a hacer por ella y cómo no le faltaría nada. Ahora estaba aquí, enterándome de que nunca tendría la oportunidad de arreglar las cosas con mi abuelita. No la volvería a ver y mi hijo no conocería a la mujer que tuve la bendición de tener como abuela.

—Llegamos muy tarde —dijo mi mamá, haciendo eco de mis pensamientos. Y no había nada que hacer, salvo entrar a la casa para planear el funeral, abrumados por la amarga y dura realidad de que la habíamos perdido.

El Hospital Cristina, donde mi abuela murió, estaba cobrando el equivalente a 1.000 dólares en pesos mexicanos. Sabía que mi madre y mi tía no tenían dinero. Carlos estaba en Los Ángeles y envió lo suficiente para comprar flores y velas, pero no para la factura del hospital. Mago no tenía mucho para aportar. La única manera en la que mi tía pudo recuperar el cuerpo de mi abuelita fue dejando las escrituras de su casa como pago a cuenta. Temprano por la mañana fui a retirar dinero al banco, y con eso y con lo poco que Mago pudo contribuir, pagué la deuda. Le regresaron las escrituras de la casa a mi tía. Le preocupaba que encima de perder a su madre, pudiera quedarse además sin casa. Me atormentaba pensar de cuántas maneras los 1.000 dólares le podrían haber sido útiles a mi abuelita mientras estaba con vida y cómo podría haber disfrutado del dinero.

En casa, bañamos a abuelita Chinta con toallas mojadas y la vestimos para su funeral. Estaba tiesa e increíblemente pesada, tenía la piel helada y correosa, los labios morados, los ojos cerrados, pero su cabello gris rizado seguía siendo suave como la seda, y olía a aceite de almendras, tal como lo recordaba. Gracias a ella, mis hermanas y yo teníamos el pelo ondulado, grueso y con cuerpo.

Mago y yo juntamos con fuerza las manos de nuestra abuelita y las sujetamos con una cuerda para luego entrelazar un rosario blanco entre ellas. Ahora estaría rezando en su ataúd, tal como hizo toda su vida.

—Saqué sus manos —comentó Mago, y las levantó para que yo las viera. No me había dado cuenta de que sus manos pequeñas tenían la forma exacta de las de mi abuelita.

¿Qué más habíamos heredado de esta mujer? ¿Su tenacidad ante la vida? ¿Su habilidad para sobrevivir en un ambiente hostil? ¿Su capacidad para reinventarse y pasar de la amargura y la crueldad al amor y la ternura?

Estaba recostada en su ataúd, rodeada de velas que chorreaban, de cempasúchil y de los lamentos de todos nosotros, a quienes había dejado atrás. Contratamos a una rezandera, que era una religiosa profesional que rezó el rosario en el velorio de mi abuelita. La voz de la rezandera era grave y de una conmovedora tristeza al salmodiar el Padre Nuestro y el Ave María. Me paré en un rincón aferrándome a Nathan, mientras repetía en silencio sus palabras y miraba a mi abuelita, que yacía en paz en su caja.

—Santa María, madre de Dios, ruega por nosotros los pecadores ahora y en la hora de nuestra muerte. Amén.

Mi abuelita iba cada semana al cementerio a ocuparse de la tumba de mi abuelo y de mi prima Catalina. Ahora realizaba su último viaje al panteón. La procesión caminó una milla rumbo al camposanto, pasando por el camino de tierra, por la Quinta Castrejón, el lujoso balneario a donde mi madre nos llevó a vender cigarrillos y chicle a los asistentes de las fiestas, para ganarnos unos cuantos pesos que evitaran que nos muriéramos de hambre. Pasamos por la estación de trenes, donde Mago trabajó a los doce años en un puesto de comida para ayudar a la familia. En los años noventa, el gobierno privatizó el sistema ferroviario y el servicio de trenes a Iguala se suspendió de forma permanente. Ahora, mientras caminábamos junto a la antigua estación, me dolió verla vacía y sin vida. Cuando era niña, el lugar era próspero y rebozaba de actividad; estaba lleno de vendedores que ofrecían ollas de barro y otras mercancías. Los puestos de comida rodeaban la estación y el olor a quesadillas de pollo y gorditas flotaba en el aire. Los viajeros de los pueblos vecinos venían a tomar el tren que los llevara a la Ciudad de México, a Cuernavaca o a Chilpancingo. De niña me moría de ganas de ir en tren a una de aquellas ciudades, pero éramos demasiado pobres para salir de Iguala y lo único que podíamos hacer era pararnos a un lado de las vías y saludar a los pasajeros que iban de camino otra parte, lejos de este lugar en ruinas.

Mi abuelita nunca tuvo oportunidad de ir a otro sitio que no fueran los pueblos cercanos que visitábamos en las peregrinaciones anuales de la iglesia. Ahora que la procesión dejaba atrás la estación de trenes abandonada y giraba a la izquierda rumbo al cementerio, de pronto deseé que no la enterráramos en Iguala, sino que la pudiéramos llevar a otro sitio, como Acapulco, para que por lo menos en su muerte visitara un lugar hermoso. En vez de eso, la dejamos en la misma sepultura donde enterraron a mi abuelo. Me pregunté si eso era lo que ella hubiese querido, pasar el resto de la eternidad compartiendo la tumba con su esposo borracho y abusivo. Nunca supe si él le pidió que lo perdonara. Si no lo hizo, esperaba que ahora lo hiciera, en el más allá. En mi caso, había dejado de creer en el cielo y el infierno, pero por mi abuelita quería creer que ella se había ido a un lugar hermoso y pacífico, lejos de Iguala y su cruel estilo de vida. Quizá encontraría la forma de llegar hasta Santa Cruz y hallaría la paz en su bosque de secuoyas.

Cuando bajaron su cuerpo a la fosa, arrojamos puños de tierra sobre su ataúd y le dijimos adiós. Volteé a ver a mi tía, a mis tíos, a mis diez primos, que iban de bebés a adolescentes. Mi primita Diana vino a pararse a mi lado. Estaba encantada conmigo, con la prima que vivía en los Estados Unidos.

—¿Vives en Disneylandia? —me preguntó al tomar mi mano.

Le sonreí, sin saber cómo responder a su pregunta. No vivía en Disneylandia, pero sí en un lugar mágico. Una vez más me recordaban el privilegio que tenía de vivir en los Estados Unidos. Aunque no era perfecto, era el país que me permitió prosperar. Era un sitio de oportunidades, de abundancia, de posibilidades y sueños. Vivir ahí me permitió tener lo que de otro modo nunca habría podido conseguir en México: una educación universitaria, un trabajo bien pagado, mi propia casa, mi escritura.

Me pregunté qué le deparaba la vida a esa dulce niñita. ¿Cómo podía enseñarle a Diana a soñar con un futuro brillante aquí en Iguala, donde abundaban las pesadillas? ¿Qué podía hacer por mi familia trasnacional para apoyarlos y animarlos desde el otro lado de la frontera y de las montañas que nos separaban?

Ahí, ante la tumba de mi abuelita, le prometí que haría lo que no hice mientras ella estaba con vida: cuidaría de la familia que ella dejaba atrás, especialmente a sus demás nietos.

—Esta vez prometo no olvidarlo. Descansa en paz, mi amada abuelita —dije.

Años después, cuando mandé a mi prima Diana a la escuela de belleza y a sus hermanos Lupe y Rolando a la universidad, cumplí mi promesa.

*Mamá y el tío Gary en la tumba*
*de la abuelita Chinta*

# 30

Y A DE REGRESO en casa, mientras esperaba noticias del programa *Emerging Voices*, continué con mi curso de acreditación como profesora. Las clases eran intensas, porque el equivalente a un semestre de trabajos y lecturas se apretujaba en un mes. El programa intensivo era exigente, pero en un año podría despedirme de mi empleo en la secundaria y pedir la transferencia a la escuela de adultos, como Diana me lo sugirió.

Entonces, por fin llegó la llamada del coordinador de *Emerging Voices*. Me había colado entre los 25 finalistas. Me invitaron a asistir a una entrevista. De ese grupo, ocho solicitantes serían nombrados miembros del programa de *Emerging Voices* de 2003.

Encendí una vela ante la fotografía de mi abuelita que tenía en el tocador y le pedí que me cuidara.

—Abuelita, reza por mí para que lo consiga. ¡Esto me puede cambiar la vida!

El sábado siguiente fui a dejar a Nathan con su niñera y conduje hacia la oficina del PEN. Ahí me presentaron al panel de entrevistadores, que incluía al coordinador del programa y al director ejecutivo del PEN. Fueron los veinte minutos más largos de mi vida, sentada en aquella oficina cara a cara con los cinco jueces, que me hacían una pregunta tras otra, relacionadas con mi vida, mi trabajo, por qué quería ser miembro del programa y cómo podría contribuir a él.

—¿Por qué deberíamos escogerte? —me preguntaron sin rodeos.

—¿Cómo afectarían las responsabilidades que tienes en tu participación y compromiso hacia el programa?

—¿Por qué quieres ser una escritora publicada?

Me senté inmóvil en la silla, con las rodillas temblándome y el estómago tenso. Me tragué el miedo y respondí a sus preguntas con tanta honestidad y pasión como pude.

—De los libros que he leído sobre la experiencia de los inmigrantes, no hay uno que haya sido escrito por alguno de nosotros; como si no tuviéramos voz —señalé—. Como inmigrante, tengo una voz y quiero que se escuche. Eso es lo que defiende *Emerging Voices*, ¿cierto? ¿No busca que los aspirantes a escritores seamos escuchados y abrirnos la puerta para contar nuestras propias historias? Los inmigrantes merecemos un lugar en la literatura estadounidense porque nuestras experiencias en el país son un reflejo de la experiencia americana —continué—. Si me aceptan en el programa, eso será lo que defienda: la inclusión y la diversidad.

Me mantuve tranquila durante la entrevista y mi sonrisa nunca flaqueó. Desde que era niña esto enloquecía a mi papá, porque sonrío cuando estoy nerviosa. Cada vez que me gritaba, tenía una sonrisa en mi rostro, lo cual le hacía creer que me estaba burlando de él. Entonces me pegaba con más ganas. Siempre detesté este tic que tengo porque no lo puedo controlar. Sin embargo, esta vez me salvó. No me habría hecho ningún bien verme aterrada.

Al final, el director ejecutivo dijo:

—Gracias por venir. La próxima semana le informaremos de nuestra decisión —y tras eso, me encaminaron fuera de la oficina.

Aturdida, pasé a un lado de los otros candidatos, que esperaban su turno en el vestíbulo, con un gesto de miedo en el rostro. Me alegraba haber terminado. Hice lo mejor que pude. Ahora era el turno

de los jueces de decidir mi destino. Me dije que, aunque no me acep-
taran, haría lo que fuera necesario para luchar por mi sueño. El taller
que tomé el fin de semana con María Amparo había bastado para
reactivarme en la escritura. Con o sin la ayuda de *Emerging Voices*,
terminaría mi novela y buscaría publicarla. Iba a escribir acerca de
la experiencia inmigrante de un modo que mostrara nuestra humanidad, que le dijera al mundo que no somos números o estadísticas,
sino seres humanos, y que nuestras historias merecen ser contadas.
Pero sería mucho más fácil recorrer el camino con el apoyo y la guía
de este programa.

Como escritora latinoamericana, sabía a lo que me enfrentaba.
Había leído sobre los problemas que debieron afrontar mis heroínas
literarias para conseguir que publicaran sus trabajos. Las autoras
chicanas, como Sandra Cisneros, Cherríe Moraga, Ana Castillo,
Denise Chávez, Gloria Anzaldúa, y todas las demás, tuvieron que
luchar no sólo por la equidad racial, sino también de género. En una
época en la que los autores chicanos empezaban a encontrar algunas
oportunidades con editoriales grandes y pequeñas, sus colegas chicanas tuvieron que abrir sus propias editoriales porque nadie quería
arriesgarse con ellas y publicar sus obras. Pero ellas no se dieron por
vencidas y, más bien, pelearon... y ganaron. Varias de ellas lograron
ser descubiertas por las grandes editoriales. No me iba a resultar nada
fácil, eso lo sabía. A pesar de que mis madrinas chicanas se habían
abierto paso a machetazos en el mundo editorial y me habían ben-
decido con un camino a seguir, al final todas debíamos recorrer solas
nuestro propio sendero. Tenía que encontrar mi camino y demostrar
mi valor literario.

Cuando regresé a casa después de la entrevista, estaba lista para rezar
por un milagro. Toda esa semana le encendí velas a abuelita Chinta
y le pedí que interviniera por mí. Toda su vida la dedicó a ser una

católica devota, por lo cual imaginé que había hecho méritos con Dios. Sin duda, podría hablarle bien de su nieta, aunque ahora esa nieta no creía en la religión y era una cínica que sólo rezaba cuando lo necesitaba.

Ya fuera por la ayuda de mi abuelita, el potencial que los jueces vieron en mí o las dos cosas, el caso fue que recibí una llamada de la coordinadora del programa a la semana siguiente.

—Hola, Reyna. Tengo el placer de informarte que fuiste seleccionada como integrante del programa de *Emerging Voices*. ¡Felicidades!

Sentí que las rodillas se me doblaban. No tenía la energía para caminar hacia el sofá, así que me dejé caer en el suelo.

—Siento que estoy soñando. ¿Está ahí? ¿Es cierto?

Su voz sonó firme y clara en la bocina.

—Es cierto. De verdad queremos tenerte en el programa.

Después de que colgamos, tomé a Nathan y bailé con él en brazos alrededor de la sala.

—¡Haremos esto juntos! —le dije. Me había acercado un paso más a mi sueño de ser una autora publicada. Estaba emocionada y orgullosa de saber que lo que había hecho tendría un impacto positivo en mi hijo. Lo iba a ayudar a alcanzar sus sueños, honrando primero los míos.

A pesar de los retos que enfrentaba al ser una madre soltera, el camino hacia *Emerging Voices* resultó ser mágico. Todas las piezas se acomodaron en cuanto tomé la decisión de luchar por mi escritura. Por primera vez, dejé de sentirme perdida. Tenía un rumbo nuevo y me habían dado la bienvenida dentro de una comunidad de escritores. Era la primera ocasión en la que sentía que había un lugar para mí en Los Ángeles, especialmente en el medio literario, el cual ni siquiera sabía que existía.

En enero inició el programa 2003 de *Emerging Voices* con una hermosa recepción de bienvenida en Taix, un restaurante francés ubicado en Echo Park. Conocí a los otros siete integrantes del programa y me sentí orgullosa de formar parte de un grupo tan diverso: estaban Ibarionex, un cuentista de República Dominicana; Rocío, una poeta y novelista chicana de Boyle Heights; Adelina, una poeta y artista tejana; Colleen, una poeta japonesa; Pireeni, una poeta de Sri Lanka; Nora, una novelista nativoamericana; Kisha, una escritora de descendencia hondureña. Esta era la diversidad que esperaba encontrar en mis clases de escritura en Santa Cruz.

Aunque éramos más o menos de la misma edad y teníamos muchas cosas en común, lo que me diferenciaba de los otros integrantes era que yo era la única del grupo que tenía hijo, y no sólo eso, además era madre soltera, lo cual se sumaba al desafío de cumplir con mis responsabilidades del programa. Sin embargo, me dije que si el comité me había elegido estando perfectamente al tanto de mi situación, entonces era porque creían que podía lograrlo, así que debía honrar la confianza que depositaron en mí.

Elegí a María Amparo como mi mentora y me reuní con ella una vez al mes para comentar el avance de mi novela. Ella vivía en una magnífica casa cerca de la UCLA, el tipo de hogar con el que Betty y yo alguna vez soñamos.

—Reyna, presentí que tú y yo íbamos a volver a trabajar juntas —me dijo cuando llegué a su casa para nuestra primera reunión—. No tienes idea de cuánto me emociona formar parte de tu trayecto como escritora.

Era la primera ocasión que estaba en la casa de una autora. Me sentía nerviosa y abrumada, pero la generosidad de María Amparo me ayudó a tranquilizarme.

—Gracias, María. No tengo palabras para decirte lo mucho que significa para mí que me recibas en tu casa.

Más tarde, ella me contó que lo que más le impresionó de mí era cuán dispuesta y determinada estaba a terminar mi novela. Le maravilló la resiliencia de esa muchacha desfavorecida de Iguala, Guerrero. Comentó que mientras más me conocía, más se conocía a sí misma, pues se daba cuenta de lo fácil que lo tuvo al crecer dentro de una familia adinerada. El conocer mi historia le enseñó a valorar las ventajas con las que creció.

—Tú también me enseñaste —dijo.

Los miembros de *Emerging Voices* nos reuníamos los domingos para discutir nuestro trabajo y los libros que nos encargaron leer en grupo. Los lunes por la tarde nos reuníamos con profesionales del mundo literario —escritores, agentes y editores— para sesiones de preguntas y respuestas relacionadas con la profesión de la escritura. Finalmente, en este programa no sólo me estaban dando lecciones sobre el oficio, sino también los conocimientos que tanto necesitaba sobre el negocio. A veces, las sesiones se organizaban en la casa de un autor, así que tenía oportunidad de ver más hogares hermosos; como el que un poeta tenía en la playa, desde donde podía ver el agua reluciente en el enorme ventanal de su sala, lo que me hizo preguntarme, igual que en Santa Cruz, cuántas palabras me tomaría construir la casa de mis sueños.

Por primera vez presenté mi trabajo en la ciudad donde había vivido quince años, en un evento al cual invitaron a los miembros del programa a que leyéramos nuestros relatos en el Festival de los Libros del *Los Angeles Times*, uno de los más grandes del país. Me sorprendió enterarme de que cien mil amantes de los libros asistían el fin de semana a celebrar la literatura. A pesar de que vivía en Los Ángeles desde los nueve años, nunca había escuchado del festival y, de hecho, nunca antes había ido a uno. Era una reunión de miles de personas para festejar a los libros. Creí que estaba en el cielo. Tras leer un fragmento de la novela en la que estaba trabajando, *Across a Hundred Mountains*, se acercó la editora de Children's Book Press para preguntarme si escribía para niños. Le conté que la novela que me escuchó leer era para adultos, aunque tenía una protagonista joven.

—Captaste de una forma tan hermosa la voz de la niña —me comentó—. Espero que algún día escribas un libro ilustrado.

Yo también lo esperaba. Sin embargo, por ahora tenía que mantenerme enfocada en mi novela, aunque el elogio que me hizo la editora me dio un rayito de esperanza de que un día encontraría a un editor al que mi historia lo conmovería, igual que había ocurrido con ella. Ella había notado algo en mi escritura y su comentario me animó a continuar.

Luego de las sesiones de preguntas y respuestas, conduciría por las calles oscuras de South Central para recoger a Nathan con la niñera, que vivía a diez minutos de mi casa. Como de costumbre, intenté no fijarme en los indigentes que acampaban en las calles, en las prostitutas que merodeaban afuera de los moteles baratos o en los montones de basura que había a lo largo de la acera y que ni siquiera la oscuridad podía ocultar. No pensaba demasiado en el mundo que había afuera de mi auto. Estaba demasiado agotada y quería mantenerme concentrada en lo que estaba consiguiendo.

Un día, Nathan estiró las manos hacia su niñera, me dio la espalda y lloró cuando me lo llevé a casa. También me puse a llorar con él. ¿Acaso el amor de mi hijito era el precio que debía pagar por cumplir mi sueño? Me quedé despierta en la madrugada pensando en lo tonta que había sido al creer que un bebé me iba a ayudar a sentirme anclada, con raíces y segura de mí misma. De hecho, sucedía todo lo contrario. Me sentía incompetente y abrumada por la responsabilidad increíblemente exigente que implicaba cuidar a otro ser humano. Nathan dependía al cien por ciento de mí y, si no hacía lo correcto y tomaba las decisiones adecuadas, las consecuencias serían desastrosas.

"Estoy haciendo esto por los dos", me recordé. Continué en el programa de *Emerging Voices* y me obligué a superar mi culpa y mis inseguridades. La última lectura abierta que hicimos fue en la hermosa biblioteca pública del centro de Los Ángeles, en la cual tampoco había estado antes. Al leer mi novela en el escenario del auditorio Mark Taper, me sentí triste de que el programa hubiese terminado; ojalá hubiera sabido que once años después compartiría este mismo escenario con mi heroína literaria, Sandra Cisneros. Si hubiera sabido lo que el futuro me deparaba, quizá no habría sentido tanto miedo al tener que despertar del hermoso sueño de *Emerging Voices* para regresar a la dura realidad de que, a partir de ese punto en adelante, tendría que perseverar por mi cuenta.

Nuestra última oradora invitada fue Jenoyne Adams, escritora, agente literaria y antigua becaria del programa. Jenoyne fue a darnos consejos sobre cómo encontrar un agente, cómo presentar nuestro trabajo y cómo redactar una carta editorial; en suma, todos los aspectos relacionados con el negocio. Pero lo que más me atrapó fue cuando dijo:

—Asegúrense de que cuando estén en algún lugar donde haya un agente, ustedes sean quienes tomen la iniciativa y se presenten.

Así que cuando Jenoyne terminó su charla, esperé a que el resto de los miembros del programa terminaran de hablar con ella, reuní cada onza de valor que pude y abandoné mi rincón. Hice a un lado mi timidez y me dirigí hacia ella.

—Gracias por tus consejos —le dije—. De verdad te agradezco todo lo que compartiste. —Entonces me obligué a decir lo que realmente quería—. Acabo de terminar el borrador de mi novela bajo la supervisión de mi mentora, pero la historia aún no llega a donde debería. Planeo revisarla este verano. Quiero mantener la disciplina, incluso después de que termine el programa, ¿sabes? —Escuchó con paciencia lo que a mí se me venía a la mente—. ¿Puedo enviarte mi novela cuando termine de revisarla?

—Sí, por supuesto —respondió, sonriendo—. Te estaré esperando.

Estaba segura de que le había dicho lo mismo a todos los becarios, pero esas palabras, "Te estaré esperando", me ayudaron a salir a flote después de que el programa de *Emerging Voices* concluyó.

*Reyna leyendo para el programa*
Emerging Voices *en la biblioteca*
*pública de Los Ángeles*

# 31

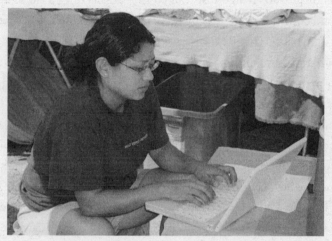

*Reyna trabajando duro en* Across a Hundred Mountains
(A través de cien montañas)

COMO SI ESTUVIERA en trance, me dediqué a escribir y reescribir a lo largo de julio y agosto. Como daba clases en el itinerario B, tenía que trabajar en verano y regresaba a casa agotada de enseñar, de mi curso de acreditación y de la tarea que tenía que hacer. Además, debía calificar los trabajos de mis alumnos y pasar las tardes con Nathan, que a los ocho meses agarraba todo y tenía una cantidad ilimitada de energía. Pero al caer la noche, cuando mi hijo estaba dormido en su cama, me dedicaba a trabajar en mi novela, que era el recipiente en el que había vertido mi alma y mi corazón.

Encorvada frente a mi computadora, me transportaba de regreso a México, a mi ciudad natal, con sus montañas verdes y sus milpas, sus chozas de cartón y caminos de tierra. En la UCSC me propuse escribir una autobiografía, que luego se transformó en una novela autobiográfica. Pero ahora, bajo la dirección de María Amparo, se había convertido en algo distinto, en una novela que ya no se basaba en la vida que tuve, sino más bien, en la vida que podría haber tenido.

"¿Qué habría sido de mi vida si mi padre no hubiera regresado?", me había preguntado una y otra vez. La historia que escribí trataba de un padre que nunca regresó. Reescribí toda la novela en esos dos meses y sentí como si estuviera poseída. Mi personaje, a quien llamé Juana, por mi madre, era implacable. Quería que contara su historia. A veces sentía que la tenía junto a mí, dictándome qué escribir. La muerte de su hermana menor durante una inundación fue el evento trágico que llevó a que su familia se desintegrara. Su padre se marcha a los Estados Unidos para ganar dinero y así construirle una casa a su familia, pero al final termina destruyendo su hogar. Cuando desaparece y no se vuelve a saber de él, la madre de Juana sucumbe al alcoholismo, el hombre rico del pueblo se roba a su hermano menor y a la protagonista no le queda más remedio que dirigirse al norte para buscar a su padre con la esperanza de poder reunir algún día a su familia y de reconstruir su hogar.

Sin embargo, las piezas no encajaban del todo bien. Había algo que faltaba en la historia y mi amiga Rosa me ayudó a encontrarlo. Era la madre de un exalumno y yo me había vuelto buena amiga suya y de su esposo. Vivían a diez minutos de mi casa y los visitaba a menudo. Eran dos de las personas más amables que conocía. En ellos veía lo que podría haber sido de mi familia si hubiéramos hecho un mejor trabajo para superar la distancia entre nosotros. A pesar de que el padre migró primero, y luego la mamá y los hijos, consiguieron volver a crear un hogar. Eran muy unidos y, a pesar de tener recursos limitados, tenían amor en abundancia.

Un día en que los visité, platicando con Rosa acerca de su empleo, su frustración y del temor de ser una indocumentada en este país, me comentó que debía usar un número de seguro social prestado para poder trabajar. En casa era Rosa, pero en su empleo se transformaba en Gladys. Todos los días tenía que intercambiar identidades.

—Te afecta, Reyna —dijo—. Se te mete en la cabeza. Terminas preguntándote, ¿quién es la verdadera tú? ¿O hay dos versiones de ti: la que ellos ven y la que no?

—Como la luna —agregué—. Tiene dos caras, pero sólo vemos una.

Nos sentamos en los escalones de afuera de su casa, ocultas en la oscuridad. La luna no estaba a la vista, pero no necesitaba mirarla para meditar sobre la metáfora y ver cómo se ajustaba a la situación de los inmigrantes. La dualidad, la luz y la oscuridad, las dos caras de la luna. Pensé en cómo, al cruzar la frontera, asumimos nuevas identidades de formas sutiles, pero en otras ocasiones, de maneras drásticas; como usar una identidad prestada para trabajar o tener que perder uno de tus apellidos para poder encajar. ¿Acaso no había pasado de ser Reyna Grande Rodríguez a, simplemente, Reyna Grande? ¿Mi hermana no pasó de ser Magloria a Maggie? ¿Gibran Khalil Gibran no tuvo que pasar por un cambio de identidad obligado cuando emigró a los Estados Unidos?

Alguna vez Marta me dijo que era dos versiones de la chica que antes fui. Y tenía razón. El estar partida en dos me obligó a crear dos versiones de mí misma. Las dos Reynas. Regresé a casa pensando en la dualidad que implica ser inmigrante, en nuestras identidades divididas, en la separación de nuestros cuerpos y corazones: la mitad de nuestro corazón se quedó en el lugar de origen y la otra parte estaba con nosotros. Un pie conservó sus raíces en nuestra tierra natal, mientras que el otro lo plantamos en el suelo estadounidense para que nos ancle y ayude a librar la tormenta.

Igual que la luna, hay un rostro que como inmigrantes le mostramos al mundo, pero el segundo es el que mantenemos oculto en la oscuridad, para que nadie nos vea llorar.

Descubrí cómo seguir adelante con mi historia.

Al terminar el verano, imprimí el manuscrito por última vez. Durante nueve meses no hice otra cosa que escribir hasta la madrugada, intentando compensar por los tres años en los que no había tocado el libro. Al sostener el texto concluido en mis manos sentí que había hecho todo lo que pude con él. Contacté a Jenoyne y le dije: "Estoy lista para mandarte mi novela. Se llama *Across a Hundred Mountains*. ¿Aún te interesa echarle un vistazo?".

No pude dormir esa noche ni la que siguió. Luego llegó la respuesta. "Te había estado esperando".

Le envié por correo el manuscrito y lo siguiente que supe era que había conseguido una agente.

# 32

*Jenoyne Adams*

ADEMÁS DE ESCRIBIR durante el verano, también estaba por cumplir los últimos requisitos para obtener mi certificación permanente como maestra. Lo primero que hice al terminar mi última clase fue pedir trabajo en la escuela para adultos Fremont-Washington, que estaba a cinco minutos de mi casa. A los pocos días, me entrevistaron y contrataron como profesora de inglés para principiantes. Me sentí entusiasmada y aliviada. Mi sacrificio había valido la pena. Regresar a la escuela me ayudó a salir del agujero donde lentamente me había estado sofocando.

254 / Reyna Grande

Diana estaba en lo cierto. La diferencia entre la escuela secundaria y la de adultos era como la noche y el día. Pronto me encontré en un salón de clases con alumnos que querían estar ahí y a quienes no los obligaban a asistir; quienes, a pesar de trabajar todo el día, llegaban a la escuela listos para aprender, llenos de sueños del futuro y deseosos de encarar los retos de frente. Muchos de los estudiantes de mi clase eran mayores que yo, a punto de cumplir cuarenta o ya cumplidos, algunos de cincuenta y sesenta; pocos eran más jóvenes, pero todos eran inmigrantes.

La mayoría venía de México, había algunos de El Salvador y de Guatemala, y unos cuantos provenían de Honduras o Nicaragua. La mayoría de ellos sólo habían llegado hasta la primaria en sus respectivos países y llevaban trabajando casi toda su vida. Veía a mis padres en ellos.

Cuando traté de que mi madre aprendiera inglés, me respondió negando con la cabeza, absolutamente aterrada. "El inglés no se me pega", dijo, como si estuviera hablando de un pedazo de chicle. Por fin, se inscribió en la escuela para adultos cuando tuvo que prepararse para el examen de la ciudadanía. Si ella no hubiera asistido a esa clase, ahora no tendría la ciudadanía estadounidense. Cuando yo estaba en la secundaria, mi padre decidió asistir a la escuela de adultos para aprender inglés, de una vez por todas. Recuerdo lo orgullosa que me sentía cuando lo veía ir a la escuela después del trabajo, con su libro y cuaderno en la mano, listo para volverse competente en el idioma de nuestro país adoptivo y, así, mejorar su vida.

Al ver las caras de mis alumnos, noté el miedo y la emoción en sus ojos. Me imaginé que mi padre debió vivir algo similar. Lo imaginé sentado en la esquina del salón, observándome con atención.

Me sorprendió que mis alumnos llevaran a cabo sus tareas sin quejarse, a diferencia de lo que pasaba a diario con mis alumnos de secundaria. Sólo platicaban cuando les pedía que practicaran su conversación en inglés; de lo contrario, hacían su trabajo en silencio, algo que nunca hicieron mis exalumnos. Cuando a mis nuevos estudiantes les proponía actividades que requerían que se levantaran de sus asientos y que interactuaran entre ellos, para mi sorpresa, no había caos. No había nadie corriendo en el salón ni empujándose. No había nadie diciéndome, "Señorita Chiquita, Juanito me escupió". Ni una sola vez tuve que levantar la voz. No tardé en darme cuenta de que, en realidad, sí disfrutaba enseñar. En la secundaria enseñaba muy poco y me enfocaba demasiado en la disciplina.

"Gracias, maestra", me decían cada noche al salir en orden por la puerta, despidiéndose de mano al abandonar el salón.

Quería marcar una diferencia en las vidas de mis alumnos. Quizá no lo conseguí en la escuela secundaria, pero ahora podía lograrlo. En Fremont descubrí que, si queremos ayudar a los niños como sociedad, también debemos apoyar a sus padres. Al darles la oportunidad de aprender inglés para mejorar sus conocimientos laborales y que así consigan mejores empleos, exponiéndolos a nuevas experiencias y nutriendo sus mentes, mejoraban sus oportunidades para mantener a sus familias unidas. Se volvían capaces de ayudar a sus hijos con sus tareas o, por lo menos, podían entender las exigencias relacionadas con ser un estudiante. Asimismo, los niños respetaban mucho más a sus padres, al verlos luchar por recibir una educación.

Aunque este empleo era de medio tiempo, me pagaba lo suficiente para mantenernos a Nathan y a mí si cuidaba mi presupuesto. Ahora que debía trabajar menos horas, y no se me iba el tiempo preparando las lecciones y calificando tareas, gozaba de más tiempo con mi hijo. Ya que también había acabado mis cursos de acreditación, ahora podía entregarme por completo a la escritura. Ambas cosas eran las que más me importaban: mi hijo y mi arte. Gracias a la decisión que tomé de sacrificar un año de nuestras vidas para regresar a la escuela, este reducido horario laboral permitió que Nathan y yo nos acercáramos más que nunca.

Mientras aprendía los trucos de mi nuevo empleo, trabajaba con

Jenoyne para mejorar *Across a Hundred Mountains*. Gracias a sus sugerencias, revisé de nuevo mi novela y la convertí en algo de lo que estaba verdaderamente orgullosa. Decidí jugar con la identidad de mi protagonista y escribir dos tramas que se unían al final. Imprimí todo el manuscrito y acomodé los capítulos en el suelo para ver claramente el orden, prestando especial atención a las transiciones y al ritmo. Nathan se metió al cuarto sin que me diera cuenta y comenzó a lanzar las páginas al aire, riéndose. Pronto, mi sala quedó cubierta de papeles.

—Supongo que la historia no tiene que estar en orden —le dije, al tratar de reacomodar los capítulos. Todo fue para bien. Después de varias juntas de trabajo, de visitas a casa y de sesiones de intercambio de ideas por teléfono, Jenoyne y yo decidimos que una de las tramas no seguiría un orden cronológico y, para mi suerte, al final de la historia la trama tenía sentido. Llevaba el manuscrito conmigo a todos lados, incluso al trabajo. Había algo reconfortante en el peso de trescientas páginas que colgaban de mi hombro. Palmeaba la bolsa de la misma forma que hice con mi panza estando embarazada: emocionada, con miedo y con grandes expectativas.

Una tarde, durante una larga junta de maestros en Fremont, saqué el manuscrito y lo puse sobre mi escritorio. Había una escena que estaba dándome problemas y quería terminar mis correcciones al terminar la semana porque Jenoyne estaba lista para enviarla. Ahora estábamos en octubre y me comentó que noviembre no era la mejor época debido a la celebración del Día de Acción de Gracias. "Tenemos que encontrar el momento oportuno", me había comentado. Había elaborado una lista de editoriales para una primera y una segunda ronda de envíos. Esperaba que no necesitáramos llegar a la segunda. Cada oportunidad que tenía, por mínima que fuera, la dedicaba a corregir y pulir el manuscrito, aunque eso implicara escuchar a medias en la junta.

—¿Qué tienes ahí? —me preguntó una voz grave a mis espaldas. Me di vuelta y enseguida me sentí avergonzada. Estábamos en el trabajo y yo estaba concentrada en mi escritura, en lugar de en mis deberes. Pero lo que en realidad me mortificaba era que se trataba del profesor Rayala. No había tenido oportunidad de conocerlo, pero había escuchado al personal administrativo decir que era uno de sus mejores maestros y de los más entregados; y el más guapo, en mi opinión. La primera vez que lo vi fue en mi entrevista de trabajo. Aparecía en una foto en grupo colgada en la oficina de la asistente del director. Creí que era lindo, pero en mi primer día en la escuela, cuando lo vi caminando en persona por el pasillo, me di cuenta de que la palabra "lindo" no le hacía justicia. El hombre era increíblemente guapo. Tenía mi edad, veintiocho, medía seis pies de altura y tenía unos hermosos ojos azules y el cabello rubio como la miel. Cada vez que lo veía en el pasillo o en las juntas de profesores, tenía que limpiarme la baba.

Había querido platicar desde antes con él, pero no sólo me intimidaba su atractivo físico y que era un gringo, sino también su confianza. El hombre caminaba como si fuera el rey del mundo. Se veía muy sofisticado y seguro de sí mismo, con su camisa de vestir y corbata, mientras que yo me seguía sintiendo como una niña jugando a disfrazarse. Cuatro años después, seguía sin acostumbrarme a usar tacones, sacos y blusas de seda.

—¿Es un guión? —murmuró el profesor Rayala, señalando encima de mi hombro hacia el manuscrito. Hasta sentado era mucho más alto que yo y podía ver por encima de mí.

—Es mi novela —susurré—. La estoy revisando.

—¿Puedo verla?

Las pocas personas a quienes les había mostrado mi trabajo eran mis profesoras. Micah, de la UCSC, leyó el primer borrador y María Amparo, el segundo. Los becarios de *Emerging Voices* leyeron algunos fragmentos. Por supuesto, Jenoyne lo había leído todo. Pero ahora, el guapo profesor Rayala estaba preguntándome si podía echarle un vistazo, y me sentí asustada y nerviosa.

En ese momento me di cuenta de que, si Jenoyne tenía éxito, pronto habría muchos desconocidos leyendo mi novela. Sería mejor que me fuera acostumbrando. ¿Pero que tal si él consideraba mediocre mi escritura? ¿Qué opinión se formaría de mí como mujer y, siendo honesta, como alguien con quien salir?

Con el corazón palpitándome y las manos temblándome, le entregué el manuscrito.

Ya no pude concentrarme más en la junta, porque en lugar de eso pensaba en lo atemorizante que sería sacar mi libro al mundo sin que pudiera protegerlo. ¿En qué manos caería? ¿Qué opinaría la gente de él? ¿Alguien entendería lo que estaba tratando de decir acerca de la inmigración?

Miré de reojo al profesor Rayala, mientras éste hojeaba el primer capítulo. Era lo más cerca que había estado de él, y alcancé a ver que sus pestañas eran largas y rubias, algunas de ellas eran doradas, por lo que cuando pestañeaba, producía un resplandor dorado. Me dejaba sin aliento.

Me giré para retomar mi atención en la junta, a pesar de que no escuchaba nada de lo que decía el director. Mi mente estaba preocupada pensando en el hombre sentado detrás de mí. Había dejado de importarme lo que los lectores opinaran de mi libro. Lo único que me interesaba era lo que pensara el profesor Rayala y qué sentimiento le despertaría mi trabajo. Ya no me importaba si mi libro ayudaba a la gente a entender mejor la experiencia de los inmigrantes. Lo que más me interesaba era si el libro le daba una pista a este hombre de quién era yo. ¿Entendería mis conflictos y mi corazón roto? ¿Comprendería quién era al leer las palabras que escribí con mi propia sangre?

Finalmente concluyó la junta y nos pudimos retirar. Volví a girarme para verlo y me sonrió, devolviéndome el manuscrito.

—Parece interesante —comentó—. Me encantaría leerla toda.

—Creí que estaba siendo amable, pero al notar la honestidad que asomaba en la claridad de sus ojos azules, en lugar del falso elogio que esperaba, supe que lo decía sinceramente. Podría perderme en aquellos ojos azules. Azules como la bahía de Monterey y el cielo de Santa Cruz.

—¿Crees que podría llevarme tu novela a casa para leerla? —me preguntó, mientras caminábamos por el pasillo.

—¿Hablas en serio?

Sonrió y asintió con la cabeza. No estaba intentando ser cortés. De verdad parecía interesado, tal vez no en mí, ¡pero por lo menos en mi escritura!

El hecho de permitirle leer mi novela me hizo sentirme más expuesta y vulnerable que si hubiera estado desnuda frente a él, dolorosamente consciente de las imperfecciones de mi cuerpo, en especial de las estrías y la piel flácida que me dejó el embarazo en el estómago. No sabía por qué, pero sentía que podía confiar en él. Así que le entregué el manuscrito.

—No te vayas a robar mi libro —le dije—. Sé dónde trabajas.

A lo largo de la semana, antes de nuestras respectivas clases o durante el descanso, platicábamos en el pasillo, afuera de nuestros salones, acerca de mi novela. Me aseguró que estaba impresionado con la historia.

Su nombre era Cory y su apellido era común en Finlandia, aunque originalmente se escribía Rajala, con el acento en la primera "a", pero cuando su bisabuelo llegó a los Estados Unidos cambió la "j" por la "y" para facilitarle la pronunciación a los norteamericanos. Que los inmigrantes tuvieran que modificar su identidad para adaptarse era una situación que conocía bien, y cuando me enteré de que esto también formaba parte de su historia, me sentí conectada con Cory.

Me sorprendió cuando me contó que tenía licenciatura y maestría en teatro. Era del estado de Wisconsin y vino a estudiar a la Universidad de California, en el recinto de Irvine. Creí que era un profesor "de verdad"; es decir, alguien que siempre sintió el llamado de la educación. Parecía tan apasionado por su trabajo, que supuse que siempre quiso ser profesor desde que aprendió a caminar. Sin embargo, su primer amor era la actuación.

Fue una agradable sorpresa cuando me di cuenta de que él sabía lo que eran el argumento, la estructura, las escenas, los diálogos, el arco dramático del personaje y el ritmo. No me había tocado conocer a un hombre con quien pudiera hablar de esas cosas y me gustó mucho que él conociera mi lenguaje de escritora.

—¿De dónde sacaste la historia? ¿Hay partes autobiográficas? —me preguntó.

No lo conocía lo suficiente como para contarle que surgió del temor de mi niñez de no volver a ver a mi padre, aunque sí le compartí un poco de mi vida y de dónde venía. Sólo lo necesario para que supiera que tenía bastante autoridad en el tema como para escribir este libro.

—La historia se ubica en mi ciudad natal, a pesar de que no la nombro. La pobreza, la separación familiar, los niños que deben arreglárselas solos porque los adultos a su alrededor les fallan, son cosas que conozco en carne propia —le comenté en el pasillo, durante nuestro descanso de quince minutos—. Aunque es ficción, no todo lo inventé. El sufrimiento es real. El dolor que Juana siente al ver cómo su familia se desmorona, eso no lo imaginé.

—Te creo. Uno lo percibe en la escritura —dijo—. Me encanta el final. ¿Cómo se te ocurrió?

—No lo sé —confesé—. No sabía cómo terminar el libro y un amigo me sugirió que escribiera cualquier final. Me dijo que siempre tendría la posibilidad de cambiarlo después. —Llevaba tres semanas con un espantoso bloqueo creativo, incapaz de avanzar en los últimos capítulos. Llamé a Ibarionex, uno de los becarios de *Emerging Voices* con quien seguía en contacto, y tras escucharme pacientemente, me dio su consejo—. Hice lo que me sugirió y escribí el primer final que se me ocurrió, suponiendo que lo cambiaría más tarde, cuando pensara en uno mejor. Y resultó que con ése bastó.

Cory me señaló algunas complicaciones con la trama y me sugirió algunas soluciones. Me mostró las partes en las que el diálogo se sentía algo forzado o cuando un personaje se "salía de su papel". Me fascinaba que hablara de mis personajes como si le resultaran tan reales como a mí. El hombre hablaba mi cuarto lenguaje, el de mi yo de escritora que tan pocas veces podía compartir con los demás. Y a pesar de que era gringo, parecía captar los matices y complejidades de mi cultura, de los temas de mi novela y de mis personajes mexicanos. Imaginé que trabajar como profesor de inglés en una escuela donde casi todos los alumnos eran latinos le había enseñado un par de cosas. Por lo menos, había despertado su empatía por nuestros conflictos. Este hombre, cuyos bisabuelos migraron desde Finlandia y Escocia, y quien físicamente era la persona más blanca que hubiese conocido, parecía entender la médula de mi escritura.

A pesar de que la inmigración formaba parte de su historia, Cory nació en una América distinta de la que yo conocía. El hecho de tener el origen "correcto" le había dado privilegios que los inmigrantes como yo no teníamos. Era un hombre blanco de una familia de clase media que contaba con lo que la mía no: una educación superior. Su madre tenía una maestría; su padre y su padrastro, doctorados. Su hermana estudiaba la licenciatura en una universidad privada. Sus tíos y tías poseían títulos de licenciatura, maestría y doctorado. Hasta sus abuelos asistieron a la Universidad de Wisconsin, en Madison. Para mí, el mensaje siempre había sido "si es que vas a la universidad". Para él, "cuando vayas a la universidad". Cory había crecido con esa certeza, completamente seguro de qué esperar de la vida y consciente de que había un lugar para él en la sociedad estadounidense; mientras que yo solía preguntarme qué me depararía la vida y si podría cumplir mi objetivo de obtener una educación superior y si encontraría un sitio al cual pertenecer. Él creció yendo a campamentos de francés durante los veranos y tomando lecciones privadas de piano cada semana, viajaba a Europa o se iba de crucero por el Caribe. Su padrastro, un profesor especializado en Shakespeare, fue dueño de una librería, así que Cory creció rodeado de libros —literalmente, estantes y más estantes a su disposición—, mientras que yo nunca tuve un libro hasta que cumplí diecinueve años, cuando Diana me obsequió de cumpleaños *The Moths and Other Stories* (*Las polillas y otras historias*). Cuando Cory fue a la universidad, sus padres pagaron para que asistiera a una institución privada de humanidades en Minnesota. En cambio, yo tuve que costearme el *community college* y la universidad, sin recibir un solo dólar de apoyo por parte de mis padres.

Nuestras vidas habían sido completamente distintas. No teníamos nada en común. Y sin embargo, cuando estaba con él, me sentía comprendida como jamás me había sentido con otro hombre.

# 33

L os directores organizaron una fiesta de Navidad para los profesores y el personal administrativo, y decidí ir con dos de mis colegas. Le pregunté a Cory si quería acompañarnos, y aceptó. Dos días antes de la fiesta, las otras maestras me avisaron que ya no iban a poder, así que averigüé con Cory si de todos modos quería asistir.

—Sólo seríamos nosotros dos —señalé. Sin duda no me molestaba el cambio de planes. Siendo honesta, me emocionaba la posibilidad de convertir la fiesta en una cita amorosa.

—Está bien —respondió—. Paso por ti.

—¡Genial! —expresé.

Estábamos a punto de separarnos en el pasillo para ir a nuestros respectivos salones de clase, cuando de pronto me dijo:

—Oye, Reyna, gracias por invitarme a que vaya contigo, pero creo que debes saber que tengo novia.

—Oh. —Recordé a Eddie y el episodio del autobús ocurrido hacía mucho tiempo, cuando dijo no estar listo para una relación. En cambio, Cory me estaba comentando que ya se encontraba en una. De cualquier manera, significaba lo mismo: nada iba a pasar. Mis fantasías se esfumaron como pétalos secos de bugambilia arrastrados por el viento.

—No es mi intención incomodarte —señaló—. Sólo quiero ser honesto acerca de cuál es mi situación.

—Entiendo —respondí. Lo que no comprendía era por qué iba a acompañarme a la fiesta, en lugar de ir con ella. ¿Dónde estaba su novia?

—Está en Egipto —precisó, como si me leyera el pensamiento—. Está haciendo una investigación para su doctorado.

—Suena interesante —dije—. ¿Cuánto llevan juntos?

—Cinco años. Nos conocimos en Minnesota, cuando estaba en la universidad. Luego, ambos vinimos a California para el posgrado.

No sabía qué responder. Cinco años era una eternidad. Nunca había estado con alguien más de diez meses. Me sentí estúpida y decepcionada de camino a mi salón de clases.

El viernes por la noche, un día antes de que comenzaran nuestras vacaciones de invierno, llegamos al hotel Radisson cerca de la Universidad del Sur de California. Durante la semana, intenté no emocionarme de más por esta noche, pero estando aquí, atorada en el tráfico junto a Cory en su auto, oliendo su colonia, con nuestros codos casi tocándose y nuestros alientos empañando las ventanas, dejé que mi corazón se aventurara de nuevo a la tierra de la fantasía. Cory tenía tantas virtudes que me gustaban: su honestidad, su franqueza, su creatividad. En especial, me encantaba platicar con él sobre narrativa. Cierto, sabía que tenía novia, pero había una parte de mí que esperaba que algún día, de alguna manera, pudiéramos llegar a ser algo más que amigos. Siempre había sido bastante terca cuando se trataba de mis sueños.

En la fiesta, cenamos y disfrutamos de pasar el rato fuera del trabajo con nuestros colegas. Luego, el sonidista comenzó a tocar música y todos los de nuestra mesa se fueron a la pista de baile. Cory y yo nos quedamos solos.

—¿Quieres bailar? —me preguntó sonriente.

Los profesores estaban bailando *"Funky Chicken"* y no me daban ganas de bailar eso, así que le respondí:

—Salgamos de aquí.

—¿Ya te quieres ir? —preguntó, sorprendido.

—No. Quiero bailar, pero en otra parte —respondí—. Vamos.
—Lo llevé a rastras a la boda latina que había en el salón adjunto al nuestro. Había echado un vistazo al lugar cuando fui al baño más temprano y supe que, como la mayoría de las bodas latinas, era un verdadero reventón.

—¿Vamos a colarnos en la boda de unos extraños? —me preguntó.

—Tocan cumbias, vamos —le dije, encogiéndome de hombros—. Nadie lo notará.

Al final, no nos echaron de la fiesta, a pesar de que un gringo de seis pies de alto en medio de un mar de morenos sobresale como, bueno, justo como un gringo de seis pies entre un mar de morenos. Le enseñé el paso básico de la cumbia y bailamos "Qué bello" de la Sonora Tropicana, entre completos desconocidos. Los novios la estaban pasando de maravilla, igual que nosotros. Quería felicitar a la pareja y desearles muchos años de felicidad. Al sentir la mano de Cory en mi cintura, su aliento en mi cabello, los dedos de su otra mano entrelazados con los míos, deseé que la buena fortuna del matrimonio también me llegara.

Cuando la música cambió a las quebraditas, un baile mexicano que imita la doma de los caballos salvajes, un estilo que rebasaba las habilidades de mi acompañante, nos retiramos de la pista de baile y fuimos a pasar el rato en el *lobby*. Ninguno de los dos tenía prisa por marcharse, así que nos sentamos en el sofá y sólo platicamos. Le conté de mis conflictos cuando terminé la universidad, de lo que me costó encontrar mi camino y cómo casi me rendí con la escritura, hasta que tuve aquella pesadilla. Le conté de cómo enfrenté mis dudas y miedos, de la clase que tomé con María Amparo, de cómo ingresé a *Emerging Voices* y la suerte que tuve en encontrar a mi agente.

—Es como si el universo se hubiera alineado para que te ocurriera —comentó.

Él me contó sobre su vida en Wisconsin, de sus años de estudiante en St. Paul y en Irvine, y de la temporada después de graduarse, cuando se dirigió a Hollywood para perseguir una carrera como actor profesional.

—Pero ese tipo de vida no era para mí —señaló.

—¿Qué fue lo que no te gustó?

—Me encantaba actuar, darle vida a un personaje, pero el verdadero trabajo de un actor profesional es continuamente estar buscando tu siguiente proyecto.

—Sí, es verdad —respondí. Coincidía con él porque así era exactamente como me sentía con mi licenciatura en Escritura Creativa. Lo único que quería era escribir. No sabía nada del negocio literario. Pero tenía ambición. Estaba decidida. Sin la escritura, mi vida tenía poco sentido. Ya había pasado por ahí —intentando vivir sin mi arte— y no pensaba regresar a esa oscuridad. Gracias al programa de *Emerging Voices* tenía una novela terminada, encontré una agente y pronto, esperaba, conseguiría un contrato para publicar mi libro.

—¿Lamentas haberte alejado de Hollywood? —le pregunté cuando caminábamos hacia el auto.

—A veces, pero cuando doy clases me siento más amable, paciente y la mejor versión de mí mismo.

En ese momento me di cuenta de por qué lo consideraban uno de los mejores profesores de Fremont. De verdad le apasionaba.

—Tienen suerte de tenerte —le dije.

Quizá Hollywood se perdió a un gran actor, pero los alumnos de Fremont ganaron un excelente profesor. Y de forma egoísta pensé que si Hollywood lo hubiera recibido con los brazos abiertos, nuestros caminos nunca se habrían cruzado.

Cory se fue a Wisconsin durante las vacaciones de Navidad y yo me quedé en Los Ángeles, intentando no pensar en él, pero claro, estaba en mi mente día y noche. "Tiene novia. No está libre", me repetía una y otra vez, esperando que se me grabara en la cabeza.

*Reyna y Nathan en Navidad*

Llevé a Nathan a comprar un árbol de Navidad y regresamos a casa con uno pequeño, el cual parecía aun más chico e insignificante colocado en la esquina de mi sala llena de muebles desiguales de segunda mano. Estas fechas eran las peores, en especial Navidad, cuando lo único en lo que podía pensar era en que había fracasado miserablemente en crear un hogar para mi hijo y para mí. Quería que me bastara con mi hijo, la escritura y mi casa. Sin embargo, algo faltaba. ¿Amor? ¿Compañía? Quería negarlo. "El amor está sobrevalorado", decía con cinismo, pero recordaba que eso mismo era lo que mi madre había añorado y que llegó al extremo de abandonarnos en su búsqueda. La verdad era que, al igual que ella, anhelaba tener un compañero, alguien con quien compartir mi vida. Me di cuenta de algo que tal vez mi madre también descubrió hace mucho: el hecho de ser mamá no significaba que dejara de ser una mujer con necesidades y deseos.

Pero, al enamorarme de un gringo, ¿estaba traicionando a mi gente?

¡Era como la Malinche! La indígena que ayudó a Hernán Cortés a derrotar al Imperio azteca. Era la Judas mexicana. En México su nombre representaba la deslealtad y la traición. Sin embargo, en la clase de Marta sobre estudios chicanos conocimos la otra versión de la Malinche, que relataba cómo su propia familia la vendió como esclava y después fue obsequiada a Cortés, como un objeto, para que la usara y abusara de ella si así lo deseaba. En lugar de eso, se convirtió en su intérprete, consejera y amante. "Su pueblo la traicionó primero", declaró Marta.

Me gustaba Cory pero, más allá de su origen étnico, lo que no tenía remedio era que estaba en una relación seria. Tenía que respetar eso. Me dije que si estaba destinado, entonces ocurriría. Como escribió Kahlil Gibran en *El profeta*: "No creas que puedes dirigir el curso del amor, porque si el amor te encuentra digno, él dirigirá tu curso".

Esperaba que esta vez, por fin, el amor me considerara digna.

—Ven, chiquito —le dije a Nathan al terminar de decorar nuestro árbol—. ¿Quieres chocolate caliente y pan dulce?

Después de que se quedó dormido, me senté en la sala y vi cómo las luces del árbol coloreaban mi mundo de azul, verde, amarillo y rojo; cerré los ojos e imaginé que Cory y yo bailábamos cumbias bajo las luces en la pista de baile.

"¡Ya basta!", me dije.

Recordé las presentaciones de baile folklórico en Santa Cruz, bailar en el escenario bajo las luces resplandecientes y lo feliz que había sido. Ningún hombre me había dado esa alegría, sólo la belleza de la danza. Fui a mi escritorio, abrí la computadora y me quedé despierta toda la noche, iniciando una nueva novela sobre bailarines, que más tarde titularía *Dancing with Butterflies* (*Bailando con mariposas*).

A esto se reduce todo.

El sudor. Las ampollas en los pies. El dolor de brazos por practicar el faldeo. Horas y horas de ensayar la misma canción, hasta que la música penetra tan hondo en tu cerebro que la escuchas aun en tus sueños. La necesidad constante de empujar a tu cuerpo para que se mueva a pesar del dolor, la frustración, el agotamiento, y de convencerlo de que puede hacer más...

Todo lo vale por este momento.

Estar arriba del escenario, bañada por las luces rojas, azules y amarillas. Miles de ojos mirándote y admirando tus movimientos impecables. Tus pies parecen flotar sobre el suelo mientras giras y giras antes de saltar a los brazos de tu pareja.

Los aplausos estallan desde la oscuridad; cierras los ojos y los escuchas, permitiendo que te envuelvan, dándote fuerza.

# 34

REGRESÉ A TRABAJAR después de las fiestas, agradecida con mis alumnos que me decían "Buenas tardes, maestra. ¿Cómo está?" al pasar junto a ellos en el pasillo. Me saludaban de mano y me deseaban un feliz año nuevo. Acudí a la oficina y saludé al personal del área, a mis coordinadores, que parecían contentos de verme. "¿Cómo está Nathan?", preguntaban.

Fui al cuarto de la fotocopiadora, donde me topé con varios profesores e intercambiamos anécdotas de nuestras vacaciones de invierno. Luego entró Cory a sacar copias e intenté disimular lo emocionada que estaba de verlo.

—¿Cómo te fue en las fiestas navideñas? —me preguntó.

—Genial. Empecé una nueva novela y escribí ochenta páginas. Y tú, ¿qué tal?

Negó con la cabeza y respondió:

—Eres muy prolífica. Lo único que hice fue engordar. Mi mamá siempre me recibe en casa con montones de galletas navideñas.

Traté de imaginarme a su madre y la montaña de postres que amorosamente horneó esperando su llegada. Crecí en una casa donde nunca teníamos postres. A mi padre y mi madrastra no les importaba satisfacer nuestros antojos. Ni Mago ni Carlos ni yo éramos muy golosos, lo cual agradecíamos. Pero me preguntaba cómo sería llegar a la casa de tus papás y que te ofrezcan una galleta, una taza de leche tibia, un abrazo y una sonrisa.

—Bueno, por lo menos pudiste pasar las vacaciones con tu mamá —le dije—. Así que valen la pena esas libras de más.

—Tienes razón. Valió la pena —comentó. Llegó el momento de ir a clase, y justo cuando nos separamos en el pasillo, se detuvo—. Reyna, tal vez podríamos ir a almorzar en la semana.

—Estaría bien —respondí con un tono de voz indiferente, y me dirigí hacia mi clase, con el corazón palpitándome en el pecho.

Pasó por mí el viernes siguiente. Ese día sólo teníamos una clase por la mañana y nada por la tarde. Dudé si llevar o no a Nathan. Una parte de mí deseaba ir sola, para disfrutar de mi tiempo sin traer a un bebé conmigo, aunque otra parte de mí quería que Cory conociera mi realidad: era una madre soltera con un hijo de dos años. Así que fuimos a almorzar con Nathan, y todo el tiempo me sentí nerviosa de que armara un berrinche que me hiciera perder la paciencia, que Cory pensara que yo era mucho problema y no valía la pena, y que se preguntara si realmente quería pasar su tiempo con una madre soltera y su niño.

Pero las cosas marcharon sobre ruedas y Nathan se comportó de lo mejor. Después de almorzar en mi restaurante chino favorito, regresamos a mi casa y Cory no me dejó y se fue, como esperaba que hiciera. En lugar de eso, entró y se sentó en la sala. Platicamos durante horas y jugó a la pelota con mi niño en el patio. Luego me preguntó si tenía juegos de mesa.

—¿Te gusta el Scrabble?

Jamás había escuchado hablar del juego. No crecí con juegos de mesa, salvo por la lotería, que es la versión mexicana del bingo.

—Nunca lo he jugado —confesé.

—Un día tenemos que hacerlo —dijo. Platicamos un poco más

acerca de nuestras madres y nuestros padres. Los suyos se divorciaron cuando tenía tres años y su mamá lo crió sola hasta que se casó de nuevo. En todos estos años él había visto muy poco a su padre, así como Nathan rara vez veía al suyo. Sin embargo, lo que me sorprendió fue que Cory no le guardaba resentimiento a su papá por no haberse esforzado más por formar parte de su vida, mientras que yo seguía luchando con el rencor contra mis padres por haberme dejado. Desde luego, sus repetidos "abandonos", emocionales y físicos, no me ayudaron a sanar de mis primeras experiencias traumáticas. Cory parecía bueno para dejar pasar lo que no podía controlar ni cambiar y, en vez de eso, se concentraba en llevar una vida feliz y saludable, además de tomar buenas decisiones.

Literalmente era el hombre más "sin traumas ni dramas" que hubiera conocido. Esperaba que Nathan llegara a ser como él algún día. Era posible, pensé, crecer sin un vacío en el corazón cuando tienes un padre ausente.

Cuando nos dimos cuenta, ya era hora de cenar y volteó a verme.

—¿Quieres salir a cenar?

Parecía como si estuviéramos teniendo dos citas en un mismo día, aunque oficialmente, recordé, no eran salidas amorosas. Esta vez decidí que Nathan no nos acompañara, así que lo dejamos en casa de mi madre. Era la primera vez que le pedía que lo cuidara, pero lo que a ella más le sorprendió fue conocer a mi amigo gringo. Mi madre medía cuatro pies once pulgadas. Comparado con ella, Cory parecía un gigante. Como ella no hablaba inglés ni él español, las presentaciones fueron breves y no hubo preguntas vergonzosas que alguno tuviera que responder.

Nos dirigimos a Old Town Pasadena, caminamos por el bulevar Colorado y terminamos en un restaurante tailandés. Accidentalmente, Cory se comió un chile picante pensando que era un pimentón y su cara se puso tan roja como el chile que se acababa de comer. Alcanzó su vaso de agua y me dijo, ahogándose:

—Reyna, creo que tengo un gran problema.

Observé su rostro intensamente enrojecido y sus ojos azules acuosos como el océano. Hacía un gran esfuerzo por controlarse, pero no había nada que yo pudiera hacer para ayudarlo. Estaba a punto de salirle humo por las orejas. Aunque yo era inmune al picante, entendía su sufrimiento.

—Lo siento mucho —dije.

El enrojecimiento disminuyó lentamente, dejando en su tez sólo un tenue rubor del tono de los duraznos con crema. Resistió el ardor con gran valentía y nunca perdió la compostura. Quería reírme. Quería abrazarlo. Quería decirle, "Creo que yo también tengo un gran problema, Cory".

Le comenté que me encantaba ir de caminata, y a la semana siguiente fuimos a Malibu Creek. Dejé a Nathan con la niñera, porque mi tipo de excursiones en realidad no eran para niños pequeños. Prefería no seguir los senderos. La meta era llegar a la cima de un cerro que tenía una vista elevada hacia el arroyo. Solía haber un tronco atravesado que iba de la orilla del arroyo a una roca situada en medio del caudal. A partir de ahí, se podía cruzar al otro extremo saltando de una piedra a otra y luego subir escalando por la cara rocosa de la ribera. Sólo que ese día no había tronco.

—Vamos a meternos —dije, lista para zambullirme en el arroyo con todo y ropa.

—Debe haber otra forma de cruzar —me respondió.

—No hay otra manera —insistí—. Saltemos.

—Espera —replicó—. Déjame pensar.

Me zambullí y nadé a la otra orilla. Luego de un rato, que sentí como si hubiera sido media hora, Cory saltó hacia la roca en medio del arroyo y después brincó hacia otra y otra más, hasta que llegó al otro lado sin mojarse.

—Estás empapada —señaló. Me encogí de hombros y continué caminando, saltando de roca en roca y escalando las paredes de piedra que había a lo largo del arroyo. Cuando estábamos a punto de tocar tierra firme y a comenzar nuestro ascenso hacia el cerro, Cory se resbaló y cayó en el agua, que le llegaba a la cintura.

—Ves, perdiste el tiempo tratando de no meterte en el arroyo y de todos modos te mojaste —me reí.

—No me digas —respondió, riéndose también.

Con los *jeans* mojados, lo hice escalar por rocas y sujetarse a los arbustos como si su vida dependiera de ello. Me preocupó traumar al pobre hombre y que luego ya no quisiera salir conmigo. Pero tenía la sensación de que Cory necesitaba algo emocionante, algo distinto de la monótona vida segura, estable y normal que siempre había tenido. Sin duda podía brindárselo, pues la mía había sido todo menos segura y estable.

"¿No sería agradable hacer esto cada fin de semana?", pensé. Sabía que no debía sentir lo que estaba sintiendo, pero no podía evitar el deseo de que hubiera algo más que una amistad con él. Estaba plenamente consciente de que tenía novia aunque ella se había marchado a Egipto. En México hay un dicho que recordaba cada que estaba con Cory, "El que se fue a la villa, perdió su silla". Básicamente quería decir que, si uno abandona una oportunidad, alguien más la tomará, o para decirlo de otro modo, si no cuidas lo que tienes, lo perderás. Para aliviar la sensación de culpa que experimentaba, me dije que si la chica dejó a Cory por la tierra de los camellos y las pirámides, sería su culpa si lo perdía.

Su tez pálida de nuevo estaba roja, como cuando se comió el chile, pero no se quejó ni una sola vez. Cada vez que volteaba a verlo continuaba ahí, siguiéndome. A veces esperaba no encontrarlo más. Creí que se iba a rendir y a decir que no valía la pena.

—¿Estás bien? —le preguntaba.

Él recuperaba el aliento y me sonreía.

—Sí, es divertido. Me siento como Indiana Jones.

No era una persona quejumbrosa, y eso me gustaba de él.

—Eres una cabra montesa —me dijo con admiración.

—Sé cómo cruzar montañas.

Por fin llegamos a la cima del cerro y nos sentamos en una peña, con los pies colgando en el aire, el arroyo debajo de nosotros y el cielo azul arriba. *Azure*, que quiere decir "azul" celeste en inglés, fue la palabra que utilicé en uno de nuestros primeros juegos de Scrabble y que impresionó a Cory. La ficha Z aterrizó en la casilla de triple valor, por lo que la palabra completa obtuvo un puntaje triple, por una suma total de 120 puntos. "Aprendes rápido", dijo con aprobación. Y ahora estábamos rodeados de *azure*, Cory y yo. Un halcón pasó volando sobre nuestras cabezas y cerré los ojos, con el corazón palpitándome rápido y con fuerza. Nunca me había sentido tan viva como en ese momento. Estaba emocionada, eufórica por la caminata, por el azul infinito del cielo y por el hombre que estaba a mi lado.

—Fue una excursión sin igual —comentó, y ambos nos reímos.

*Reyna enganchándose con el Scrabble*

# 35

UNA SEMANA DESPUÉS fue el cumpleaños de Cory. Lo invité a casa y le preparé pollo con mole, que es el platillo nacional de México. Como era la primera vez que probaba el mole y además era su cumpleaños, el guiso tenía que ser extradelicioso. Estaba decidida a prepararlo desde cero, me negaba a usar el producto que se compra en la tienda. Me pasé una hora desvenando, quitando semillas, asando, hirviendo y machacando cuatro tipos distintos de chiles secos: guajillo, Nuevo México, pasilla y negro. Los freí y luego molí otros ingredientes, como almendreas fileteadas, ajonjolí, canela y pasas. Mago me enseñó cómo preparar esta variedad de mole hacía varios años, cuando lo aprendió de su suegra. Yo no lo cocinaba seguido, lo hice sólo un par de veces en Santa Cruz. Me rompí la cabeza tratando de recordar todos los ingredientes y me sentí tentada de llamar a mi hermana para pedirle la receta, pero decidí no hacerlo. Tenía que hacerlo por mi cuenta.

—Gracias por tomarte el tiempo de prepararme esto. Huele delicioso —dijo Cory.

Él y Nathan estaban sentados a la mesa del comedor jugando con Mega Bloks. No quería que me gustara tanto verlo jugar con mi hijo, pero era inevitable. Verdaderamente Cory parecía disfrutarlo y era bueno jugando con los niños, todo lo contrario de mí.

—Gracias por darme un motivo para prepararlo —respondí, aspirando el aroma de la canela, el ajo y las pasas que se freían en la sartén—. Es demasiado esfuerzo cocinarlo sólo para mí, por eso no lo hago tan seguido. Pero es mi platillo favorito.

—No puedo esperar a probarlo. ¿Has sabido algo de tu agente?

—Nada. Creo que está cansada de darme malas noticias —señalé mientras molía los ingredientes en la licuadora. Jenoyne llevaba los últimos meses enviando el manuscrito, pero sólo había recibido rechazos. Se sentía tan mal por mí, que terminó por no contarme de ellos. Tenía semanas sin saber de ella. Estábamos en nuestra segunda ronda de entregas, pero había estado tan distraída con Cory que no me enganché con los rechazos que seguían llegando. Ella me advirtió que estuviera preparada, y lo estaba. Sin embargo, el rechazo siempre penetra la armadura que te pones para protegerte, sin importar lo impenetrable que finjas ser.

Miré a Cory y pensé en el posible rechazo que me esperaba con él. También debía prepararme para ése. Me pregunté qué me dolería más, que me negaran en el amor o en el arte. Cualquiera de los dos me desarmaría si lo permitía.

—No pierdas la esperanza —me dijo.

No sabía si lo comentaba por él o por los editores, así que opté porque se refiriera a los dos.

—Sé que estas cosas toman tiempo y que lo único que necesito es que un editor me diga que sí —señalé—. Un solo sí a cambio de todos los no. A eso es a lo que me aferro.

—Es una buena forma de verlo —respondió.

Colé los ingredientes y los puse en la olla. Mientras el mole se cocía a fuego lento, recordé que a Cory le gustaba lo dulce, así que agregué más chocolate. El resultado final me sorprendió. Mi mole era el mejor que hubiese probado. Tenía un dulzor perfecto y, por fortuna, no estaba muy picoso. Era rico, suave y tenía el efecto justo.

Le presenté el plato con pollo bañado en mole y arroz a un costado.

—¡Luce increíble!—expresó.

—Gracias. ¿Quieres que te cuente una historia graciosa del mole? —le pregunté, sentándome al otro lado de la mesa. Le dije que durante mi último cuatrimestre en Santa Cruz renté una habitación en casa de una pareja de ancianos gringos—. Quería hacer algo amable por ellos, así que en la mañana dejé una nota diciéndoles que les iba a preparar mole para la cena. No sabían que se trataba de un platillo mexicano que se pronuncia mo-leh. Creyeron que iba a cocinarles un topo, que es la palabra *mole* en inglés, ya sabes. Se pasaron todo el día temiendo que llegara la hora de la cena. ¿Te imaginas? ¡Creían que los mexicanos comemos topos!

Se rio y probó la comida.

—Guau. Está delicioso —tomó un pedazo de tortilla y se llevó más mole a la boca.

Al verlo saborear su comida de cumpleaños, con Nathan sentado a un lado en su silla alta comiendo su arroz con pollo, tirando comida por todos lados y ensuciándolo todo, el pensamiento que llegó a mi mente fue el siguiente: "Podríamos hacer esto cada noche". Cory, Nathan y yo, entretenidos con los juguetes, cocinando la cena, comiendo juntos mientras platicábamos sobre cómo nos había ido en el día. Haciendo planes para el futuro. Podríamos ser una familia.

Pero antes de entusiasmarme, me sacudí esos pensamientos y recordé que él era novio de alguien más. El suyo era un "sí" que no debía esperar, porque mientras tuviera novia, la respuesta siempre sería "no".

Después de su cumpleaños, resultó doloroso pasar tiempo con Cory. Sabía que le gustaba estar conmigo, pero no había dado señales de buscar algo más allá de la amistad. Si fuera mujer o un hombre gay, podríamos ser los mejores amigos. En cambio, era un hombre heterosexual que me atraía profundamente y cada minuto que pasaba con él resultaba una tortura. Luchar contra mi deseo de intimar con él —sexual, emocional y psicológicamente— era como nadar contra la corriente. Nunca se me había insinuado y por mucho que quisiera que lo hiciera —y Dios era testigo de que traté de tentarlo—, también agradecía que no se aprovechara de mí.

Después de Francisco, por fin estaba lista para darle una oportunidad a un buen tipo. Quería a alguien que verdaderamente me amara y que no jugara conmigo (a menos que se tratara del Scrabble). Estaba lista para estar con un hombre que tuviera la suficiente confianza en sí mismo como para tratarme como una igual, que no buscara ser rescatado y que no necesitara rescatarme.

Con Cory, lo quería todo o nada.

Sin embargo, no había dado indicios de que fuera a dejar a su novia, y no iba a presionarlo. Si quería mi amistad, se la daría, pero tal vez tendríamos que vernos con menos frecuencia. Quien sea que dijo que los hombres y las mujeres no podían ser sólo amigos, tenía razón. Tarde o temprano, uno de ellos termina enamorándose. Desafortunadamente, en este caso había sido yo.

Una noche organizamos un maratón de películas. Cory me pidió que viera su película favorita, *Casablanca*, y yo que él viera la mía, *Santa sangre*, de Alejandro Jodorowsky. Estábamos acostados en la alfombra, lado a lado, y en un momento de debilidad comencé a mordisquearle la oreja y a presionar mi cuerpo contra el suyo. Inhaló con fuerza y volteó a verme, acercándome hacia él. Pero justo cuando estábamos a punto de besarnos, se apartó.

—Lo siento, Reyna. No puedo hacerlo.

—Lo sé —respondí—. No debí hacer eso.

Apagué la televisión y nos quedamos sentados en la oscuridad algunos minutos, sin decir nada.

—Creo que debería irme a casa —dijo.

—Está bien —respondí. Lo acompañé a la puerta y nos despedimos. Al marcharse de mi casa y viéndolo alejarse, me pregunté si había llegado nuestro final.

Esa noche no pude dormir, reprendiéndome por mi comportamiento. Llamé a Mago para pedirle su consejo, porque en momentos como ése, necesitaba a mi hermana.

—Tenía que suceder, es normal, Nena. Lo que debes hacer ahora es darle un ultimátum —Mago estaba siendo drástica como de costumbre, pero sabía que tenía razón—. No puedes pasar todo tu tiempo libre con el tipo sólo para que sean amigos, en especial teniendo en cuenta lo que sientes por él. Como está solo, te está usando. ¿Qué va a pasar cuando regrese su novia? Eres quien tiene más que perder en esta situación, Nena. Aléjalo y pídele que se decida.

Siguiendo el consejo de Mago, cuando Cory me llamó al siguiente día, le dije:

—Siento mucho lo que hice anoche, pero la verdad es que me gustas mucho y me he encariñado contigo. Necesito que decidas lo que quieres, no solamente por mi bien, sino por el de mi hijo. Valoro nuestra amistad, de verdad, pero busco algo más.

—Entiendo —respondió—. Y tienes razón. Sé que no es justo para ti ni para Nathan.

Colgamos. Me dije que si lo único que quería era mi amistad, tendría que aceptarlo. No quería perder a un buen amigo.

Al siguiente día, Cory me preguntó si podía verme. Fuimos a la biblioteca de Huntington a pasear por los jardines botánicos. Los jardines eran maravillosos, me transportaban a lugares que nunca había visitado: China, Australia, África. La primavera llegaba y todo reverdecía, y estaba a punto de estallar en flor y esplendor. Esta era la temporada de nuevos comienzos, pero la belleza exuberante a mi alrededor no levantó la pesadez en mi corazón. Con la cabeza inclinada y mis pasos sin el vigor que usualmente sentía bajo la luz del sol, me sentía como una flor que, en lugar de abrir, estaba a punto de marchitarse.

—Tuve una larga charla con mi novia por teléfono —me dijo,

mientras paseábamos, empujando la carriola de Nathan. Me sentía muy nerviosa como para disfrutar de la belleza que me rodeaba y gozar del delicioso y terroso perfume de los árboles, y del perfecto clima soleado.

—¿Y? —pregunté, preparándome para lo que estaba por venir. Me diría que ni siquiera podríamos ser amigos. Que debíamos poner distancia entre los dos.

—Terminamos. Le dije que me había enamorado de ti.

Sentí que las piernas se me doblaban, y si no hubiera sido porque estaba agarrada a la carriola de Nathan, hubiera caído al piso.

—¿Podemos sentarnos? —le pedí.

Fuimos a sentarnos junto al estanque, donde Nathan le dio de comer cereal a los patos, mientras los pensamientos me daban vueltas en la cabeza.

—¿Estás seguro de esto? —le pregunté. Se inclinó hacia mí y me besó, y al sentir la suavidad de sus labios en los míos, obtuve mi respuesta.

*Reyna y Cory*

# 36

*Natalio con sus nietos*

UN DÍA, ME tomó completamente por sorpresa que me llamara mi padre. No sólo que telefoneara, sino que, además, me pidiera un favor. Se trataba del hombre que no quería que le pidiéramos favores a nadie. Y, sin embargo, ahí estaba, pidiendo uno.

—Chata, quería saber si me podría quedar contigo hasta que encuentre casa. Quizá sólo por un mes.

Poco antes, mi padre había realizado una mala inversión. Vendió la casa de Highland Park y se mudó a Adelanto, un pueblito ubicado a hora y media al este de Los Ángeles. El esposo de mi prima le contó que las casas eran baratísimas en Adelanto y que podría tener un lugar lindo y grande, con un un patio amplio, a mitad de precio. Así que mi papá y mi madrastra compraron una propiedad ahí, la mejor en la que hubieran vivido. Era prácticamente nueva y no necesitaba reparaciones, a diferencia de los sitios decrépitos en los que siempre habían vivido. Pero mi primo olvidó comentarle que no había empleos en Adelanto, y mi padre utilizó parte del dinero que ganó con la venta de su casa en un negocio arriesgado: abrió una purificadora de agua. El sueño de tener su propio negocio rápidamente se evaporó cuando se dio cuenta de que vender agua embotellada a unos cuantos centavos por galón no era muy lucrativo en un sitio escasamente poblado. Luego de meses de dificultades para encontrar otra forma de ganarse la vida, a mi padre no le quedó otra opción que pedir que le devolvieran su antiguo empleo en Culver City.

—Está muy lejos —señaló.

Su comentario se quedaba corto. Sin tráfico, el trayecto de Adelanto a Culver City era de casi dos horas y media de ida y vuelta.

—Puedes quedarte en el cuarto de Nathan —le dije.

—Mejor me quedo en el garaje —respondió.

El garaje no era más que un cuarto vacío y oscuro, con las vigas expuestas. No era una habitación terminada y no era cómoda en absoluto, pero él me aseguró estar acostumbrado a condiciones peores. De niño vivió en chozas donde dormía en petates sobre el piso de tierra. En los Estados Unidos nunca se acostumbró a usar la cama. A menudo, en los años que llevaba viviendo con mi madrastra, ella se despertaba y lo encontraba dormido en el suelo duro e implacable. Era una de las formas en que su niñez seguía acosándolo.

Ya estando en mi casa, pasaba la mayor parte del tiempo solo, en especial cuando estaba Cory. Era amable y hablaba de trivialidades con él en su inglés mocho, pero sólo durante uno o dos minutos antes de disculparse e irse. Era evidente lo incómodo que se sentía con nosotros.

Como hacía el esfuerzo de marcharse temprano de la casa, rara vez lo veía; aunque a veces me despertaba y esuchaba el agua de la regadera a las cinco de la mañana. Era la única forma en la que me enteraba de que, de hecho, seguía aquí. Regresaba tarde, entraba por la puerta del patio y no pasaba a la casa. Los viernes se iba a la suya en Adelanto y no lo volvía a ver hasta que regresaba el domingo en la noche. Me molestaba que hiciera todo lo posible para no verme, aunque sabía que lo hacía para no importunarme. Creía que si mantenía su distancia, no sería una carga para mí. Era curioso lo mucho que nos parecíamos mi padre y yo. Cuando viví con Diana, hice exactamente lo mismo. Me apartaba lo más que podía y me encerraba en mi habitación para que tampoco me considerara una carga. Pero Diana no se andaba con esas tonterías y llamaba a mi puerta, "¿Por qué no me acompañas en la sala, Reynita?".

Deseaba tener las agallas para tocar a la puerta del garaje y decirle lo mismo, "¿Por qué no me acompañas en la sala, pa?". No sabía cómo hacerle saber que quería su compañía, que la anhelaba. Quería sentarme a tomar un café con él en las mañanas y en las tardes, quería prepararle de cenar o sentarme con él en el porche o en el patio, viendo a Nathan entretenido con sus juguetes mientras nosotros platicábamos sobre el futuro. Ese era mi tema favorito de conversación con mi padre: los sueños que teníamos.

Sin embargo, él no se esforzaba por acercarse a mí o a Nathan, y a pesar de que resultaba doloroso, lo dejaba en paz. Trataba de convencerme de que era mejor mantener nuestra distancia. Si no lo veía, podía fingir que no estaba ahí. Podía continuar con mi vida de la misma forma en que lo había hecho desde que salí de su casa y tuve que cuidarme sola. Podía seguir fingiendo que no lo necesitaba.

Cuando el mes se convirtió en dos y no acepté que me pagara renta, él comenzó a llegar directamente del trabajo a reparar cosas de la casa. Destapó el lavabo del baño, arregló la gotera del grifo, cambió un foco fundido, podaba mis plantas y regaba el césped. Una vez, mientras se ocupaba de mis rosales, le mencioné que me gustaría tener una pérgola, pero al desconocer que se decía de la misma forma en español, la llamé "una casita" en el patio de ladrillo.

—Te la construyo —me dijo.

Al igual que cuando levantó la cerca, salí a verlo trabajar. No sabía de qué platicar con él, así que sólo me sentaba a mirar. Mi papá medía la madera, luego la cortaba con una sierra eléctrica. Poco a poco, la pérgola comenzó a cobrar forma. Admiraba lo hábil que era.

—¿Dónde aprendiste a construir? —le pregunté un día.

Continuó taladrando y creí que no me había escuchado o que no le daba la gana responderme, pero después de un minuto apagó el taladro.

—Mis papás me pegaban mucho. Todo el tiempo. Hasta que un día, me cansé. —Me contó que ambos lo maltrataban y lo insultaban constantemente, y que un día, a los diecisiete años, no lo soportó más y huyó a la Ciudad de México. Traté de imaginarme a ese chico y la valentía que necesitó para salir de Iguala e ir a la gran ciudad, donde no conocía a nadie y todo era distinto: la altura de los edificios, las amplias calles pavimentadas, los autos, el metro, los millones de personas. Debió de ser un lugar aterrador para un joven de pueblo como él, con apenas el tercer año de primaria y quien desconocía la vida fuera de los caminos terrosos de Iguala y sus chozas de cartón—. Tuve suerte. Encontré trabajo en la construcción y así fue como aprendí a construir, a usar mis manos para colocar ladrillos y losetas, a mezclar el cemento, a medir y cortar, a martillar y taladrar para sobrevivir.

—¿Cómo terminaste de regreso en Iguala? —le pregunté.

—Mi padre fue a buscarme y me llevó a casa. Así fue como regresé. Pero le advertí que, si volvía a ponerme una mano encima, esa sería la última vez que me vería.

*Mi abuelo y mi padre en la capilla del
Cerrito del Tepeyac, Ciudad de México*

Regresó al taladro y supe que la conversación había terminado.

Pensé en el maltrato con el que creció y el que mi mamá también sufrió. Esa era nuestra historia, una historia de violencia en la que los niños maltratados se convertían en padres maltratadores. Buscaba romper ese ciclo con mi hijo, aunque había estado peligrosamente cerca de pegarle y, con los años, hubo algunas ocasiones en las que mi crianza me sobrepasó. Esa violencia heredada era algo que no quería y luché duramente por acabar con ella.

Conforme la pérgola tomaba forma, recordé la casa que mi padre quería construirnos en Iguala y que fue la razón por la que se marchó al norte. Si hubiera tenido el dinero para comprar el material, la habría construido con sus propias manos y se habría quedado. Quizá entonces hubiera podido platicar con él, preguntarle más sobre su vida, acerca de quién era, sin sentir miedo de hacerlo. Ansiaba tanto preguntarle detalles de su pasado, de los fantasmas que lo acechaban, de la razón de su ira, de la fuente de sus tristezas, de lo que se arrepentía. Quería preguntarle, "Si tus padres te maltrataron tanto que tuviste que huir, ¿por qué hiciste lo mismo con tus hijos? ¿De dónde crees que proviene esa inclinación? ¿Qué puedo hacer para no ser como tú, papá?".

Trabajó durante varios días más en mi casita. No volvió a contarme más historias de su pasado y no tuve el valor de hacerle más preguntas. La pérgola continuó cobrando forma y, entre tanto, fingí que nos estaba construyendo la casa de sus sueños, como la de México. Fingí que se quedaría conmigo para siempre y que podríamos reconstruir nuestra relación, borrar el pasado y que, esta vez, por fin se quedaría conmigo.

Unos días después me dijo que él y mi madrastra se mudarían de regreso a Los Ángeles.

—Me voy a apurar a terminar la casita antes de irme. —Fiel a su palabra, terminó el trabajo y luego se marchó. Si no tuviera la pérgola como prueba, habría creído que fue un sueño el que mi padre llegó a vivir conmigo.

Por las tardes, Cory y yo sacábamos a Nathan al patio y lo veíamos dar vueltas y vueltas en su triciclo, riéndose alegremente bajo nuestra nueva pérgola. Sentada en el patio con mi hijo y con el hombre que amaba, con la "casita" cubriéndonos, me di cuenta de que era la segunda vez en mi vida que mi padre me construía una casa, aunque yo era la que se forjaba un hogar.

# 37

E STÁS LISTA PARA escuchar las buenas noticias? —me preguntó Jenoyne, finalmente, por teléfono. Contuve el aliento por la expectativa, tratando de no emocionarme más de la cuenta. Habían pasado poco más de cinco meses de estar enviando el libro, sin éxito. Me comentó que hacía unas semanas mandó el manuscrito a un editor latino y parecía prometedor—. Verdaderamente le gusta tu escritura. Está considerando presentar una oferta.

Estuve entusiasmada el resto del día. El editor trabajaba para una casa importante de Nueva York. Había pocos latinos que trabajaran en las grandes editoriales, y el hecho de que le gustara mi obra significaba mucho para mí. Como él mismo era latino, sabía que entendería mi historia y por qué escribí el libro.

A los pocos días, Jenoyne me llamó de nuevo para decirme que el editor había terminado de leer el libro y quería avanzar en la negociación haciendo una oferta.

—¿Hablas en serio? —me senté en el sofá. ¿De verdad estaba ocurriendo? Habían sido cinco meses de rechazos y a pesar de que parecía una eternidad, la realidad era que a veces esto toma años.

—Le gusta tu trabajo, Reyna, pero quiere que hagas algunos cambios a la historia antes de presentarte una oferta.

—¡Claro! ¿Como qué? —pregunté. Sabía que el libro no era perfecto y me emocionaba que, con su ayuda, pudiéramos llevar la historia a donde tenía que llegar.

—Quiere que cambies a la protagonista. Quiere una novela acerca de una latina nacida en los Estados Unidos, no de una inmigrante mexicana.

—¡Pero de eso se trata la historia! —exclamé—. No me puedo deshacer de mi personaje principal. Cuéntame qué te dijo exactamente.

Podía notar su indecisión. No me había contado gran cosa de los otros editores que rechazaron el libro. Supe que lo había hecho para protegerme, pero esto era distinto. Se trataba de un editor dispuesto a presentar una propuesta, aunque me estaba pidiendo lo impensable.

—Bueno, dijo que a nadie le va a importar la historia de una joven inmigrante buscando a su padre ausente —me alegraba estar sentada, porque esas palabras me partieron como un machete—. Está dispuesto a trabajar contigo, Reyna. Es lo que ha dicho, pero tendrías que hacer una revisión a fondo. No le interesan las historias de inmigrantes. Quiere un relato más convencional. Ahorita el Chica Lit es muy popular. Todos están buscando obras escritas por latinas, pero de ese género.

—¿Qué es exactamente el Chica Lit?

—Son libros acerca de latinas de clase media que se han asimilado a la cultura estadounidense. No muy étnicos y más convencionales. Son como los libros para chicas, pero con sabor latino. ¿Quieres pensarlo?

"No, no quiero", quería responderle. En cambio, dije:

—Sí, te llamo después.

Cuando colgué, me acosté en el sofá y lloré. El hombre estaba dispuesto a darle una oportunidad a mi escritura, pero no a la historia que había desarrollado, sino a la que él creía que debía escribir.

Pero, ¿qué había de mi novela? ¿Qué ocurriría con Juana y sus conflictos? A pesar de que era una obra de ficción, sus dificultades eran reales. ¿Cuántos niños en el mundo —no sólo de México o de Latinoamérica, sino de todo el mundo— se habían visto obligados a despedirse de uno de sus padres, viéndolo alejarse para buscar una vida mejor en otra ciudad o país, y preguntarse si lo volverían a ver? ¿Cuántos hijos tenían padres migrantes y, al ellos no regresar, se veían forzados a abandonar sus hogares para buscarlos, desesperados por encontrar una respuesta a la pregunta "aún me amas"?

La violencia psicológica de ver a tus padres apartarse de ti era una herida que nunca sanaba. Debía honrar esa experiencia defendiendo mi visión y manteniéndome firme en mis creencias.

Llamé a Jenoyne al día siguiente y le pedí que rechazara la propuesta en mi nombre. Sabía que quizá era mi única oportunidad de que me publicaran, pero estaba dispuesta a correr el riesgo. No deseaba escribir siguiendo una moda, aunque ése fuera mi boleto de entrada. Quería contar una historia que importara. El editor dijo que "a nadie le va importar la historia de una inmigrante mexicana buscando a su padre ausente". ¿Podría demostrarle que se equivocaba?

A pesar de que traté de que el rechazo no me afectara, me dolió tanto que pasé varios días hundida en mi tristeza. Ni siquiera Cory me podía sacar de mi pesadumbre.

—¿No ves lo que esto significa? —le dije—. Si un editor latino no entiende mi historia, entonces, ¿qué oportunidad tengo de que otro editor se arriesgue a publicar mi libro?

—Sé lo que necesitas —me respondió—. Vamos, quítate la bata y vístete.

Para entonces, Cory me conocía lo suficiente como para saber que cuando estaba triste, lo que necesitaba era comida reconfortante. Nos llevó a San Pedro, a mi mercado favorito de pescados y mariscos, donde cocinaban frente a uno y acompañaban la comida con un delicioso pan de ajo. Pero mientras pelaba el camarón y me lamía la salsa picante de los dedos, mi mente regresó a su estado de decepción y miedo. De pronto, el camarón adquirió el sabor metálico del fracaso.

A las pocas semanas, mientras conducía por Florence Avenue, Jenoyne me llamó.

—¿Estás sentada? —preguntó—. Tenemos una oferta. Atria Books, un sello de Simon and Schuster, quiere tu libro. —La editorial era una de las más grandes del país, me comentó Jenoyne. Malaika Adero, una editora afroamericana, se había enamorado de mi novela.

—¿Qué cambios va a pedir? —Se me revolvía el estómago sólo de pensar en tener que comprometer de nuevo mi visión. ¿Tendría la fuerza esta vez para negarme? ¿Terminaría sucumbiendo ante el deseo de ver impresa mi obra?

—No hay cambios significativos —me respondió—. Claro que tendrás que pasar por revisiones y correcciones, pero básicamente publicará tu libro tal como lo escribiste.

*Reyna con su primer contrato editorial*

—¡Ay, Dios mío! —exclamé—. No puedo creer que esté sucediendo. —Quería saltar del auto y ponerme a bailar en la banqueta,
gritar a todo pulmón que tenía una oferta, que de veintisiete editores
a quienes les enviamos el manuscrito, finalmente había encontrado a
una que comprendió la historia que había escrito y que la publicaría
como lo había imaginado. Pero no me bajé del coche ni tampoco
grité. En lugar de eso, me estacioné a un lado y llamé a Cory.

—No vas a creer lo que acabo de escuchar —le dije.

—¿Qué? ¿Estás bien?

—¡Me van a publicar!

# 38

PARA CELEBRAR, DECIDÍ visitar el lugar que había inspirado la historia: mi ciudad natal.

—Me gustaría que me acompañaras a Iguala —le dije a Cory—. Quiero que veas de dónde vengo.

Creía que la única forma en la que él realmente llegaría a conocerme por completo era si presenciaba el lugar donde inició mi jornada. A pesar de que nuestra relación se fortalecía con cada día que pasaba, al punto en que él se pasaba todos los días y noches conmigo y sólo iba los domingos a su apartamento en Long Beach a recoger su correspondencia, aun así, sentía que únicamente conocía una parte de mí.

Cory había ido a México de niño, cuando su abuela lo llevó en un crucero a Cancún. Le advertí que este viaje sería completamente distinto.

—Iguala está a tres horas de Acapulco, pero es todo lo contrario de un destino turístico en la playa.

—Leí tu libro —me respondió.

Me preocupaba su reacción una vez que de verdad estuviera ahí. Su exnovia también lo llevó a su pueblo natal, pero ella venía del idílico país isleño de Chipre, donde había ido a nadar al mar Mediterráneo y a comer bocadillos de higo y queso halloumi todos los días, mientras se bronceaba bajo el sol chipriota. En mi inseguridad, me preocupaba que este viaje lo hiciera lamentar la decisión que había tomado tres meses atrás; pero era el riesgo que estaba dispuesta a tomar porque necesitaba ir a México y sabía que él tenía que acompañarme.

Cuando terminó el año escolar y comenzaron nuestras vacaciones de verano, los tres emprendimos el vuelo. Pero en cuanto aterrizamos en la Ciudad de México, se instaló en mí la duda. ¿Y si en lugar de unirnos, el viaje terminaba separándonos? ¿Qué había pensado al traer a este gringo de clase media a un lugar sin lujos, que ni siquiera tenía las cosas más simples a las que estaba acostumbrado? Me dije que estaba siendo ridícula. Cory sabía adaptarse a nuevos ambientes y se comportaba mejor que yo cuando conocía a nuevas personas. Tampoco se alteraba con la misma facilidad que yo. Cuando hubo un tiroteo enfrente de mi casa mientras jugábamos Scrabble y al salir encontramos su parabrisas estrellado y la puerta de su coche con agujeros de bala, no armó un escándalo ni corrió a refugiarse a su apartamento de Long Beach.

Cuando conoció a mi hermano, Carlos comentó, "¿Sabías que la mayoría de los asesinos en serie son gringos?", pero Cory manejó la situación mucho mejor que yo. En mi caso, quería que la tierra me tragara entera para evitarme la humillación, pero él simplemente se rio y le respondió, "No te preocupes. No voy a matar a tu hermana".

Comencé a sentirme mejor y hasta me quedé dormida en el autobús rumbo a Iguala. Pero en cuanto entramos a la ciudad y el camión comenzó a balancearse de aquí para allá por lo disparejo del camino, me desperté y mis preocupaciones regresaron.

—¿Listo? —le pregunté al salir de la estación de autobuses y llamar a un taxi para que nos llevara a la casa de mi tía.

—¡Claro! —dijo con tono entusiasmado, asimilándolo todo: el bullicio del mercado ubicado al otro lado de la calle; los taxis y minibuses que avanzaban lentamente y recogían a pasajeros cargados de comestibles; los vendedores que ofrecían sus mercancías en las aceras, empujando carretillas llenas de flores secas de Jamaica, cacahuates, mandarinas o jícamas.

Nos subimos a un taxi y nos abrimos paso hacia la casa de mi tía. Me preguntaba qué pensaría Cory mientras recorríamos las calles estrechas plagadas de baches y basura, al pasar por el río de agua estancada y apestosa, por la estación de trenes vacía y sus vagones de carga abandonados y oxidados, por los caminos de tierra bordeados de chozas y casas deterioradas.

—Ahí vive mi tío Gary —le dije, señalando una de las chozas junto a las vías—. ¿Recuerdas que en mi novela hay un niño pequeño que muere en el autobús, en los brazos de su mamá, mientras van camino al doctor?

—Lo recuerdo —respondió Cory.

—Bueno, era Chucho, el hijo de mi tío Gary.

Le señalé el balneario de la Quinta Castrejón cuando pasamos por ella.

—Ahí es donde vendíamos botanas con mi mamá. Tal vez te lleve a la alberca que hay ahí —volteé a ver a Nathan—. ¿No sería divertido ir a nadar?

—¡Alberca! —dijo Nathan, aplaudiendo entusiasmado con sus manitas, aunque de pronto me volvió a abrumar la preocupación. Me inquietaba que tanto a él como a Cory les provocara diarrea la comida, que les picara un alacrán, que pisaran un clavo oxidado o terminaran contrayendo piojos o lombrices. El vocabulario de mi hijo era limitado, así que estaba acostumbrada a adivinar sus deseos y necesidades. Aunque también había traído a Cory a un sitio donde su vocabulario sería igualmente escaso, así que tendría que hacer lo mismo por él, para asegurarme de que no se sintiera fuera de lugar.

Finalmente apareció la reja verde de mi tía. Al escuchar el taxi, mi tía, su esposo y mis primos salieron corriendo a encontrarnos. Al verlos, especialmente a Diana, mi prima consentida, sentí que se esfumaban las largas horas de viaje. El fastidio había valido la pena. Estaba con mi familia que vivía al sur de la frontera; los lazos de afecto que tenía con ellos hacían que me sintiera aún más conectada con este lugar.

—Ya llegamos —dije, señalando lo obvio.

Los presenté a todos y Cory los saludó de mano y sonrió amablemente, pero realmente no había nada de lo que él pudiera conversar con ellos, pues lo único que sabía decir era "Mucho gusto" y "Gracias". Mis primos —Lupe, Ángel, Diana y Rolando— miraban boquiabiertos a mi compañero, con evidente curiosidad. En cambio, mi tía y su marido trataban de ser más sutiles, aunque de todos modos no apartaban la vista de él. Desde luego, no habían visto antes a un gringo en persona. Iguala no tenía turismo. Los extranjeros, en especial los gringos, nunca venían de visita. Así que era inevitable que contemplaran a ese gigante de brillantes ojos azules, piel rosada y pestañas doradas. Cory se limitó a quedarse parado y sonreír, permitiendo que lo admiraran boquiabiertos. Mis tíos se parecían a nuestros alumnos de Fremont. Esperaba que aquellos años de interactuar con inmigrantes latinos lo hubiese ayudado a sentirse, en cierta medida, más a gusto con mi familia.

—Bueno, ¡me alegro de que estemos aquí! —comenté, tratando de poner fin al momento incómodo.

—Pásenle, pásenle —respondió mi tía, dirigiéndonos dentro de la casa. De inmediato comenzó a servirnos la comida que había preparado. Cory echó un vistazo alrededor, observando el suelo de concreto que debía tener loseta pero estaba desnudo, las paredes de cemento agrietadas con la pintura descolorida y el yeso desmoronándose, las cortinas en lugar de puertas, las bolsas de plástico colgadas de clavos incrustados en las paredes. Como el espacio era limitado, mi tía utilizaba las bolsas de comida para guardar las cosas.

La tía Güera le puso un plato enfrente a Cory, quien examinó el contenido con desconcierto. La salsa se parecía un poco al vómito de un bebé, pero por lo menos le sirvió el muslo del pollo y reservó las patas para mis primos. Darle las patas en su primer día en Iguala no habría sido la mejor idea.

—Es mole —señalé en inglés.

—Pero es verde —replicó.

—Sí. Hay distintos tipos de mole: verde, negro, rojo, amarillo. Confía en mí, te va a gustar —le aseguré, con un tono de voz que le advertía que era mejor que se lo comiera todo. El mole verde era uno de mis platillos favoritos porque mi tía lo acompañaba con tamales que no se encontraban en los Estados Unidos; los nejos, elaborados con masa de maíz, manteca de cerdo y un tipo especial de sal gruesa, llamada tequesquite, que les da un sabor ahumado. Su esposo los cocinó ese día, agregándole berros a la masa para darles más sabor; estaban picantes y deliciosos. Hundí un trozo de tamal en el mole y me lo llevé a la boca. La salsa estaba espesa, como la del curry de la cocina india. Sabía a semillas de calabaza y epazote, con un ligero toque de jalapeños molidos que mi tía le agregó.

Cory quitó la hoja de plátano y quedó sorprendido al ver que los tamales eran pura masa sin carne ni salsa en su interior.

—En lugar de tortillas, nos comemos estos tamales especiales con el mole —le dije.

Todos lo vieron tomar un pedazo del tamal nejo, hundirlo en el mole y darle la primera mordida. Sabía que no le iba a gustar el mole verde. Le encantaba el rojo que yo preparaba porque tenía chocolate. Pero el verde era más espeso, picante y sin dulzor, y algo granuloso.

Aun así, Cory les dio buen uso a sus habilidades de actuación y fingió que era lo más delicioso que había comido en su vida. La aprobación brillaba en sus ojos, así que mi tía y los demás en la mesa bañaron sus propios tamales en el mole y disfrutaron del platillo.

La conversación en la mesa fue en español; traté de traducirle a Cory lo que estábamos diciendo —principalmente respondía a las preguntas que me hacían sobre mi madre y mis hermanos—, pero pronto me cansé de tener que repetir todo dos veces. Finalmente, dimos las buenas noches y nos retiramos a la habitación que mi tía nos preparó.

—Buenas noches. Gracias —se despidió de todos Cory, y mi tía sonrío ante su acento chistoso.

La cama era tan vieja, que ésta se hundió y los resortes metálicos se asomaron en cuanto él se sentó. Las sábanas se sentían tiesas y rasposas, debido al algodón de mala calidad con el que estaban hechas. Cuando levantó una de las almohadas, a Cory le sorprendió lo pesada y abultada que era.

—¿De qué está hecha? —preguntó.

—Bueno, no son almohadas de verdad —le respondí—. Son las fundas rellenas de ropa vieja.

—Parecen piedras —comentó— y pesan una tonelada. —Me encogí de hombros. Había olvidado la existencia de dichas almohadas.

Le mostré dónde llenar la cubeta con el agua de la cisterna que había afuera para descargar la taza de baño y le indiqué dónde había agua potable para lavarse los dientes.

—No bebas el agua de la cisterna porque te vas a enfermar —le advertí.

Parados en el patio, mientras nos cepillábamos los dientes y escupíamos el agua en el suelo, exclamó:

—¡Esto es como acampar!

—Supongo que sí —respondí. Tenía poca experiencia acampando. En cambio, Cory creció asistiendo a campamentos de verano, así que le resultaba divertido orinar en los arbustos y escapar de la "civilización" por unos días.

De regreso en la habitación, lo detuve cuando estaba a punto de saltar en la cama.

—Asegúrate de sacudir la colcha —le dije, mostrándole cómo hacerlo—. Tampoco te recargues en las paredes y sacude tus zapatos en la mañana, antes de ponértelos.

—¿Por qué?

—Hay alacranes —le respondí. Bajé el mosquitero que colgaba de la cama y lo envolví alrededor del colchón, asegurándome de que no quedaran huecos. Los mosquitos podían ser despiadados en la noche. Nos acostamos a dormir con Nathan en medio de los dos para que no se cayera de la cama o se pegara en la cabeza contra el suelo de concreto.

—Me gustaba ir a acampar y vivir sin comodidades unos cuantos días —comentó Cory—. Lo que no puedo creer es que la gente de aquí tenga que vivir así a diario. ¿Alguna vez te acostumbras?

—Supongo que las personas se pueden acostumbrar a lo que sea, especialmente cuando no tienen otra opción.

Al día siguiente lo llevé a la casa de mi padre. Le había contado tanto sobre ella, que él quería verla. Recorrimos el camino de tierra, llevando a Nathan en mis brazos. Cory se masajeaba el cuello mientras caminábamos. Se despertó terriblemente adolorido debido a la dureza de las almohadas y, a pesar del mosquitero, tenía las piernas y los brazos llenos de piquetes de mosquito. Me preguntaba cuánto tardaría en preguntarme si había hoteles en el área y en pedirme que nos hospedáramos en uno. Caminamos hacia la carretera y llamamos a un taxi. Una vez parados ante la casa de mi padre, la que su hermana le robó, le conté que de niña me parecía un sueño hecho realidad. Pero ahora que la contemplaba con él a mi lado, el lugar me pareció pequeño y simple, reducido a lo que era en realidad: una construcción sencilla de tres cuartos hecha de tabicón. Había significado tanto para nuestra familia, pero ahora no era más que un triste recordatorio de lo que nos ocurrió a todos.

—Es insignificante, ¿no es cierto? —le dije.

Fuimos al cementerio a llevarle flores a abuelita Chinta y a presentarle nuestros respetos, y nos perdimos en el laberinto de tumbas deterioradas e infestadas de maleza. Cory estaba cautivado con el lugar y sus escalofriantes estatuas de ángeles con las alas rotas y los ojos en blanco que contemplaban a la nada.

—No es como los cementerios de Los Ángeles —comenté, pensando en Forest Lawn y su césped frondoso bien cuidado, en sus estanques artificiales y tumbas perfectamente ordenadas en hileras blancas. Años atrás, mi padre compró una parcela en Forest Lawn porque quería que lo enterraran en un lugar hermoso, sin importar que esa belleza fuera artificial. Al ver este panteón, entendí la razón. ¿Quién querría que lo sepultaran aquí, donde hasta muerto uno seguiría atascado en este horrible lugar? Pero años después, ya en sus últimos días, cambió de parecer y pidió que lo cremaran y que llevaran sus cenizas de regreso a Iguala. A pesar de su belleza quebrantada, seguía siendo su hogar.

—Este cementerio tiene personalidad —señaló Cory, tomando fotografías con su cámara—. Nunca había visto algo parecido.

Terminamos el día subiendo el cerro para ver la bandera mexicana que ondeaba sobre la ciudad de Iguala.

—Es la bandera más grande del país —apunté con repentino orgullo. Por fin había algo hermoso e imponente de mi ciudad, además de las montañas.

Parados en la cima del cerro, con la bandera gigante agitándose sobre nuestras cabezas y la ciudad extendiéndose ante nosotros, con las montañas de un púrpura oscuro recortándose contra el cielo del atardecer, Cory contempló la escena y me dijo:

—Gracias por traerme aquí, amor. —Me rodeó con sus brazos y me estrechó.

Cuando regresamos, mi tía nos tenía preparada otra sorpresa. Iba a cocinar para la cena otro de mis platillos favoritos: pichones en salsa roja de chile guajillo. Tanto ella como mis primos estaban sentados en el patio desplumando a las aves, rodeados por todas partes de plumas grises. El esposo de mi tía cortó leña y preparó el fuego para cocinar. Nathan estaba fascinado con las aves muertas. En Los Ángeles, le encantaba perseguirlas cada que las veía en el parque. Cuando nos fuimos por la mañana, le di dinero a mi tía para que comprara los ingredientes de la comida de ese día. Mas no esperaba semejante banquete. Los pichones eran un manjar en la ciudad. No eran las aves que andaban volando en las calles, sino que las surtía un criador del vecindario. En mi última visita, acompañé a mi tía a que las comprara. La vi sacar a los pichones de la jaula uno por uno, los sostenía con fuerza, les murmuraba algo al oído para tranquilizarlos y luego, para mi asombro, los iba aplastando contra su cadera hasta asfixiarlos. A cada uno lo mató de ese modo, sin retorcerles violentamente el cuello, sino presionando con delicadeza la parte blanda de su pescuezo y sofocándolos con su propio cuerpo.

Nathan estaba tan fascinado con las aves muertas que mi tía le dio un pichón y él corrió a mostrárnoslo, sonriendo con alegría.

—¡Papá, papá! —dijo, acercándole el ave a Cory—. Pajarito.

Cory puso una cara de sorpresa, y no sabía si lo que más le sorprendió fue que mi niño lo llamara "papá" o el pichón muerto que llevaba en la mano.

—¿Se los comen? —me preguntó Cory, incrédulo, cargando a Nathan en su regazo y observando al ave con la misma fascinación que él. No sabía cómo se sentía con que mi hijo le dijera papá, pero la forma amorosa en que lo tenía sentado en su regazo me dejaba ver que no le molestaba.

—Son deliciosos —le aseguré—. Me muero de ganas.

Más tarde, luego de comerse dos, me dio la razón.

Al día siguiente me acompañó a la casa del tío Gary para llevarle las cosas que le había traído, en su mayoría ropa para él, su esposa y sus cinco hijos. Los tres niños más chicos jugaban a las canicas en la calle de tierra, descalzos y con las manos cubiertas de polvo. El niño menor estaba completamente desnudo. Su pequeño pene se movía de lado a lado al correr para avisarle a su papá que habíamos llegado. El tío Gary vivía en una pequeña choza cerca de la estación de trenes. Cory se tuvo que agachar al entrar porque el marco de la puerta era muy bajo para él. Mi tío era flaco y chaparro, apenas un par de pulgadas más alto que yo, aunque pesaba varias libras menos. Cuando saludó a Cory de mano me pareció aún más pequeño y viejo, los años de miseria marcaban su rostro arrugado, endurecido por el sol.

—Mucho gusto —saludó Cory.

—Te ves más gorda —me dijo mi tío con su acostumbrada franqueza, haciéndome sentir aun más corpulenta de lo que ya me sentía en su presencia. Pesaba 120 libras y sabía que no estaba gorda; pero aquí, donde todos estaba desnutridos, me sentía una glotona. Nos ofreció un refresco y Cory le dio unos sorbos, procurando no clavar la mirada en las tapas de botella enterradas en el piso de tierra, en las paredes de palo, en el pequeño par de camas en las que toda la familia dormía en esta choza de una habitación. Mi tío me preguntó cómo era mi vida en los Estados Unidos y, como de costumbre, me ahorré los detalles.

—¿Y dónde conociste a este tipo? —preguntó, como si Cory no estuviera presente—. ¿Te trata bien? ¿Que no hay buenos mexicanos allá, en el Otro Lado?

—Hay muchos, pero nunca me han tratado tan bien como él —le respondí, y dejé el tema hasta ahí, pues me incomodaba hablar de mi compañero. Y por la mirada que él me dirigió, supe que había entendido cada palabra. El que no hablara español no quería decir que Cory no supiera que nos referíamos a él—. ¿Y cómo va el trabajo, tío? —pregunté, para cambiar la conversación.

El tío Gary era empleado en una tienda de materiales de construcción, donde cargaba sobre su espalda costales de cemento y otros productos pesados en los camiones repartidores.

—Se está volviendo más duro —respondió—. Ya no soy joven.

No sabía qué responderle. El hombre no tenía otras habilidades ni había aprendido oficio alguno. Creció dependiendo de su cuerpo y de su fuerza física, pero ahora no podía valerse de su cuerpo marchito para ganarse la vida.

—¿Y si aprende a manejar, tío? Se podría volver taxista. Ganan buen dinero y el trabajo no es tan pesado. Le puedo pagar las clases de manejo.

Mi tío se sonrojó y negó con la cabeza.

—Me da miedo y soy muy viejo para aprender a manejar.

—Dígame cómo lo puedo ayudar —le dije, parándome para salir.

Le dejé algo de dinero y más tarde me enteré de que lo usó para comprarse un triciclo de carga para recorrer el vecindario, de casa en casa, recogiendo la basura a cambio de una propina. Al marcharnos de regreso a casa de mi tía, Cory me tomó la mano. Me pregunté si ya había tenido suficiente de Iguala. Porque yo sí.

—Es doloroso verlos vivir así —le dije.

—Sí, lo sé. ¿Y cómo no? Cargas demasiado sobre tus hombros tratando de ayudar a tu familia. Has tenido que trabajar muy duro para llegar a donde estás ahora. Deberías estar orgullosa de ti, amor. Es decir, sólo mírate. Empezaste aquí y ahora estás a punto de ser una autora publicada.

Le apreté la mano y la sostuve con fuerza mientras caminábamos, agradecida de que estuviera aquí para compartir conmigo mi ciudad natal. Yo era Iguala, con todas sus imperfecciones y belleza quebrantada. Cory me veía como era realmente, justo como esperaba que lo hiciera. Pero también veía en lo que me iba a convertir. Me alegraba haberlo traído conmigo. Ahora sabía que mientras estuviéramos juntos, cada vez que le compartiera mi tristeza, mis frustraciones, mi dolor, mis preocupaciones, mis miedos, mis traumas, sabría el porqué y me entendería.

Cuando regresamos a Los Ángeles, Cory decidió renunciar a su apartamento en Long Beach para mudarse conmigo y con Nathan. Yo tenía miedo de que, si lo llevaba a Iguala, lo fuéramos a perder. En vez de eso, mi ciudad natal nos unió más.

*Nathan, Reyna y Cory*

# 39

CADA VEZ QUE iba a México, regresaba sintiéndome culpable por caer en el materialismo estadounidense. ¿De verdad necesitaba tanta ropa amontonada en mi clóset? ¿Y Nathan necesitaba todos esos juguetes regados en su habitación? Decidí organizar una venta de garaje y arreglar el desorden de mi casa. Mi madre vino a ayudarme. Casi nunca venía a visitarme, pero agradecía contar con un par de manos extra. Llegó acompañada de su perrito y de inmediato se hizo amiga del vendedor de fruta. Hasta le llevó un plato de comida cuando nos preparó el almuerzo.

Me sentí avergonzada de que en todo el tiempo que llevaba viviendo aquí, casi no había hablado con el hombre, fuera de darle los "buenos días" y las "buenas noches". Antes de que Cory se mudara, vivía sola con un niño de brazos en el sur de Los Ángeles. Era reservada y sólo me dedicaba a proteger a mi bebé. Le compraba fruta al vendedor y él siempre me obsequiaba una bolsa o una caja más, y se negaba a recibir mi dinero, diciéndome:

—De verdad le agradezco que me permita vender en frente de su casa.

Yo negaba con la mano, rehusando su gratitud, y le respondía:

—La calle no me pertenece.

En lugar de ese comentario, debería haberle dicho que lo entendía. Yo también era inmigrante. Cuando compré la casa, no tuve el corazón para pedirle que se fuera, a pesar de que afectaba la vista de la fachada. Admiraba su ética de trabajo. En una zona llena de mendigos, prefería verlo vendiendo su fruta que pidiendo limosna en la calle. Al diablo con la fachada, me dije, y lo dejé quedarse.

Ahora mi madre conversaba con el frutero y le daba de comer puerco en adobo y tortillas de maíz. Más tarde, ella me contó que el señor se llamaba Clemente y que era indocumentado. Tenía esposa y cuatro hijos viviendo en México, a quienes mandó a la secundaria y a la universidad vendiendo fruta. Rentaba un cuarto en una casa cerca de aquí. Todos los días se levantaba a las cuatro de la mañana para ir al mercado del centro a comprar su mercancía al mayoreo. En doce años no había visto a sus hijos ni a su esposa.

Mi madre conoció su historia en unas cuantas horas. Pensé en los hijos que tenía en México y entendí el dolor que debían sentir al estar separados de su padre. Pero también comprendía el suyo. Mi trabajo como profesora en la escuela para adultos me mostró que había dos versiones de una misma historia: las experiencias de los niños que se quedaban y las de los padres que se iban. Ambos lados de la historia de los inmigrantes eran igual de desgarradores. Había visto al frutero sentado en un cajón frente a mi casa, rodeado por su mercancía, sin nadie con quien hablar, y no estaba enterada de los hijos que habían crecido sin un padre. Deseaba que sus hijos pudieran ver lo mismo que yo, día tras día, desde mi ventana: a un hombre solitario que vendía bolsas de naranjas y plátanos para que fueran a la universidad y tuvieran una oportunidad. Esperaba que ellos apreciaran su sacrificio.

Al terminar el día, yo había ganado unos 250 dólares con mi venta de garaje. Considerando que en realidad no tenía nada valioso que vender, creía que era muy buen dinero.

—Sabes, ayer sólo vendimos como 50 dólares en el tianguis —me comentó mi mamá, mientras limpiábamos el patio. Rey, su esposo, justo se estaba acercando a la acera. Había venido a recogerla luego de pasar todo el día en el tianguis Starlite, en Rosemead, donde llevaban años como comerciantes, vendiendo productos de Avon, Jafra y Mary Kay, aceite para el pelo y sandalias de plástico.

Mis hermanos y yo habíamos tratado de convencerla de que consiguiera un trabajo que le diera un ingreso estable y un plan de retiro, pero se negaba. Le encantaba vender y quería ser su propia jefa. Lo había hecho en México para sobrevivir; no sólo vendía Avon sino también palomitas de maíz, paletas de nieve, pulpa de tamarindo y cigarrillos. Vendió a domicilio o en el lujoso balneario cerca de la casa, y eso era lo que deseaba seguir haciendo en este país. Sin embargo, su puesto en el tianguis la tenía viviendo en la pobreza. Lo que más me frustraba era que ella contaba con más opciones. No era como mis alumnos adultos, quienes, a pesar de no tener un estatus legal, ansiaban aprender inglés para adquirir nuevas competencias laborales y así mejorar sus vidas. Gracias a la amnistía de 1986, la Inmigration Reform and Control Act (Ley de reforma y control de la inmigración), tanto mi madre como mi padre recibieron el permiso de residencia y después se convirtieron en ciudadanos naturalizados. ¿Qué no darían mis alumnos por tener la oportunidad que le dieron a mi madre? Aun más, ¿qué no harían con un permiso de residencia o con la ciudadanía estadounidense?

Era lo que deseaba que ella entendiera y valorara, pero su negativa me exasperaba.

—Tú y Rey deberían conseguirse un trabajo de verdad. Son ciudadanos estadounidenses, no entiendo por qué insisten en vender en el tianguis, cuando saben que no vale la pena —le dije.

—¿Me dejas tener mi propia venta de garaje la próxima semana? —me preguntó.

Me sorprendía que lo quisiera hacer. Llevaba años guardando de todo. Tenía la costumbre de recoger lo que la gente tiraba. Los días que pasaba la basura, merodeaba por su vecindario juntando objetos desechados cuyo destino era el basurero. Algunos los llevaba a México y el resto simplemente lo guardaba en su apartamento, hasta que prácticamente no quedaba espacio para moverse.

Quería ayudarla a que limpiara su apartamento, así que accedí.

La siguiente semana llegó a mi casa para tener su venta de garaje. Ella y Rey descargaron cajas y más cajas llenas de ropa usada y de utensilios de cocina, zapatos, herramientas, juguetes, asientos de coche y carriolas de bebé, mesas de centro y cómodas que había rescatado de la calle. En cuanto terminó de ayudarla a instalarse, Rey se marchó al tianguis por su cuenta.

Mi madre conversaba alegremente con Clemente el frutero o con sus clientes, con una cangurera amarrada alrededor de su cintura y su perro corriendo en círculos a su alrededor. Cuando lograba una venta, se persignaba antes de meter el dinero en la cangurera. Jamás la había visto tan contenta, tan relajada. Al verla, me di cuenta de lo mucho que en realidad amaba vender.

Rey regresó por la tarde a recoger a mi madre. Comentó que, tras pagar los 30 dólares de la renta del puesto, solamente ganó unos miserables 15 dólares en el tianguis. Mi mamá no gastó nada para usar mi patio y había ganado 150 dólares.

Aunque debí haberlo visto venir, lo siguiente que supe era que mi patio se había transformado en un tianguis. Tenía a Clemente vendiendo su fruta bajo el árbol, en su lugar de costumbre en la acera, y a mi madre con toda su mercancía repartida en mi patio delantero. Luego comenzó a venir tres veces por semana para aprovechar el trayecto de los padres que iban o venían de la escuela primaria local. Tuve que cerrar las cortinas de mis ventanas que daban a la calle. Nunca había tenido una vista maravillosa, pero ahora estaba peor. Sólo esperaba que vendiera todas sus cosas rápidamente y que terminara con las ventas de garaje.

—Rey y yo estamos pensando en no regresar al tianguis —me comentó mi mamá a los pocos días—. Las ventas ya no son las de antes. Podríamos tener una venta de garaje aquí todos los días.

—No sé si sea una buena idea —fue todo lo que le pude decir.

No podía negarme. Sabía que mi mamá tenía problemas de dinero y la quería ayudar. Por el recuerdo de mi abuelita, quería ser tan generosa con ella como ella lo fue con mi abuelita. Los días en que no venía a vender a mi casa, la gente tocaba la puerta y me preguntaba cuándo iba a regresar. Ella sonreía cuando le contaba esto. "Ahora tengo muchos clientes", decía con orgullo. Se apoderaba de mi cocina y preparaba una comida rápida para todos, incluso para el frutero. Si él tenía suerte, ella hasta le cocinaba la cena. Cuando abría las cortinas para echar un vistazo afuera, la veía platicando con sus clientes, riéndose con Clemente o tratando de encontrar la mejor manera de exhibir sus mercancías.

—Creí que sólo iba a vender unos cuantos días antes de deshacerse de todas sus cosas, pero cada semana regresa cargada con más —le dije a Cory una noche, mientras estábamos acostados en la cama. Comentó que no le molestaban las ventas de garaje y, desde luego, como era mi casa, sabía que aunque no le gustara, no me diría nada.

—Creo que está juntando más cosas —señaló—. Parece que está empezando un negocio.

—Debo hacer algo antes de que esto se salga de control —dije—. Tengo que terminar con esta locura. Pero me da tristeza saber que en cuanto lo haga, ella va a dejar de venir. Las cosas volverán a ser como antes. Desde que la dejé instalar su venta de garaje, la he visto más ahora que en años.

Me sentía como en una montaña rusa. Me alegraba verla y pasar tiempo con ella, además de que me gustaba ayudarla a ganar algo de dinero; aunque al mismo tiempo me enojaba y decepcionaba que fuera la venta —y no yo ni Nathan— la razón por la que venía. También sabía que mi casa no era la maravilla, pero había hecho lo mejor que pude para arreglarla y que fuera linda y acogedora. Sentía que sus ventas de garaje deterioraban mi hogar. A decir verdad, mi madre se estaba convirtiendo en una intrusa. Sus cosas estaban regadas en mi patio, sus constantes idas y venidas alteraban la paz y tranquilidad que había logrado crear a pesar de vivir en esta zona, lo cual despertó mi resentimiento. Sentía que poco a poco perdía el control de mi hogar y deseaba que a ella le importara lo suficiente como para que se diera cuenta de lo incómoda que me hacía sentir. Sin embargo, no fue así.

*La venta de garaje de mi madre y el vendedor de fruta*

El perro de mi madre era blanco, así que lo llamó Güero. Como vivían en un apartamento con sólo una habitación, junto con su cuñada y su suegra, no había espacio para Güero. El animal se pasaba los días encerrado dentro de la camioneta de mi mamá. Sólo cuando estaba en mi casa tenía un patio donde correr y un compañero de juego: Nathan.

Desde que era cachorro, mi madre y Rey lo disciplinaron a golpes. Hasta le decían a mi hijo que le pegara si de pronto se emocionaba demasiado.

—No le pegues al perro —le advertí a mi niño—. Nunca debes golpear a los animales.

—Abuela le pega a Güero —me respondía.

—No repitas lo que haga tu abuela. Nunca.

Un día, Nathan estaba acariciando al perro, pero éste se volteó y trató de morderlo.

—¡Güero! —le gritó mi mamá desde el otro lado del patio—. ¡Pégale! —le dijo a mi hijo. Volteó a verme y agregó—: Ese perro no era así de pequeño. Era un cachorrito tierno. Ahora que creció, se volvió agresivo. Apenas intentan tocarlo, suelta la mordida.

"Es porque ya tuvo suficiente de tus malos tratos", quise responderle. "Todos tenemos un límite, hasta los perros".

Había ocasiones en las que yo era como Güero, queriendo morder y gruñirle a mi madre. Otras veces desesaba entenderla y perdonarla, igual que ella hizo con mi abuelita, pero un día finalmente tuve suficiente y la ira me venció. Me rebelé.

Ese día, Cory y yo fuimos a trabajar y dejamos a mi madre con su venta. Cerré los ojos e intenté no mirar en lo que se había convertido mi patio. Hacía poco que había comenzado a preparar mi propio abono, por lo que tenía una pequeña hielera en la cocina donde ponía los desperdicios de comida destinados al recipiente para preparar el abono. Cuando regresé a la casa, encontré la hielera lavada sobre la barra de la cocina. Las sobras de comida que había guardado durante tres días desaparecieron. Salí al patio delantero y le pregunté a mi mamá qué había ocurrido con las sobras.

—Las tiré —me respondió—. Creí que era basura, así que la eché al basurero que hay afuera.

Me puse furiosa con ella por apoderarse de mi patio, de mi cocina y de mi casa. Me enfurecí conmigo misma por permitir que esto llegara tan lejos.

—Pues no es basura. Las estaba guardando para hacer abono. ¡Ahora ve y regrésalas a la hielera! —Azoté la puerta y me fui a mi habitación, enfurecida.

Cuando salí, vi a mi madre agachada sobre el bote, escarvando en la basura para juntar las sobras de comida. "Dile que lo deje así", pensé. "Mañana vas a tener más sobras. Deja de humillarla de esta manera". Pero la frustración que había estado acumulando por la venta de garaje me superó y me quedé parada, viendo cómo mi madre buscaba en la basura con sus propias manos, recogiendo las cáscaras de plátano, los cascarones de huevo, los posos de café y los trozos de vegetales, para ponerlos en la hielera.

Me la entregó sin voltear a verme y regresó a su venta. Me quedé de pie junto a la ventana y la vi platicar con Clemente, mientras mi hijo se reía y jugaba con Güero.

Esa noche, cuando hablé con Betty por teléfono, lo primero que me contó fue que mi madre la llamó para platicarle que yo la había hecho buscar en la basura.

—Estaba llorando —me dijo mi hermana.

—Me siento muy mal por eso. Fue de mierda hacérselo —confesé—. Pero hay veces que no lo puedo evitar y quiero lastimarla igual que ella me… nos lastimó.

—Lo sé. Te entiendo.

Me abrumaba la culpa al pensar que hice llorar a mi madre. ¿Por qué no podía ser como ella? ¿Por qué no podía olvidar el maltrato y la falta de amor?

A la mañana siguiente, cuando regresó a instalar su puesto, quise diculparme con ella, pero no pude. "Lo siento" eran palabras difíciles. En lugar de eso, le preparé de comer y, después, la ayudé a empacar su mercancía y a doblar la lona que ponía encima. ¿Cómo podía decirle que por momentos me sentía como Güero? Que no podía soportar tanto.

Rey vino por ella y mientras cargaba la camioneta, Güero salió corriendo a la calle y mi madre fue tras él para que no lo atropellara un coche.

—¡Te van a matar, pinche perro! —Le golpeó la cabeza antes de abrazarlo con fuerza y besarlo. Entonces me di cuenta de lo complicado que era el amor de mi madre. Podía herirte y amarte al mismo tiempo. Al verla alejarse, me pregunté si así iban a ser siempre las cosas entre nosotras.

# 40

*Mago y Reyna con sus hijos*

POCO DESPUÉS DE que terminaron las ventas de mi madre en el patio, Mago apareció en casa con sus pertenencias en bolsas negras de basura. Me llamó por la mañana para preguntarme si podía quedarse conmigo.

—¿Qué pasó? —le pregunté.

—Lo dejé —respondió—. No puedo soportarlo más. No puedo continuar formando un hogar con un hombre que me hace sentir tan infeliz. No tengo nada en común con él, salvo nuestros tres hijos.

No era la primera vez que se separaba de su pareja, pero sí era la primera ocasión que me preguntaba si podía quedarse conmigo.

—Sólo hasta que encuentre un trabajo de tiempo completo para poder rentar mi propio lugar.

Traía a sus hijos tres días a la semana y el resto del tiempo se quedaban con su padre. Me afligía que Mago tuviera que manejar cuarenta y cinco millas hasta la ciudad de Chino para dejar a los niños en la escuela, esperarlos a que salieran y luego conducir otras cuarenta y cinco millas de regreso a mi casa.

Por fortuna, Mago encontró rápidamente empleo como agente de seguros de auto, pero se enfrentó a la difícil decisión de tener que dejar a los niños con Víctor. No me gustaba la idea.

—Recuerda que nuestra madrastra vivió lo mismo y no le resultaron bien las cosas —le dije. Cuando conoció a mi padre, Mila estaba casada y tenía tres hijos; dejó a su marido para estar con mi papá y, tal como Mago, le dejó los niños al esposo hasta que ella y mi padre encontraran una casa más grande. Pero cuando eso ocurrió, Mila ya había perdido la custodia legal de los hijos y no hubo nada que pudiera hacer al respecto. Además de eso, tenía que pagar las pensiones alimenticias.

—No estoy abandonando a mis hijos, Nena —me respondió Mago, a la defensiva—. Necesito encontrar un lugar donde vivir y no puedo hacerlo sin este empleo. Como todavía me están entrenando, tengo que pasar mucho tiempo en el trabajo, así que estoy atada de manos. Es un sacrificio que estoy haciendo por ellos. Pronto conseguiré un apartamento y recuperaré a mis hijos.

Recordé que hace poco yo también tuve que tomar la decisión de perseguir mis metas y sacrificar el tiempo que le dedicaba a mi hijo. Ahora Mago estaba haciendo lo mismo y tenía que apoyarla de todas las formas posibles.

—Estoy segura de que todo saldrá bien —afirmé—. Quédate el tiempo que necesites.

—Gracias. Pronto encontraré un lugar —respondió.

Igual que mi padre, ella también eligió quedarse en el garaje. A pesar de sentirme mal por el fracaso de la relación de Mago y el hecho de que tuviera que dejar temporalmente a sus hijos, me alegraba tener a mi hermana conmigo. Nunca la veía lo suficiente. Por fortuna, no era como mi padre y no me evitaba. Cuando regresábamos del trabajo, nos reuníamos en el comedor y a veces nos desvelábamos platicando, tal como hacíamos cuando compartíamos habitación en la casa de mi papá.

Pero ahora nuestras conversaciones eran distintas. Platicábamos sobre las exigencias de la vida adulta, de las relaciones con nuestras respectivas parejas, de las dificultades y tribulaciones de la maternidad y del deseo de ser mejores madres. Se sentía como en los viejos tiempos. Había noches en que Mago sólo quería desahogarse de sus conflictos con Víctor, y me limitaba a escucharla. Cuando mi hermana le dijo que había tomado la decisión de terminar la relación para siempre, él se negó a mudarse y le respondió que, como ella era quien quería separar a la familia, entonces tendría que marcharse. Le echó sus pertenencias a la calle y ella se apresuró a guardarlas en bolsas de basura y a cargar lo más que cabía en su coche. El resto, tuvo que dejarlo atrás.

—No puedo creer que me tratara así —me dijo llorando.

No conocía bien a Víctor. No era muy comunicativo y las veces que fui a su casa, el hombre se encerraba en su habitación y no salía.

Mago negaba con la cabeza y me decía, "No sé cuál es su problema. No le hago eso a su familia".

Antes de conocerlo, mi hermana era muy sociable. Le encantaba bailar y salía a los clubes los fines de semana. Era adicta a la buena ropa y se maquillaba y peinaba como una experta. A diferencia de mi estilo más tímido, Mago tenía un gran sentido del humor y le gustaba hacer reír a la gente. Víctor fue la razón principal por la que ella se mudó de la casa de mi padre. Quería ser libre para salir con él sin que le estorbaran las reglas estrictas que le imponía mi papá. Estaba tan enamorada que abandonó la casa paterna —y a mí— y rentó un apartamento con su mejor amiga. A los pocos meses de haberse marchado, la profecía de mi padre se cumplió: Mago se embarazó a los veintiún años y se mudó con Víctor.

Pero la mayor ironía de su vida fue darse cuenta de que había formado un hogar con un hombre exactamente igual a mi padre. Víctor era serio, introvertido, reservado. No le gustaba salir, especialmente a los clubes. Vivía apartado y, al igual que mi padre, si no estaba en el trabajo, estaba en casa. En cuanto formaron una pareja, él no quiso que mi hermana saliera y le molestaban sus amigos. Quería verla en casa cuidando a los hijos.

En los años que estuvieron juntos, a Mago le costaba no ser más que una buena madre y esposa, e intentaba reprimir su deseo de tener amigos y una vida social. Sentía que se había perdido de vista estando en la relación. A veces resultaba ser demasiado y terminaba huyendo, como ahora.

Mi hermana no se quedó mucho tiempo. Un sábado por la noche trajo a sus dos hijas de visita; su hijo no quiso venir. El niño era muy leal a su padre y no lo pudo convencer de que la acompañara. Cory había salido, así que Mago y yo nos quedamos platicando en el comedor, mientras Nathan y mis sobrinas jugaban en la sala con sus juguetes. Eran las nueve de la noche y la calle estaba tranquila, pero de pronto alguien comenzó a golpear la puerta violentamente. Los niños se asustaron. Me apresuré a ir a la puerta para asomarme por la mirilla, pero no vi nada. Entonces la ventana comenzó a sonar. Quienquiera que estaba afuera, ahora golpeaba el vidrio.

—¡Voy a llamar a la policía! —grité.

De golpe, el vidrio explotó y el ventanal se hizo pedazos. Los niños gritaron y los llevé conmigo al comedor, lejos de las astillas. Mago llamó a la policía.

Nos abrazamos en el comedor, aterradas. No hubo más ruidos, pero afuera estaba demasiado oscuro como para asomarse. Nos daba miedo movernos y ver quién rondaba afuera. Mientras esperábamos, Mago y yo abrazábamos a nuestros hijos, intentando conservar la calma para no asustarlos aún más. De milagro, la policía llegó a los cinco minutos. Encontraron a un indigente tirado en el patio delantero con la mano ensangrentada. Me dijeron que el hombre estaba muy drogado y, probablemente, ni siquiera se había dado cuenta de lo que hizo. Cory llegó cuando la patrulla y la ambulancia se llevaban al hombre.

—¿Qué pasó? —me preguntó al entrar—. ¿Están bien?

—Nena, tienes que mudarte —dijo Mago—. ¿Cómo soportas vivir aquí?

Sus hijas se aferraron a ella, pidiéndole que las llevara a casa.

—No queremos estar aquí. Queremos ir a casa con Papi. —Mago tomó su bolsa y las llevó a su casa de dos pisos en los suburbios, en lugar de que se quedaran a dormir, como era el plan.

Yo estaba acostumbrada al vecindario. Jamás pensé vivir en South Central, pero terminé aquí y no era sencillo salir. Comprar algo en una zona mejor requería mucho dinero, además de que el programa de vivienda me exigía vivir tres años completos en la casa. Por otro lado, incluso si conseguía mudarme, no quería marcharme a los suburbios y pasar mi vida atorada en el tráfico para ir y regresar del trabajo.

Mago se fue con sus hijas y no regresó hasta después de la medianoche. No entró a la casa, a pesar de que me quedé despierta esperándola. Entró por la puerta del patio y se fue directamente al garaje, sin pasar a decir buenas noches. Ahí supe que algo había cambiado entre las dos.

—Nena, no puedo seguir viviendo aquí —me confesó a los pocos días—. Ahora, mis hijos no quieren visitarme. Me pidieron no tener que venir aquí. Creo que tendré que regresarme.

No quería estar en el lugar de Mago. No imaginaba cuál sería mi decisión. ¿Me iría o me quedaría?

—¿Cómo pudo hacerlo? —preguntó, refiriéndose a nuestra madre—. ¿Cómo tuvo las agallas para dejarnos, a sus propios hijos? Quiero saber cómo lo hizo, porque en este momento quisiera tener el valor de largarme y no mirar atrás.

Fue interesante escuchar la pregunta que a menudo nos hacíamos, pero expresada de un modo distinto. Antes considerábamos que nuestra madre había sido egoísta por abandonarnos y poner sus necesidades primero. Pero ahora Mago se preguntaba cómo fue que ella se armó de valor para conseguirlo. Igual que yo, mi hermana se había pasado toda la vida anhelando tener un hogar y hasta dejó la universidad para crear el suyo. Sin embargo, ¿qué sucede cuando tu hogar deja de brindarte alegría? ¿Cómo destruyes el hogar que tanto luchaste por construir cuando éste deja de ser lo que deseabas?

Regresó por tercera vez con Víctor, buscando mantener a su familia unida.

—No puedo hacerle esto a mis hijos —confesó.

—Cuídate —me despedí. Era una situación difícil la suya, querer quedarte e irte al mismo tiempo. Quise decirle que debía pensar en su propia felicidad, en sus sueños. El problema era lograrlo sin descuidar a sus hijos y sus necesidades. Recordé a mi madre y cómo fue en pos de sus deseos, abandonándonos a nuestra suerte. De pequeñas, lo único que queríamos era tener a una madre y un padre. Ansiábamos tener una familia. De adultas, veíamos las cosas desde otra perspectiva: como madres. Criticamos a nuestros padres durante años por haberle dado prioridad a sus necesidades en lugar de a las de sus hijos. Por fin comenzaba a entender que se necesitaba mucho valor para irse, igual que para quedarse, y que ser madre era mucho más complicado de lo que había imaginado.

# 41

AL LLEGAR LAS vacaciones de invierno, Cory nos llevó a Nathan y a mí a su tierra natal, Racine, una ciudad mediana de Wisconsin, ubicada a hora y media al norte de Chicago. No estaba preparada para Racine. El contraste era enorme al compararla con el lugar en donde crecí.

Carol, su madre, vivía a un par de cuadras del lago Michigan. Como no lo conocía, cuando lo vi por primera vez, creí que era el océano. "No puede ser un lago", le dije a Cory, mientras pasábamos al lado. La orilla no estaba a la vista y el azul se extendía hasta que era imposible distinguir dónde se encontraban el agua y el cielo. Igual que el océano Pacífico en un día sereno, también tenía olas.

Dimos vuelta en College Avenue y quedé impresionada, esta vez por la belleza de la calle pavimentada con ladrillos rojos, bordeada por altos árboles sicomoros. Las casas victorianas construidas en el siglo XIX lucían majestuosamente a ambos lados y los candeleros brillaban en las ventanas de cada hogar.

—Hemos llegado —dijo Carol, al estacionarse en la entrada de una casa victoriana de dos pisos, de color gris azulado y franjas púrpuras. Salimos del auto y enseguida tirité, sintiendo como si el aire frío me clavara miles de agujas. Cory me lo había advertido y, sin embargo, no estaba preparada para un clima de veinte grados Fahrenheit. ¡Sentía como si me hubiera metido a un congelador!

Carol encendió la chimenea y pronto la casa quedó deliciosamente calientita. No era la primera vez que veía a la mamá de Cory, pues lo fue a visitar unos cuantos días durante la primavera, aunque seguía sintiéndome nerviosa y cohibida. No quería decir o hacer algo indebido. Su mamá lloró cuando él le contó que había terminado con su exnovia. Carol la apreciaba mucho, y a pesar de que aquello sucedió en febrero y ahora estábamos en diciembre, me preguntaba si la señora continuaría extrañando a la otra chica a quien desplacé. Había pasado muchas navidades con ellos. Era inevitable preguntarme si Carol me compararía con la ex de Cory todo el tiempo que estuviera aquí. ¿Estaría en contra de que su hijo se haya enredado con una inmigrante mexicana, que encima era madre soltera? ¿Me consideraría inferior por el hecho de sólo tener la licenciatura, mientras que la ex de Cory estaba cursando el doctorado? También me inquietaba Nathan. ¿Cómo tratarían Carol y los demás a mi niño, pues no era hijo de Cory y no tenían por qué mostrarle afecto?

Pronto aprendí que mis temores eran infundados. Carol resultó ser una mujer muy generosa, no sólo conmigo, sino también con Nathan. De inmediato asumió el papel de "abuela" y consintió a mi hijo de todas las formas posibles. Antes de nuestra llegada, le compró sus bocadillos favoritos, pijamas de lana para el invierno, libros para leerle una historia antes de dormir, juguetes —incluso para la bañera— y su propia toalla de baño con forma de león. También le compró un traje para la nieve y unas botas de Buzz Lightyear. Se había asegurado de que en su casa no hubiera peligros para mi niño, y en cuanto llegamos, vigiló a sus mascotas para que no lo lastimaran. Al ver que Nathan adoraba a los animales, Carol se pasó horas con él, supervisando los momentos de juego con sus dos Golden Retrievers y sus tres gatos. Como no teníamos mascotas en casa, Nathan la estaba pasando de maravilla con los animales de Carol, alimentándolos, dándoles bocadillos, paseándolos, arrojándoles pelotas y hasta montando a aquel enorme par de perros dóciles.

Al siguiente día, nevó. Con veintinueve años, presencié mi primera nevada. Me senté en el sofá, hipnotizada por la danza que tenía lugar afuera, con los copos que caían, dando vueltas y giros como bailarinas. Carol se acercó a mí con una colcha gruesa y me dijo:

—¿Tienes frío? —cubriéndome con la colcha, tapándome las piernas y la cadera con una familiaridad maternal, y luego regresó a la cocina, donde Nathan estaba viendo las caricaturas con ella mientras preparaba la cena. Me quedé sentada en el sofá, inundada de pronto por la emoción. Traté de recordar si mi madre había hecho algo semejante por mí, como arroparme con una colcha, asegurándose de que no sintiera frío. Debió hacerlo cuando era bebé, cuando era demasiado pequeña para recordarlo, pero no tenía memoria de que lo hubiera hecho y me entristeció no estar segura. El gesto maternal de Carol me conmovió profundamente. Cuando Cory vino a sentarse a mi lado para ver la nieve, sentí que mi amor por él se multiplicó por mil gracias a su madre.

—¿Quieres ir por un árbol de Navidad? —me preguntó.

—Claro.

Carol me prestó ropa invernal y me abrigué de pies a cabeza. Salí y levanté la mirada, sintiendo cómo me caía la nieve en el rostro. El frío extremo me hacía tiritar, sin embargo, me quedé boquiabierta ante la belleza del paisaje.

—Quizá podríamos hacer un muñeco de nieve más tarde —dije. Recordé las películas que había visto y cómo siempre deseé hacer uno.

—No es el tipo correcto de nieve —me respondió.

—¿Qué quieres decir?

—Ésta es fría y seca —comentó. Recogió un puñado y me mostró a qué se refería. No conservaba su forma—. Necesitamos nieve compacta. Más húmeda, sabes, como la de las bolas de nieve.

No tenía idea de qué me hablaba, así que me limité a asentir con la cabeza. Él, Nathan y yo anduvimos en el auto cerca de cuarenta minutos, y por más que buscaba a los vendedores de árboles, no veía a ninguno. En Los Ángeles, los comerciantes rentaban terrenos vacíos donde acomodaban sus árboles navideños para la venta, pero aquí no habíamos pasado ninguno.

Me esperaba una sorpresa. Paramos en una granja que tenía varios acres de pinos y abetos. Cory sacó una sierra de la cajuela del auto y preguntó:

—¿Listos?

—¿Hablas en serio? ¿Tenemos que cortar nuestro propio árbol?

—Sí.

Anduvimos dando vueltas, viendo árboles de todos los tamaños, algunos incluso más pequeños que Nathan, hasta que hallamos un abeto Douglas de ocho pies de alto que nos gustó a Cory y a mí. En cuanto colocó la sierra, comenzó a cortar. Sostuve a Nathan en mis brazos, contemplando la imagen de mi compañero cortando el árbol de Navidad mientras la nieve caía a nuestro alrededor. Era una visión hermosa y mi corazón estaba a punto de explotar por el amor que le tenía a este hombre. En ese momento no había otro lugar en el mundo donde habría preferido estar.

Carol era profesora de Inglés de preparatoria. Andrew, el padrastro de Cory, era un profesor jubilado, especializado en Shakespeare, propietario de una librería de segunda mano y coleccionista de libros raros. Carol me presentó la obra de su autora favorita, Barbara Kingsolver, y me hizo leer *The Bean Trees* (*Árboles de habichuelas*) y *The Poisonwood Bible* (*La biblia envenenada*). Al enterarse de que Kahlil Gibran era uno de mis autores favoritos, Andrew me regaló una edición antigua de *El profeta*. A ambos les encantaba que fuera escritora y pronto me vi platicando de libros y literatura cada día que estuve con ellos. Carol y Andrew querían saber todo de mí y de mi escritura. Mientras aguardaba los largos meses que le deparaban a *Across a Hundred Mountains* en el proceso editorial, había hecho avances con mi nueva novela, *Dancing with Butterflies,* y me emocionó contarles de mi proyecto, de las presentaciones de baile folklórico a las que había asistido en Los Ángeles como parte de mi investigación y de las docenas de bailarines a los que había entrevistado. Me escucharon con atención y hasta me ofrecieron revisar todo lo que escribiera y darme sus comentarios.

—Espero que sepas lo afortunado que eres —le dije a Cory, acurrucándome con él en la cama.

—Lo sé —respondió—. Pero tú también eres afortunada. Gracias a lo que has vivido, tienes perseverancia, empuje y un deseo inquebrantable de triunfar. Son cualidades muy valiosas.

Me pregunté si haber crecido cómodamente tenía desventajas. Al no vivir con carencias, no aprendes a luchar, a sufrir. Si no hubiera pasado por todo lo que tuve que superar, me pregunto qué tipo de persona habría sido.

Morgan, la hermana de Cory, llegó desde Washington, D.C., donde trabaja para Aministía Internacional. Apenas se instaló, sacaron los juegos de mesa. Ella y Cory me enseñaron a jugar a Apples to Apples, Monopoly, Cribbage, Clue, Charades, entre otros. Morgan se enamoró de Nathan y, pronto, él de ella. Lo bañaba, le leía cuentos, jugaba con él durante horas, con los juguetes regados por el suelo. Entretenido por Morgan y Carol, en realidad yo pasaba poco tiempo con Nathan. Agradecía gozar de tiempo libre, pues era un lujo que no tenía en Los Ángeles, así que dediqué mis días a leer, escribir y jugar Scrabble con Cory.

La pila de regalos bajo el árbol se volvía cada vez más grande, y cuando llegó la Navidad, pasamos horas abriéndolos. La experiencia me resultó emocionante y abrumadora. Como crecí en una casa donde tenías suerte si recibías un regalo navideño, esta abundancia me incomodaba y, sin embargo, me sentía tan entusiasmada como Nathan cada vez que me ponían un regalo en el regazo.

El día después de Navidad, Cory me llevó a visitar a sus abuelas. Una de ellas vivía cerca de Madison, en una bella casa de dos pisos a orillas del lago, la cual había sido la residencia de verano de la familia cuando vivieron en Chicago hace años. Su abuela asistió a la Universidad de Wisconsin en Madison y mientras nos entretenía con historias de su época universitaria, traté de imaginar a mis propias abuelas en la universidad, pero no pude. La abuela paterna de Cory vivía en los Northwoods de Wisconsin, en un pueblito llamado Manitowish Waters, donde se ocultó la infame banda de ladrones dirigidos por John Dillinger antes del tiroteo que sostuvo con el FBI.

Adondequiera que volteara había blanco: la nieve, los árboles abedules, los lagos congelados, los pantanos de arándanos ocultos. Anduve por primera vez en motonieve y Nathan tuvo su primer paseo en trineo. También se cumplió mi deseo cuando cayó el tipo "correcto" de nieve y los tres pasamos el resto del día haciendo un muñeco gigante en el patio delantero de la abuela de Cory.

*El primer muñeco de nieve de Reyna*

Esta clase media blanca estadounidense me resultaba tan desconocida, que me parecía estar en otro país. A pesar de que participaba en sus juegos, paseos y actividades familiares, sin importar lo hospitalarios que fueran, una parte de mí seguía sintiéndose ajena. Mi timidez e inseguridad estaban hiperactivas frente a toda esa gente y experiencias nuevas. Pronto me vi deseando con desesperación algo de comida mexicana que me reconfortara. Carol era una buena cocinera, pero extrañaba los condimentos, los chiles picantes y lo salado a lo que estaba acostumbrada. Sabía que en cuanto descansara del puré de papas y de los guisos con chícharos, y que probara algo de mi propia comida, me sentiría mucho mejor.

Como si me hubiera leído el pensamiento, cuando regresamos a Racine, Carol me preguntó si quería preparar la cena para la familia.

—Claro —respondí.

Decidí hacer chiles rellenos y fuimos a la tienda a comprar los ingredientes. En México y en Los Ángeles, cada vez que preparábamos chiles rellenos, asábamos los chiles verdes directamente sobre la flama de la estufa de gas. Entré en pánico al darme cuenta de que la estufa eléctrica de Carol no me iba a permitir asarlos ni prepararlos de la única forma que conocía.

—¿Y si utilizas el horno? —me sugirió.

Nunca había asado chiles en un horno. No sabía si era posible. Estaba en una cocina desconocida, en un mundo ajeno, así que lo último que necesitaba era tener que improvisar cuando me pidieron que preparara la cena familiar, en especial porque ya estaba bastante nerviosa por querer hacerlo bien.

—Tiene que ser sobre la flama —insití—. Necesito fuego. ¿Tienes una parrilla?

—Sí. Pero, ¿vas a salir con este frío?

—Sí, es la única forma de prepararlos —respondí.

Mandó a su esposo a que sacara la parrilla del garaje, la cual no habían utilizado desde el verano, mientras yo me abrigaba de pies a cabeza, preparándome para salir a aquel frío glacial. Me pasé media hora temblando en la nieve y asando los chiles en la parrilla, mientras Carol me veía desde la ventana. Juro que la escuché reírse.

Finalmente, los chiles quedaron asados. Los pelé y los rellené de queso, preparé la salsa de tomate cremosa, cocí el arroz y, por último, anuncié que la comida estaba lista.

—Todo luce hermoso —dijo Carol, mientras se pasaban de mano en mano la bandeja con los chiles rellenos. Y, para mi gran alivio, se los terminaron.

*El primer paseo en trineo de Reyna y Nathan*

Cuando terminaron nuestras vacaciones y fue momento de regresar, me descubrí sin querer volver a Los Ángeles. Pude imaginarnos viviendo en una de aquellas hermosas casas victorianas de dos pisos, que costaban lo mismo que mi pequeña casa de dos habitaciones en South Central. Podríamos vivir cerca del lago, de Carol y Andrew, y de las adorables abuelas.

—¿No te gustaría vivir aquí de nuevo? —le pregunté a Cory mientras empacábamos nuestras cosas.

—La verdad es que no. Me gusta donde vivimos. Me gusta nuestro hogar —respondió.

Siempre se había referido a la casa de South Central como "tu casa". En ese momento, al escucharlo decir "nuestro hogar", no me molestó en lo mínimo marcharnos de Racine y regresar a Los Ángeles, al lugar que nunca había sentido como mi hogar, pero que ahora lo parecía.

# 42

*Reyna en la presentación del libro* Across a Hundred Mountains
(A través de cien montañas)

E L 20 DE junio de 2006, mi sueño por fin se hizo realidad. Me convertí en una autora publicada y, al conseguirlo, comencé una búsqueda permanente que aboga por la comunidad inmigrante mexicana, compartiendo nuestras historias con el mundo y usando el arte para construir puentes con los demás.

La revista *Publishers Weekly* le dio una crítica destacada a *Across a Hundred Mountains*. La revista *People* dijo que estaba "elegantemente escrita, una lectura oportuna y fascinante". *El Paso Times* lo llamó "un debut impresionante". Al año siguiente ganaría el American Book

Award. No podía estar más entusiasmada y aliviada. La crítica lo adoró y ahora tenía que salir y encontrar lectores a quienes les importara leerlo.

Juré que haría todo lo que estuviera en mis manos para honrar la oportunidad que se me había dado, no sólo por mí, sino por todos aquellos autores de color desconocidos que no habían sido tan afortunados.

En la presentación que hubo en Skylight Books, una librería en el barrio de Los Feliz, me reuní con mi familia, amigos, colegas y con la comunidad de *Emerging Voices*, y sentí como si fuera una especie de nacimiento: estábamos dándole la bienvenida al mundo a mi primer libro.

Recordé lo que en algún momento me dijo ese editor latino, "A nadie le va a importar…". Pero al ver a mis amigos y familia entre el público —a mi madre, mis hermanos, mis sobrinas y sobrinos, a Diana, Cory, Nathan, Jenoyne, a los becarios de *Emerging Voices* y a la directora del programa—, aparté esos pensamientos y, tras repirar hondo, comencé mi lectura diciendo: "Gracias por estar aquí, por escuchar, por su interés".

Sosteniendo el libro en mis manos, sintiendo su peso reconfortante, su tapa gruesa, sólida como muros de concreto, las palabras en la página alineadas como hileras y más hileras de ladrillos, mi nombre en letras mayúsculas que se extendían por la portada, me di cuenta de lo que había conseguido.

Por fin había construido un hogar que podría llevar conmigo.

Mi editorial me agendó varias lecturas en distintas ciudades del país y así conocí la famosa gira de promoción de la que tanto había escuchado: los aviones, hoteles, las ciudades, los acompañantes literarios contratados para pasar por mí al aeropuerto. En cuanto los detectaba sosteniendo un cartel con mi apellido "GRANDE", me apresuraba a llegar a donde estaban, diciéndoles "¡Aquí estoy! ¡Soy yo!", sintiendo que todo era un sueño.

*Reyna con su primer libro,* Across a Hundred Mountains
(A través de cien montañas)

La presentación más significativa en lo personal fue en la Universidad de California Santa Cruz. Micah, mi profesora de Escritura Creativa, me dio la maravillosa noticia de que habían elegido mi libro como lectura para los estudiantes de primer año de Kresge y Porter College. En el otoño de 2006 me invitó a presentar mi obra.

Exactamente diez años después de realizar mi viaje a Santa Cruz para obtener mi título, volvía a viajar al norte.

Llevé a mi madre para que me ayudara con Nathan, y como rara vez veía a Betty, pensé que sería bueno que pasara algo de tiempo con su hija menor. Mi hermana y Omar ahora vivían en Watsonville, trabajaban tiempo completo y criaban a mi sobrino. Pasar el día con ella y con mi madre hizo que el viaje fuera particularmente especial.

Por fortuna, no tuve momentos incómodos con Betty. Como alguna vez me dijo mi hermana, no tenía nada que perdonarme, y hablaba en serio.

Fuimos temprano al campus así yo tenía oportunidad de caminar entre las secuoyas y de visitar nuevamente el lugar que fue mi hogar.

—¿Cómo te sientes respecto a lo de esta noche? —me preguntó Betty de camino a la sede.

—Emocionada y nerviosa —respondí. El evento en la UCSC era especial no sólo porque presentaba el libro en mi *alma mater*, sino porque lo habían asignado como lectura obligatoria. *Across a Hundred Mountains* se publicó tres meses antes, pero aún no me sentía cómoda en el escenario.

—Te irá muy bien —me aseguró mi hermana.

Cuando las luces se apagaron, no pude ver las caras del público. Micah me llamó para que subiera al escenario y eché un vistazo a donde mi madre y Betty estaban sentadas a un costado, con los niños sentados en su regazo. Mi hermana me sonrió para darme ánimo. En cambio, mi mamá se veía tan asustada como yo.

Al subir al escenario, el estómago comenzó a dolerme y mi mandíbula se tensó. ¿Qué estaba haciendo en ese lugar? ¿Quién me creía que era para hablarle a un auditorio de 350 alumnos? ¿Y si no entendían mi historia o no les importaba? Quería salir corriendo y esconderme entre las secuoyas. Pero entonces pensé en Jeanne Wakatsuki Houston y recordé lo mucho que había significado para mí haberla conocido. Hace algún tiempo también fui una estudiante en el público. Sentada en alguna de aquellas sillas tenía que haber una alumna parecida a mí que necesitaba que la alentaran y que quería escuchar mi mensaje.

—Gracias —dije—. Me honra estar con ustedes hoy día en Santa Cruz, donde todo comenzó para mí.

Cuando terminé, los estudiantes aplaudieron y fui escoltada a la mesa para la firma de libros. Mi madre y Betty se sentaron a mi lado, mientras yo autografiaba un ejemplar tras otro durante los siguientes cuarenta minutos. Algunos alumnos, especialmente el puñado de latinos en el auditorio, me agradecieron. Una joven me dijo:

—Gracias por escribir tu historia. Me inspiraste a seguir luchando por mis sueños.

En ese momento supe que mi esfuerzo había valido la pena.

El escaso inglés de mi madre evitó que entendiera la mayor parte de lo que dije durante la presentación, pero quedó impresionada por toda la gente que asistió.

—¿Todos ellos leyeron tu libro, Reyna? —me preguntó cuando terminé de firmar el último libro de la noche.

—Sí. Fue lectura obligatoria.

De camino al hotel, mi madre continuó hablando de los libros que yo acababa de firmar. Me alegraba que hubiese podido compartir ese momento conmigo. Anhelaba traerla a mi mundo. Deseaba que me dijera que estaba orgullosa de mí. Pero ni ella ni mi padre lo habían dicho en el pasado, igual que nadie se los dijo a ellos.

De pronto, algo mágico ocurrió en el auto: mi madre comenzó a hacerme preguntas, como las que los estudiantes acababan de hacerme. En el coche, tuvimos una sesión de preguntas y respuestas en español sólo para ella.

—Reyna, ¿cuándo comenzaste a escribir?

—¿Por qué querías ser escritora?

—¿Por qué escribiste *Across a Hundred Mountains*?

—¿Cuánto tiempo te tomó escribir el libro?

—¿De dónde sacas tu inspiración?

Miré por la ventana y me limpié las lágrimas que se acumulaban en mis ojos. Finalmente, por primera vez en mi vida, mi madre se sentó a mi lado y escuchó mi historia prestándome toda su atención.

Una mañana tranquila de domingo, poco después de que terminaron mis viajes, le dije a Cory:

—¿Quieres jugar Scrabble?

—Claro —respondió, encogiéndose de hombros.

Nos sentamos con el tablero colocado entre los dos y cada uno tomó sus fichas. Me encantaba la tersa sensación de las piezas, el reto de acomodar y reacomodar las letras para encontrar la palabra correcta y luego ubicarla en el lugar indicado del tablero. Al final de cada juego me gustaba observarlo para ver cómo se conectaban las palabras para contar una historia. Cada partida era diferente, única. Era el juego perfecto para una escritora. En especial me fascinaba la sorpresa de ver qué letras me salían cada que metía la mano en la bolsa. El Scrabble era muy parecido a lo que sabía de la vida: en ocasiones consigues letras buenas; a veces, unas malas; en cualquier caso, uno debe hacer lo mejor que puede con lo que ha recibido.

Después de unos cuantos turnos, metí la mano en la bolsa para tomar mis fichas. Me sorprendió encontrar no sólo las letras, sino un anillo de diamantes mezclado entre las piezas que sostenía en la palma de mi mano. Lo miré fijamente, preguntándome qué hacía un anillo ahí. ¿De dónde salió? ¿Qué quería decir?

Cory se levantó de la silla, se arrodilló frente a mí y dijo:

—¿Te quieres casar conmigo?

—Espera. ¿Cómo dices?

Cory tomó el anillo de mi mano y lo sostuvo entre sus dedos.

—Reyna Grande, ¿quieres casarte conmigo? —me preguntó de nuevo.

Llevaba puesta una bata vieja, ni siquiera me había duchado o cepillado los dientes, pero no me importaba mi apariencia ni tampoco a él. Era el momento que había estado soñando los últimos tres años.

—¡Sí! —respondí. Me lancé a sus brazos y me aferré a él, sin poder creer que pronto llamaría esposo a este hombre—. Me sorprendes —le dije cuando me ponía el anillo en el dedo—, de verdad que sí.

—Tú también me sorprendes.

—¿Cuánto tiempo lleva el anillo en la bolsa? —no podía recordar la última vez que jugamos.

—Dos semanas.

—¿Cómo? ¿Por qué no me pediste antes que jugáramos? ¡Podríamos habernos comprometido hace dos semanas!

Él negó con la cabeza, sonriendo.

—Necesitaba que tú me preguntaras si quería jugar. Tenías que ser tú.

—¿Y si no te hubiera preguntado hoy? ¡Podrían haber pasado meses! —señalé.

—Bueno, entonces, menos mal que sólo fueran dos semanas.

Continuamos el juego alegremente. Tomamos turnos para colocar una palabra, luego otra y otra más, sentando los cimientos de nuestra nueva vida juntos, una palabra a la vez.

# Epílogo

*Reyna con su familia, 2008*

MIENTRAS ORGANIZÁBAMOS LOS preparativos para la boda, Cory y yo nos enteramos de que estaba embarazada. Así que cuando llegó el día de la boda en agosto de 2007, mi panza se asomaba bajo el vestido de novia.

A pesar de que se había hecho realidad mi sueño de ser una autora publicada, seguía decidida a continuar con mi educación y a pulir mi oficio de escritora. A la par de que planeaba la boda, también cursaba la maestría de artes en Escritura Creativa. Estaba a cuatro semanas de dar a luz cuando subí de nuevo al escenario para recibir mi segundo diploma universitario. Mi padre asistió a la graduación y esta vez no di ningún discurso que lo humillara.

En enero de 2008, dos días ante de que Cory cumpliera treinta y dos años, nació nuestra hija, Eva Alana. Él dijo que era el mejor regalo que había recibido en su vida. Mi hija tenía tres semanas de edad cuando comenzó a viajar conmigo, acompañándome a mis presentaciones. A estas alturas ya es una viajera profesional. Al dedicarme a mi carrera, espero enseñarle a Eva a ser una mujer independiente y a que no permita que la definan como la hija o la hermana, la madre o la esposa, de alguien más. Quiero que sepa que es posible ser todo eso sin dejar de ser dueña de sí misma.

Mi hija ahora tiene la misma edad que yo cuando crucé la frontera para entrar a los Estados Unidos. La veo y me pregunto: "¿Sobreviviría mi hija a lo que yo viví?". No lo sé. Lo que sí sé es que, si me pusieran en el lugar de mi padre, haría lo mismo que él. Arriesgaría todo por mis hijos. Saber que Eva y Nathan no tendrán que enfrentar lo que yo pasé, me da fuerzas para mirar al futuro con esperanza. Quiero que tengan lo que yo conseguí —una educación, una carrera exitosa, un buen hogar, una vida vivida al máximo— sin el dolor que me implicó alcanzarlo.

En 2010, mi padre fue diagnosticado con cáncer de hígado. Ese último año de su vida fue difícil para todos. Aunque ese mismo año fue cuando por fin se cumplió mi sueño de reunirnos para las fiestas, pues mi padre nos invitó a su casa para el Día de Acción de Gracias. Se esmeró bastante en cocinar su primer pavo, lo marinó un día completo en jugo de naranja y hierbas, y cuando nos lo sirvió, lo hizo con amor. A mis hermanos y a mí nos maravilló lo delicioso que quedó. Disfrutamos cada bocado. Pero resultó que mi papá nunca había escuchado de los termómetros de carne, por lo que al día siguiente a todos nos dio diarrea. En los años siguientes, mis hermanos y yo terminamos riéndonos del incidente.

Cuando mi padre murió en 2011, encontré consuelo en la escritura. A pesar de que se ha ido, puedo traerlo a la vida una y otra vez en las historias que escribo sobre él. Las palabras que pongo en la página me permiten conocerlo de una forma que nunca conseguí mientras estaba con vida. Mi padre continúa vivo en mi escritura.

En 2016, Cory y yo nos mudamos con nuestra familia al norte de California. Después de casi treinta años de residir en Los Ángeles, fue una experiencia agridulce. Por fin compramos la hermosa casa de mis sueños de dos pisos, estilo victoriano, similar a la vivienda en la que Cory creció. "¿Cuántas palabras me tomaría conseguir la casa de mis sueños?", me preguntaba a menudo. Cerca de medio millón, más las que están por escribirse.

Mis hermanos y yo soñamos con crecer en un hogar amoroso y estable. Nuestro recorrido para alcanzar dicho hogar fue largo y difícil, pero, de un modo u otro, a pesar de los obstáculos que encontramos en la vida, conseguimos construir una buena vida y un futuro mejor para nosotros y nuestras familias. Somos lo que nuestro padre quería que fuéramos, personas trabajadoras y autosuficientes. Nuestra prioridad actual está en enseñar a nuestros hijos a que ellos también lo sean.

Aunque han pasado diecinueve años desde que me gradué de la UCSC, me enorgullece que la siguiente generación de universitarios de la familia Grande ya venga en camino. Mis sobrinas Natalia y Nadia están estudiando una carrera de cuatro años. Mi sobrina Alexa y mi sobrino Randy están en el *community college* y tienen el plan de pedir la transferencia a la universidad. Mi sobrina Sophia, su hermano Carlitos y mi hijo Nathan cursan la preparatoria y van camino a la universidad. Y, por supuesto, están mi pequeña Eva y los dos hijos menores de Betty —Ryan y Leilani— que están en la primaria y tienen el futuro por delante. Quizá alguno de ellos siga mis pasos y termine estudiando en Santa Cruz. Sueño con que algún día mis hijos y nietos me vengan a visitar y me den una camiseta que diga MAMÁ UCSC o ABUELA UCSC. La llevaría con orgullo.

Continúo escribiendo por la misma razón por la que, en un principio, puse la pluma en el papel a los trece años: para recordar, entender y darle sentido a mis experiencias como inmigrante mexicana y mujer de color. He sido bendecida con una carrera exitosa como escritora, he ganado premios, compartido el escenario con autoras a quienes admiro y he publicado mi trabajo en el extranjero. Pero lo que más me enorgullece es que mis libros han llegado a las manos de miles de jóvenes, a quienes aspiro a brindar un poco de inspiración en sus propios caminos. Deseo decirles: "Sí, el Sueño aún existe, a pesar de todos aquellos que han tratado de arrebatárnoslo. Vale la pena luchar por él".

Ahora, más que nunca, estoy decidida a escribir y a alentar a que otros cuenten sus historias para celebrar la resiliencia y tenacidad de los millones de migrantes estadounidenses que luchan a diario por sus sueños, por su derecho a quedarse, para que les den a sus historias la importancia que merecen.

Espero que al compartir nuestras historias ayudemos a hacer de los Estados Unidos un lugar donde se valore lo que tenemos en común y se respeten nuestras diferencias, donde celebremos la diversidad que hace de éste un país fuerte y único, al que cada uno de nosotros —sin importar nuetro lugar de origen— sepamos que pertenecemos.

Y que bastamos.

# Agradecimientos

Una lección importante que aprendí en mi juventud fue a rodearme de personas que creyeran en mí. La aprendí al pie de la letra y sigo practicándola a la fecha. ¿Qué sería de mí sin la gente que llegó a mi vida y, por medio de su amor y aliento, me ayudó a cumplir mis sueños? Éste es el más reciente, un sueño que se convirtió en realidad por las personas a quienes ahora quiero agradecer.

A mi adorable editora, Johanna Castillo, y a todo el equipo de Atria Books, así como a mi tenaz agente literaria, Adriana Dominguez, de Full Circle Literary. Gracias a ambas por creer en este libro y por ayudarme a hacerlo realidad.

A Leslie Schwartz, por darme el amor duro que solicité y por guiarme a través del proceso de revisión.

A mis mentoras, Diana Savas, Marta Navarro y Micah Perks, profesoras que a la fecha continúan guiándome y alentándome para que alcance mi pleno potencial.

A mis amigas escritoras, Daisy Hernández, Julissa Arce, Ruth Behar, Norma Cantú, Natalia Treviño, María del Toro, Melinda Palacio, Kirin Khan, Corina Martinez-Chaudhry y Majella Maas, y mi amigo Ibarionex Perello.

A mis amigos de la UCSC: Yaccaira de la Torre, Erica Ocegueda, Alfredo Zuany y Robin McDuff por rememorar los buenos tiempos en Santa Cruz.

A Magda Bogin y al increíble Under the Volcano Writers Confe-

339

rence; gracias por sus valiosas sugerencias y por el lugar mágico para poder escribir, en Tepoztlán, México. Y a Raúl Silva, por la ayuda y el gran apoyo que me brindó con la versión en español.

Estoy agradecida con mi suegra, Carol Ruxton, por sus habilidades en la lectura de pruebas y por sus hermosas fiestas navideñas en Wisconsin.

A mis hermanas, Magloria Grande y Elizabeth Quintero, por prestarme sus recuerdos y apoyarme en este camino.

A mi hermano Carlos y mi cuñada Norma, por el sofá y el apoyo.

Sobre todo, quiero agradecer a mi esposo, Cory Rayala, por su sabiduría y agudas observaciones. Gracias por las horas incontables intercambiando ideas, editando, corrigiendo y resolviendo problemas. Ahora que el libro está terminado, ¡podemos regresar al Scrabble!